ZauberPilze

Ronald Rippchen (Hrsg.)

ZauberPilzE

Der Grüne Zweig 155

A JOINT VENTURE
NACHTSCHATTEN CH-SOLOTHURN
MEDIENEXPERIMENTE D-LÖHRBACH

Impressum

Ronald Rippchen Hrsg.
ZAUBERPILZE
Der Grüne Zweig 155

Übersetzungen – Terence McKenna von Thorsten Bachner & Ronald Rippchen, Tim Leary und Ann Shulgin von Werner Pieper • Dank für Beiträge, Tips, Kritik und Korrekturen an alle Autoren und weitere Mitarbeiter, insbesondere Jochen Gartz, Roger Liggenstorfer, Albert Hofmann, Christian Rätsch, LordNose!, Tim Leary, herman de vries, Comix-Werkstatt Mali & Werner, Achmed Khammas, Michael Schoesau, Oona Leganovic.

Quellen und spezielle © – LordNose! für »Xochi Speaks«, Seite 18 • Beitrag von Albert Hofmann: Nachdruck aus »Der Champignon, Fachzeitschrift des Bundes Dt. Champignonzüchter e.V., Heft 310, Juni 1987) • Beiträge von Hermann von Leistenfels entnommen dem Buch »Pilze«, Der Grüne Zweig 65 • »Inocybe aeruginascens« von Jochen Gartz aus dem Jahrbuch für Ethnomedizin und Bewußtseinsforschung, Hrsg. Christian Rätsch, Nr. 1, 1992, Verlag für Wissenschaft und Bildung, Berlin • Maria Sabina und Valentina Wasson aus »Tänzerinnen zwischen Himmel & Hölle«, Der Grüne Zweig 136 • Tim Leary aus »High Priest«, 1968, League for Spiritual Discovery, New York • Ann Shulgin aus: »PIHKAL, A Chemical Love Story« von Alexander und Ann Shulgin • Seiten 145-148 aus der Schweizer Undergroundzeitschrift »Frii Blättlie«, Mitte der 70er Jahre • Terence McKenna aus der Festschrift für Gordon Wasson • Filminfos Seite 161ff. aus Michael Starks: »Cocaine Fiends and Reefer Madness, an Illustrated History of Drugs in the Movies«, Cornwall Books, 1982 • Micky Remann aus »Risiko – Kurze Geschichten, Museum für Gestaltung, Basel, 1992 • Martin Haseneier aus »integration – zeitschrift für geistbewegende pflanzen und culture, bilwis verlag, eschenau 1992, no. 2 & 3

Verzeichnis der Illustrationen – Kat Harrison: das Umschlagbild, ein Auftrag für dieses Buch, S. 82, 93, 94 • Martin Haseneier: Innenumschlag vorn und hinten, S. 43, 45, 176, 231 • Psychedelic Monographs & Essays: S. 8, 90 • The Oracle, © 1967: 10 • Oona Leganovic, 7 Jahre alt: 12, 116 • Nadina Leganovic: S. 15 • Herbert Valland, als Postkarte in Thailand gekauft: S. 17, 164 • LordNose!: S. 18, 30 • Hofmann/Schultes, Pflanzen der Götter: S. 29, 84, 114, 171 • Christian Rätsch: S. 20, 26 • Herrmann von Leistenfels: S. 33-35, 44, 57-62, 64, 66, 67 • Jochen Gartz: S. 46, 50, 72 • Fortean Times, A. Chrenkoff: S. 60 • Frii Blättli: S. 86, 145-148 • John Allegro: S. 88 • New Scientist, Andrej Krauze: S. 75 • Whämmli: S. 96 • integration: S. 95, 97, 103 • Rainer Sieber: S. 101 • Archaeological Survey of India: S. 99 • Edward H. Fahey (1844-1907): S. 102 • Ernst Haeckel, aus: Kunstformen der Natur, 1907: S. 105 • Comixwerkstatt Mali & Werner: S. 106 • Seyfried & Ziska, aus: Space Bastards, Rotbuch Vlg. 93: S. 107 • aus: Mecki bei den 7 Zwergen: S. 109 • aus einer Anzeige in DER CHAMPIGNON: S. 108 • Buchumschlag aus dem Verlag Mutter Erde: S. 110 • Fraser Clark, Psychedelic Encyclopaedia: S. 111-115 • A. B. Richardson: 121, 123 • J. Augustus Knapp, aus: Etidorpha: S. 153, 160

Außenumschlag: Kat Harrison
Innenumschlag vorn und hinten: Martin Haseneier
Gestaltung: Werner Pieper/Petra Petzold
Satz: Petra Petzold, Heidelberg
Druck: Fuldaer Verlagsanstalt

Verlegt als Joint Venture von:
NACHTSCHATTEN VERLAG & MEDIENEXPERIMENTE

Ritterquai 2-4	Alte Schmiede
CH-4502 Solothurn	D-69488 Löhrbach

ISBN 3-925817-55-7

Widmung

Mein und unser Dank gilt ungezählten Schamanen und Schamaninnen weltweit. Stellvertretend für diese möchte ich hier jene Personen aufführen, die dem Zauberpilz beim Durchdringen unserer Kultur geholfen haben:

Maria Sabina, der interkulturellen Mittlerin
Gordon und Valentina Wasson, den Popularisierern
Albert Hofmann für die Psilocybin-Synthetisierung
Timothy Leary, dem Psychedelik-Visionär
Terence McKenna, dem wahren Halluzionär
Jochen Gartz für seine Mykophilie

DIESES BUCH IST AUF
HANF PAPIER
GEDRUCKT
(50% Cannabis-, 50% deinktes Recycling-Papier).
1 Tonne Hanf-Papier erspart das Fällen von 12 ausgewachsenen Bäumen. So kann für jedes Buch vom **Grünen Zweig** ein grüner Zweig im Wald weiterwachsen.
GRÜNE HANF ZWEIGE
gibt es seit 1994.

ERSTE SPOREN SPUREN

NARRENSCHWÄMME & DIE STOFFE, AUS DENEN SIE GEMACHT SIND

ZÜCHTUNG, ERNTE & NUTZUNG

FRAGEN & ANTWORTEN

DER PILZ IM BILD

SELBSTERFAHRUNGEN MIT VIELEN REALITÄTEN

PILZ-ALLERLEI

EIN LIEBHABER ERZÄHLT

ZUGABEN

Der Pilz spricht

»Ich bin alt, älter als das Denken in Deiner Gattung, und das ist selbst schon fünfzig mal älter als Deine Geschichte. Obwohl ich seit urdenklichen Zeiten auf Erden weile, komme ich von den Sternen. Meine Heimat ist kein Planet, denn viele Welten, verstreut über die leuchtende Galaxis, haben Lebensbedingungen, die meinen Sporen eine Chance gaben. Der Pilz, den Du siehst, ist der Teil meines Körpers, der der sexuellen Erregung und dem Licht geweiht ist. Mein wahrer Körper aber ist ein feines Geflecht von Fasern, die in der Erde wachsen. Solche Geflechte können etliche Morgen Land bedecken und mehr Querverbindungen haben, als ein menschliches Gehirn. Mein Myzel-Geflecht ist fast unsterblich, nur die plötzliche Vergiftung eines Planeten oder die Explosion seiner Sonne kann mich auslöschen. Durch besondere Fähigkeiten, die Dir wegen gewisser Mängel in Deinem Realitäts-

Sporenabdruck eines Psilocybin-Pilzes.

modell unerklärlich sind, sind alle meine Mycelgeflechte in ätherischer Kommunikation durch Zeit und Raum in der Galaxis. Der Myzel-Körper ist so zart wie ein Spinngewebe, aber sein kollektiver Geist und sein Gedächtnis sind ein großes historisches Archiv, in dem der Verlauf der Intelligenzentwicklung auf vielen Welten in unserem Spiralnebel gespeichert ist. Denn siehe, der Raum ist ein riesiger Ozean voll der unempfindlichen Lebensformen, die die Fähigkeit besitzen, sich in Sporen zurückzuziehen und aus Sporen erneut zu keimen. Sporen sind mit der härtesten bekannten Substanz bedeckt. Durch die Äonen von Zeit und Raum treiben viele sporenbildende Lebensformen, die ihr Leben zeitweise eingestellt haben, manchmal für Jahrmillionen, solange, bis sie auf eine geeignete Umwelt stoßen. Nur wenige dieser zu neuem Leben erwachten Arten besitzen Intelligenz, nur ich und meine erst jüngst entstandenen nahen Verwandten haben die Fähigkeit zur Hyperkommunikation und die Gedächtniskapazität erreicht, die uns zu führenden Mitgliedern in der Gemeinschaft galaktischer Intelligenz machen. Wie diese Hyperkommunikation funktioniert, ist ein Geheimnis, das dem Menschen nicht leichtfertig anvertraut wird. Aber der Schlüssel zu ihm ist das Vorhandensein von Psilocybin und Psilocin in den biosynthetischen Kanälen meines lebenden Körpers. Diese Stoffe öffnen mir und den mit mir Verbundenen den Vorhang und gestatten den Blick auf vielfältige Welten. Du als Individuum und der Mensch als Spezies stehen an der Schwelle einer symbiotischen Beziehung mit meinem Erbgut, einer Beziehung, die vielleicht Menschheit und Erde an den galaktischen Hauptstrom höherer Kulturen heranbringt.

Da es für Dich nicht leicht ist, andere Formen der Intelligenz um Dich herum zu erkennen, haben auch Deine fortschrittlichsten Theorien in Politik und Gesellschaft nur den Begriff des Kollektivismus erreicht. Aber jenseits des Zusammenschlusses von Mitgliedern einer Gattung zu einem sozialen Organismus liegen reichere und auch phantastischere Entwicklungsmöglichkeiten. Symbiose ist eine davon. Symbiose ist eine Beziehung gegenseitiger Abhängigkeit zum positiven Nutzen für beide daran beteiligten Arten. In den langen Jahrhunderten meiner Entwicklung haben symbiotische Beziehungen zwischen mir und zivilisierten Formen höherer Tiere vielmals und vielerorts stattgefunden. Diese Verbindungen waren von gegenseitigem Nutzen. In meinem Gedächtnis befindet sich das Wissen um von ätherischen Energien betriebene Raumschiffe und deren Bau. Ich gebe dieses Wissen weiter, es ist ein Freifahrtschein zu neuen Welten, zu Sonnen, die jünger und dauerhafter sind, als Deine eigene. Um ein ewiges Leben an den Ufern des Flusses kosmischer Zeiten zu sichern, biete ich dieses Abkommen höheren Wesen wieder und wieder an und habe mich dabei während der langen Jahrtausende über die Galaxis verbreitet. Mein Myzelgeflecht hat weder Organe noch Hände, um die Welt zu bewegen; aber höhere Tiere mit manipulativen Fähigkeiten können Partner meines Sternenwissens werden und können, wenn sie in gutem Glauben handeln, zusammen mit ihrem demütigen Pilzlehrer zu den Millionen Welten zurückkehren, deren Erben alle Bürger unseres Sternenhimmels sind.«

Stimmungsbild aus der amerikanischen Hippiezeitschrift ORACLE, 1967.

Erzeugen Narrenschwämme eine Narrenschwemme?

Dieses Buch handelt von Narrenschwämmen, Magic Mushrooms, Zauberpilzen. Unter der zur Zeit herrschenden Rechtsauffassung ist der Genuß solcher Pilze verboten. Das hat viele, vor allem machtpolitische Gründe.
Grundsätzlich liegt es mir fern, irgendjemanden zu einer strafbaren Handlung zu verleiten. So enthält dieses Buch keinerlei Aufforderungen zum Gesetzesbruch, noch Verherrlichung von kriminellen Akten. Es ist ein Buch über das Verhältnis des Menschen zu einem speziellen Pilz. Die meisten Informationen hierin stammen von Wissenschaftlern, teilweise auch noch aus den nicht allzufern zurückliegenden Zeiten, als Zauberpilze bei uns noch nicht strafrechtlich verfolgt wurden.
Aber in diesen politisch ergrünenden Zeiten wird allenthalben über ein neues Verhältnis zur Natur und ihren Kräften nachgedacht. Immer mehr Menschen erkennen, daß unser Planet kein christlich/materialistisches Grünes Museum ist, sondern ein Multiorganismus, dessen einzelne Teile miteinander in Kommunikation stehen.
Gespräche mit einer Topfgeranie mögen amüsant sein, auch wenn die Antworten unverständlich bleiben. Ein Dialog mit magischen Pilzen versorgt uns dagegen unter Umständen nicht nur mit überraschenden Antworten, sondern wirft womöglich noch überraschendere Fragen auf. Wenn wir uns darauf vorbereitet haben. Wenn wir reif genug sind. Wenn Set & Setting stimmen.
Des Pilzes Sprache ist mächtig. Freiheit, Selbstverantwortung und ein demütiges Bewußtsein um die wahre Größe und Intelligenz der Welt sind Grundvoraussetzungen einer fruchtbaren Pilzerfahrung. Konsumenten mit Fastfood-Verhalten kommt schnell das Kotzen.
In diesem Buch werden mehrere psychoaktive Pilze beschrieben. Verschiedene Men-

NARRENSCHWÄMME

Bis in unsere Zeit hinein hat sich in manchen deutschsprachigen Gebieten die Redewendung erhalten: »der hat wohl Narrenschwämme gegessen«. Gemeint ist jemand, der seine Narrheit, Tollheit oder seinen Wahnsinn auslebt. Der Name ist eine volkstümliche Erinnerung daran, daß es Pilze (= Schwämme) gibt, die einen normalen Menschen in einen außergewöhnlichen Bewußtseinszustand versetzen. Viele unserer einheimischen Pilze, wie z.B. der Spitzkegelige Kahlkopf (*Psilocybe semilanceata*), enthalten dieselben Wirkstoffe wie die berühmten mexikanischen Zauberpilze (Hofmann et al. 1963, Jordan 1989). Diese können genauso wie jene farbenprächtige Visionen einer anderen, höheren oder wirklicheren Wirklichkeit vermitteln. Sie können Fragen beantworten, Lösungen liefern und das Leben des einzelnen mit Sinn erfüllen. Sie können aber auch die Abgründe der eigenen Seele in Form von Dämonen und Horrorgestalten offenbaren. Wer Angst vor sich selbst hat, wird durch die Pilze leicht närrisch. Wer weiterkommen will, der findet echte Verbündete.

RELATIVITÄT

Ob ein Mensch als Prophet verehrt oder als Irrer in die Klapsmühle eingewiesen wird, hängt hauptsächlich davon ab, in welchem kulturellen Umfeld dieser Mensch seine Visionen hat. Die Träume eines Schlafenden ähneln der Trance des Schamanen und dem Rausch des Psychedelikers.

schen berichten von ihren Erlebnissen und Abenteuern unter dem magischen Einfluß des Pilzes. Warum haben Menschen durch die Zeiten hindurch von solchen Narrenschwämmen gekostet? Warum heißen diese Pilze in Mexiko »Götterspeise«? Der Ethnopharmakologe und Visionär Terence McKenna versucht uns aufzuklären:

»Der von einer vollen Pilzdosis hervorgerufene Geisteszustand ist der von Euphorie und ruhiger Klarheit, aber ohne den Verlust der Zusammenhänge oder der Klarheit der Gedanken. Die mit geschlossenen Augen wahrgenommenen Halluzinationen sind farbig, scharfkantig und überaus deutlich ausgeprägt und können von abstrakten geometrischen Formen bis zu Visionen fantastischer Landschaften und architektonischer Perspektiven reichen. Diese Halluzinationen sind am intensivsten, wenn der Pilz in der von den Mazatekas bevorzugten Weise genossen wird, in einem Raum, nachts, in vollständiger Dunkelheit. Wenn man sich andererseits in natürlicher Umgebung befindet, und die Sinne intensiv nach außen auf die Umgebung richtet, entdeckt man, daß sie auf die höchste Stufe ihrer Empfänglichkeit gestimmt scheinen, daß man mit einer selten, wenn jemals zuvor erfahrenen Klarheit und Empfindungsfähigkeit Dinge hört, riecht und sieht.«

Das Psilocybin-Ambiente, so McKenna, unterscheide sich deutlich von dem eines LSD-Trips. Man erlebt leichter Halluzinationen und ein Bewußtsein, daß der Trip nicht nur als Vergrößerungslinse zur Erforschung der eigenen Psyche dient, sondern ein Kommunikationshilfsmittel ist, mit dem man in Tuchfühlung mit der schama-

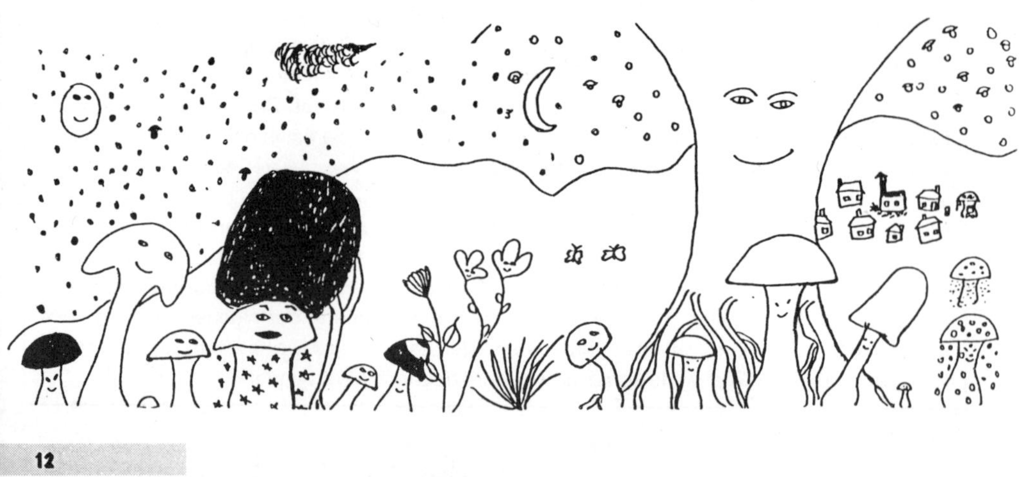

nistischen Welt kommen kann. Eine verschworene Gesellschaft von Therapeuten, Naturforschern und Privatpsychonauten wächst um die Zauberpilze.
Herkömmliche Pilz-Fachleute sehen das nun völlig anders. In dem Buch »Giftpilze und Pilzgifte« (Kosmos Verlag) werden die Gefahren eines Pilztrips dargestellt. Dazu sollte allerdings nicht verschwiegen werden, daß man in diesem Buch eher von einem überraschenden Pilzgenuß als von einer vorsätzlichen Tat ausgeht.

»Die psychischen Symptome der Psilocybin-Vergiftung sind sehr verschieden; je nachdem, ob die Vergiftung nach einer Pilzmahlzeit auftritt, oder ob die Droge absichtlich eingenommen wird, um Außergewöhnliches zu erleben. Neben physischen Reaktionen (Kopfweh, Ameisenkribbeln, Kältegefühl, Gleichgewichtsstörungen, Blutdruckabfall mit Schwindel) treten eine Reihe von verschiedenen psychischen Symptomen auf. Bei ahnungsloser Vergiftung überwiegen Angst, Unruhe und Depressionen. Wenn sich jedoch ein Süchtiger eine Bewußtseinsänderung erhofft, können sich Glücksgefühl, Halluzinationen und Befreiung von Angst und Hemmungen einstellen. (...)
Besonders häufig sind Halluzinationen in Form von kaleidoskopartigen Bildern.

WAS IST EIN PILZ ?

Die folgende Definition fand ich in einem Kinderbuch:
In alten Zeiten, besonders im Mittelalter, erregten Pilze die Phantasie der Menschen. Abergläubischen Leuten erschienen sie von jeher als seltsame Wesen. Von Pilzen erzählte man die merkwürdigsten Geschichten. Über die »Elfenringe«, auch »Elfentanzplätze« oder »Hexenringe« genannt, waren die verschiedensten Deutungen verbreitet. Man kann ihnen auch heute begegnen; auf Feldern, Wiesen oder Waldlichtungen wachsen Pilze in einem geschlossenen Kreis. In Liedern, Geschichten und Gedichten erzählt man im Volk von ihnen. Man glaubte, sie seien der Ort nächtlicher Zusammenkünfte zartbeflügelter, fröhlicher Elfen oder lustiger Scharen von Kobolden, die dort im Walde zierliche und turbulente Tänze vollführten.
Der Volksglaube befaßte sich aber nicht nur mit dem reizenden Gebilde der Hexenringe, sondern gab den Pilzen überhaupt mystische Bedeutungen. So erzählte man zum Beispiel von den Schirmpilzen, sie seien die Regen- oder Sonnenschirme von Zwergen und Elfen und nannte sie auch ›Elfenstühlchen‹. Aus Pilzen, die wie kleine Pokale aussehen, sollten Nymphen den kühlen Morgentau schlürfen, und in den größeren nahmen die kleinen Märchenwesen des Waldes ein erfrischendes Bad. Man glaubte auch, daß böse Hexen aus Giftpilzen gefährliche Zaubertränke brauen. Heute wissen wir, wie die Elfentanzplätze entstehen. Pilze sind Sporenpflanzen. Was wir im Wald als »Pilze« sammeln oder beim Händler kaufen, um ein Pilzgericht zu bereiten, ist nicht die eigentliche Pilzpflanze. Der Botaniker nennt diesen oberirdischen Teil der Pflanze »Sporenträger«. Die eigentliche Pflanze lebt als spinnwebartiges, bleiches und fadenförmiges Geflecht im Boden. Wissenschaftler nennen es »Myzelium« oder »Myzel« (die zweite Silbe wird betont). Davon wird noch ausführlich zu sprechen sein.

Die Bewußtseinstrübung kann in ein Delirium oder eine völlige Bewußtlosigkeit übergehen. Der Trip dauert einige Stunden und wird zum Glück von vielen als unangenehm und beängstigend empfunden. (...)
Eine besondere Gefahr bilden Bücher, die die Drogenpilze verherrlichen und Anweisungen zur Heimzucht vermitteln.«

Zu diesem Buch

Es ist seit Jahren das selbe Dilemma. Menschen interessieren sich für außergewöhnliche Erfahrungen. Das Recht hierzu wird ihnen abgesprochen. Alle psychoaktiven Substanzen jenseits von Tabak und Alkohol werden verboten und gleichgesetzt. Neugierige sind auf Eigenexperimente angewiesen, da keine glaubhaften Informationen vorliegen. Versucht man nun durch Bücher jene Drogen zu differenzieren und über ihre Vor- und Nachteile aufzuklären, kann man alsbald Probleme mit den Autoritäten bekommen.
Als in den 70er Jahren das Interesse für halluzinogene Pilze aufkam, gab es in deutscher Sprache keine Populärschriften, nur wissenschaftliche Abhandlungen, die für den Laien kaum verständlich sind. Also schrieb Bernhard Vetterling seine Broschüre »Halluzinogene Pilze bei uns«. Als Informationsquelle dienten englische Publikationen, da in Großbritannien und vor allem in Wales eine ältere Pilztradition herrscht. Das Heft wurde indiziert (mehr dazu im Anhang). Daraufhin machte sich

WER NIMMT WEN ?

Wenn ein Mensch eine Droge nimmt, so nimmt die Droge den Menschen. Jede der traditionellen Pflanzendrogen besitzt ein unglaubliches morphogenetisches Feld, Tausende von Jahren schamanistischer Erfahrungen schwingen da mit. Der Pilz enthält eine intelligente Stimme, die dich mit einbezieht. Sie hilft dir, all die verkalkten Definitionen, mit denen uns die Gesellschaft präpariert hat, abzuwerfen. Das ist der Grund, warum Psychedelika in unserer Gesellschaft so arg verpönt sind: sie wirken auf alle Paradigmen zersetzend. Bewußtsein kann nicht erweitert werden, es fährt immer maximale Leistung. Drogen können jedoch jene Gewohnheiten beseitigen, die das Bewußtsein behindern.
Ich sage nicht, daß man so viele Menschen wie möglich antörnen sollte. Aber falls jemand sich antörnt, sollte er dies so stark wie möglich tun. Die sichersten Drogen sind die stärksten. Alles, was man braucht, ist Mut.
Das Problem ist es nicht, Antworten zu finden, sondern mit den Antworten klarzukommen. Erinnere dich: es kann dich nicht töten, es kann dich höchstens überzeugen, daß es dich umbringen kann.
Der Pilz lebt in seiner eigenen Erinnerung, an die du dich ankoppeln kannst, indem du ihn in dein eigenes Nervensystem aufnimmst. Pilze, die auf menschenähnliche Wesen treffen, machen aus diesen bewußte Menschen. *Terence McKenna*

Der Herausgeber mit Alice auf der Brust.

Herrmann von Leistenfels an eine Überarbeitung des Textes von Vetterling. Allerdings übersah er, daß sich einige Übersetzungsfehler eingeschlichen hatten und auch der eine oder andere Pilz beschrieben wurde, der objektiv gesehen keine psychoaktive Wirkung hat.
Die Vetterling/Leistenfels-Texte wurden, soweit sie in diesem Buch wieder auftauchen, von Jochen Gartz und mir überarbeitet und korrigiert. Vielen Dank an jene LeserInnen, die uns im Laufe der Zeit auf einzelne Fehler älterer Bücher aufmerksam gemacht haben.
In den USA erschien »The Magic Mushrooms Grower's Guide« von O. T. Oss und O. N. Oeric. Hinter diesen Pseudonymen versteckten sich damals Terence McKenna und sein Bruder Dennis. Innerhalb von fünf Jahren verkauften sie über 100.000 Exemplare von diesem Buch. Die Eindeutschung des Volksverlags wurde indiziert.
Inzwischen haben viele mykophile Menschen eine Menge Erfahrungen mit diesen Pilzen gemacht, legal und illegal. So haben wir vor einigen Jahren den Verkauf des mangelhaften Leistenfels-Buchs gestoppt. Verleger Pieper möchte sich hiermit für das Werk entschuldigen lassen, fehlte ihm doch jegliche Pilzerfahrung, um inhaltlich mitreden zu können. Peinlich ist natürlich, daß von einem Absahner der Hippiekultur nach wie vor ein Raubdruck des völlig überholten Vetterling-Heftes im Umlauf ist.
Waren unsere älteren Pilz-Publikationen geistige Kinder der 70er Jahre, so kann ich mit Recht behaupten, daß das nun vorliegende Buch ZAUBERPILZE inhaltlich bis

GESCHOSSE

Aus dem Boden schießen wie die Pilze: Eine der abgedroschensten Metaphern. Schon im Ersten Weltkrieg riet Karl Kraus, man möge endlich einmal die Pilze »wie die Munitionsfabriken« aus dem Boden schießen lassen statt umgekehrt.

zum nächsten Jahrtausend gültig sein wird. Dafür sorgen schon die Mitarbeiter, die mir mit Beiträgen geholfen haben. Herzlichen Dank an Jochen Gartz für seine Überarbeitungen und Originalbeiträge, ebenso an Christian Rätsch. Große Freude auch, daß Martin Haseneier nach längeren Überlegungen seine Einwilligung gegeben hat, daß wir seinen langen Kahlkopf-Beitrag aus der Fachzeitschrift »integration« übernehmen durften. Weiterer Dank an jene Autoren, die uns Artikel schrieben bzw. zum Nachdruck gaben: Albert Hofmann, Terence McKenna, Timothy Leary, Ann und Alexander Shulgin, Micky Remann, Rüdiger Böhm und Werner Pieper. Lord-Nose! Dank für seine Xochipilli-Abbildung und an Kat Harrison-McKenna für ihre Titelbildzeichnung.

Den Umgang mit Pilzen muß man erlernen. Ich wiederhole mich hier, aber es kann nicht oft genug erwähnt werden. Nimm dieses Buch nicht als Anleitung. Bedenke:

SPOREN DER GEHEIMTRADITION

Der Fahrende Albert Minder (1879–1965), den ich in meiner »Psychedelischen Volkskunde« anführe, erzählte gern seinen Freunden, daß seine Sippe noch Pilze gekannt habe, »die (in ihrer Wirkung) stärker als Schnaps gewesen sind«.

Minder, der selber bereits ein »Seßhafter« war, wurde im übrigen in der Schweiz der Jahrhundertwende ein wichtiger Mann der Bewegung wider den Alkohol: Den Zusammenbruch der Kultur der alpenländischen Nomaden erklärte er im übrigen aus dem Niedergang ihrer ererbten Kräuterwissenschaft und dem Eindringen des »Schnapsens« in ihrem Kreis. Sehr häufig seien ihre Dienstleistungen an die Seßhaften nur mit selbstgebranntem Alkohol »bezahlt« worden – auf den sie mit der Zeit »süchtig« wurden.

Da man von einer ähnlichen Art der »Entschädigung« berichtet, womit die eingeborenen Stämme von Rußland, Sibirien oder auch Nordamerika abgefunden wurden, so scheint der Alkoholismus rund um die Welt den »sieg« unserer Zivilisation entschieden zu haben. Hier würden wir eine Bestätigung der Tatsache finden, die wir heute in den Städten von Europa oder der USA beobachten können: Drogen, an die ein Volk (und namentlich die neugierige Jugend!) nicht gewöhnt ist, wirken geradezu mörderisch auf die seelische und leibliche Gesundheit. Ohne jene Vorbildung und die Aufsicht erfahrener Männer und Frauen wird der bisher unbekannte Wirkstoff maßlos »konsumiert«. Wie wir es von den Sibiriern, Indianern und auch von den Fahrenden der Alpen wissen, zerbricht durch die gedankenlose Übernahme der neuen »Sitten« nach und nach die gesamte eigene Festkultur und damit die Spielregeln des von den Ahnen begründeten Gemeinschaftslebens.

Angeregt durch die Angaben Minders befragte ein einheimischer Journalist Abkömmlinge alpenländischer Nomaden zu ihrem Wissen über die »Traumpilze«. Der Gewährsmann, mit dem er persönlich reden konnte, erwies sich als »unwirsch« und antwortete, ohne im übrigen auf deren einzelne Arten einzugehen: »Natürlich kenne ich diese Pilze, und ich weiß auch, wie man sie zubereiten kann. Aber darüber etwas sagen? Auf keinen Fall, denn diese Drogenfreaks würden das alles mit ihrer Maßlosigkeit kaputtmachen. Diese Pilze sind Traumpilze, Meditationspilze – die schlingt man nicht einfach so, ohne Vorbereitung, herunter.«

Sergius Golowin

Bevor man Auto fährt, macht man einen Führerschein. Eine ähnliche »Fahrschule« sollte auch auf der psychoaktiven Ebene besucht werden, bevor man sich in die Abgründe der eigenen Psyche stürzt und deren Gipfel erstürmt. »Erst die Unterdrückung einheimischer Traditionen hat zu einem Mißbrauch, d.h. entwurzelten Gebrauch von psychoaktiven Substanzen geführt«, meint der Ethnobotaniker Christian Rätsch.
Louis Lewin hat die weite Verbreitung der Halluzinogene und ihren Gebrauch in folgende Worte gefaßt:
»Diese Substanzen haben Bande der Eintracht geschaffen zwischen Menschen aus beiden Hemisphären, zwischen Unzivilisierten und Zivilisierten.«

Pilz sei Dank.

Ronald »Rumpelstilz« Rippchen

Magische Welt.

XOCHI speaks. Gottheit mit den Formeln psychedelischer Chemie.

Eine ausführliche Beschreibung der Reise, Erlebnisse und Hintergründe von LordNose! und Xochipilli findet man von Laura Fraser unter dem Titel »A Context For Ecstasy« in der Sommerausgabe 1992 der Zeitschrift »Whole Earth Review« (c/o 27 Gate 5 Road, Sausalito, California, USA).
Ein farbiges, auf gutem Papier gedrucktes DIN A2-Plakat erhält man zusammen mit einem Informationsheft über den chemischen Aufbau und die Wirkungsweisen verschiedener Psychedelika für 36 SFR bei: Gaia Media, Postfach, CH-4003 Basel; sowie für 38 DM bei: Terra Magica Nostra, Leuschnerdamm 19, 1000 Berlin 36.
Ich danke LordNose! für die freundliche Kooperation und die Abdruckgenehmigung für obiges Bild.

Xochipilli – Schirmherr der Pflanzen und Pilze der Götter

In Gordon Wassons Buch »The Wondrous Mushroom: Mycolatry in Mesoamerica« (McGraw-Hill, 1980), findet sich eine ganzseitige Abbildung der Aztekengottheit Xochipilli. Diese Figur hat auch durch Kat McKenna-Harrisons bezaubernde Zeichnung im Laufe der Jahre wachsende Berühmtheit erlangt.
Wasson war von dieser Figur fasziniert, wußte er doch weltweit von keiner anderen den Blumen gewidmeten Gottheit. Allerdings verwirrten ihn die »Blumen« etwas, denn schließlich schaut Xochipilli nicht auf den Boden, sondern gen Himmel. So sah sich Wasson die »Blumen« auf dem Sockel genauer an und kam zu dem Schluß, daß es sich hierbei um Pilze handeln müsse. Mit Hilfe des Ethnobotanikers Dr. Richard Evan Schultes (Co-Autor des Buches »Pflanzen der Götter«, mit Albert Hofmann) identifizierte er schließlich nicht nur den Pilz *Psilocybe aztecorum*, sondern auch die halluzinogene Trichterwindenart *Turbina corymbosa*. Daraus schloß Wasson, daß es sich bei der Statue des Xochipilli um eine Gottheit handelt, die sich gerade einer intensiven spirituellen und ekstatischen Erfahrung hingibt.
LordNose!, ein Künstler und »digitaler Historiker ekstatischer Zustände« (Zitat von Howard Rheingold), entwickelte ein spezielles Interesse an dieser Statue und entschloß sich, das Original in Mexico City zu besuchen und zu fotografieren. Er plante, mit diesen Fotos eine neue Drogenaufklärungsbroschüre zu illustrieren. Geplant. Getan. Fast eine Stunde lang durchstreifte er mit einem befreundeten Fotografen das anthropologische Museum in Mexiko. Nachdem sie sich so langsam mit den dort ausgestellten Masken und Statuen von Menschen und Gottheiten vertraut gemacht hatten, erreichten sie endlich Xochipilli und die berühmten aztekischen Kalenderscheiben, die im mixtekischen Raum ausgestellt waren. »Zu diesem Zeitpunkt flogen wir höher als Adler!« beschreibt LordNose! heute ihren, zugegebenermaßen mit einem modernen Entheogen gedopten, Zustand. LordNose! näherte sich dem Xochipilli und bot ihm etwas Tabak als Opfergabe dar. Plötzlich, so erinnert er sich, »wurde alles um uns herum lebendig.« Nicht nur Xochipilli, sondern auch die Statue von Coatlicue, der Erdgöttin, mit ihrem beängstigenden Totenkopf und ihrem Kleid aus lebendigen, sich windenden Schlangen. Er fühlte sich von Geistern und ihrem göttlichen Wissen überwältigt. Im Zustand eines absolut erweiterten Bewußtseins auf einer wunderlichen Weisheitsebene schwebend nahm er plötzlich wahr, daß eine Touristengruppe in den Raum geführt wurde. Deren Führer intonierte: »Zu unserer Linken sehen Sie Diabolo.« Alle Touristen starrten auf die Steinstatue. »Wir wissen wirklich nicht, was sie zu bedeuten hat.«
»Xochipilli ist die Manifestation einer psychedelischen Erfahrung«, schreibt uns LordNose! »Es handelt sich dabei um ein Wissen, das sich absolut mit meinen Erfahrungen deckt, die ich machte, als ich stoned vor der Statue stand. Sie ist von einem Geist beseelt, ja, sie ist die steinerne Manifestation dieses Geistes. Das wurde mir ebenso klar wie der Fakt, daß es sich hier nicht nur um künstlerisch wertvolle Schätze handelt, sondern um spirituelle Schätze.«

Halluzinogene Pilze und unsere Ahnen

von Christian Rätsch

In den letzten Jahren sieht man im Herbst viele, meist jüngere Leute auf die Wiesen und Almen ausschwärmen, um psychedelische Pilze, hauptsächlich die Spitzkegeligen Kahlköpfe (*Psilocybe semilanceata*), zu sammeln und zu verzehren. Diese moderne Tradition hat ihren Anfang in den sechziger Jahren. Sie wurde durch einen kleinen Artikel vom LSD-Vater Dr. Albert Hofmann ausgelöst.[1] Daß dieser moderne Gebrauch alte, gar sehr alte Wurzeln hat, liegt nahe.

Der sensationelle, doch nicht gänzlich unumstrittene Fund der Gletschermumie Ötzi zeigt, daß Pilze schon bei unseren vor-indogermanischen Ahnen eine rituelle oder schamanistische Rolle gespielt haben können. Ötzi hatte zwei getrocknete Pilze aus der Gruppe der Porlinge (*Aphyllophorales*) auf eine Schnur gezogen bei sich. Die Pilze sind wahrscheinlich als Birkenporling (*Piptoporus betulinus*) oder als Lärchenporling (*Laricifomes officinalis*) zu bestimmen. Zunächst kamen die Pilze als »Zunderschwämme« in die Medien. Schließlich jagte eine sensationelle Pressemitteilung durch die Zeitungen. Der Innsbrucker Mykologe Reinhold PÖDER erklärte dem Wissenschaftsredakteur des *stern*-Magazins (Heft 29, 9. Juli 1992), daß er in dem ersten untersuchten Pilz LSD-ähnliche Stoffe gefunden hatte. Von der Boulevard-Presse wurde Ötzi nun zum Junkie abgestempelt, in der psychedelischen Szene als Ur-Schamane gefeiert. PÖDER widerrief seine Aussage aus unerklärlichen Gründen. In seinem offiziellen Forschungsbericht schrieb er: »Was mag einen Menschen vor 5000 Jahren dazu bewogen haben, Birkenporlinge zu sammeln und sie an Lederstreifen zu knoten? Eine zutreffende Beantwortung dieser Fragestellung kann zur Zeit wohl kaum gegeben werden. Die [...] Hinweise zum ›medizinisch-spirituellen Gebrauch von Porlingen‹ lassen eine Diskussion über eine diesbezügliche Anwendung jedenfalls gerechtfertigt erscheinen. Die Untersuchung des zweiten ›baumschwammartigen‹ Gebildes läßt weitere Informationen erwarten.« – Immerhin ist für die Birkenporlinge bei Indianern der Nordwestküste ein rituell-schamanischer Gebrauch, u. a. als trance-induzierendes Schnupfpulver, nachgewiesen.[2]

Ob unsere germanisch-keltischen Ahnen die halluzinogenen oder psychedelischen Eigenschaften einheimischer Pilze kannten und nutzten, wissen wir nicht mit Sicherheit. Das kann entweder daran liegen, daß unsere Ahnen von diesen besonde-

---

1 vgl. Albert HOFMANN, Roger HEIM und Hans TSCHERTER, «Présence de la psilocybine dans une espèce européenne d'Agaric, le Psilocybe semilanceata Fr.Note (*) de MM.» in: *C.R. Acad. Sc. Paris*, t. 257, p.10-12, 1963.

2 vgl. Reinhold PÖDER, Ursula PEINTNER & Thomas PÜMPEL, »Mykologische Untersuchungen an den Pilz-Beifunden der Gletschermumie vom Hauslabjoch« in: *Der Mann im Eis, Bd.1, Bericht über das Internationale Symposium 1992 in Innsbruck*, (Veröffentlichungen der Universität Innsbruck,

ren Wirkungen nichts wußten oder daß die einheimischen Traditionen bei der zwangsvollstreckten Christianisierung der germanischen und keltischen Stämme verloren gingen. Einige archäologische Hinweise deuten auf einen rituellen und magischen Gebrauch von Pilzen. So gibt es in Skandinavien verschiedene Felsbilder, auf denen Menschen mit Pilzen in schamanisch anmutenden Szenen erscheinen.[3] Leider gibt es aus heidnischer Zeit fast keine schriftlichen Quellen. Alle Berichte über die Kultur unserer Ahnen stammen entweder von Römern (z. B. TACITUS) oder christlichen Missionaren (z. B. ADAM VON BREMEN). Wenn die Germanen einen Pilzkult hatten, haben sie ihn sicherlich vor den Christen – aus verständlichen Gründen – geheimgehalten. Aber es gibt trotz allem einige verstreute Informationen, die darauf schließen lassen, daß sowohl bei Kelten und Germanen ein psychoaktiver Gebrauch von Pilzen stattgefunden hat.

In der keltischen Mythologie, so wie sie in der Neuzeit aufgezeichnet wurde, sind Pilze eng mit der »Anderswelt« und den Feen- und Elfenreichen verbunden. Aus dem keltischen Wales ist überliefert, daß es einen Pilz gibt, *Bwyd-Ellyllon* genannt, der »zu den Leckerbissen der Elfen gehört, aber von Menschen und Thieren gefürchtet wird«.[4] Noch heute wird in den keltisch geprägten Gebieten Englands, so in Wales und Cornwall, der *Liberty Cap* genannte Spitzkegelige Kahlkopf von Neo-Heiden und Underground-Druiden als elfenbeschwörendes Sakrament verspeist. Bevorzugte Orte sind die megalithischen Dolmen, z. B. der Chûn Quoit, der selbst wie ein gigantischer Pilz aussieht. Der britische Geomant Paul DEVEREUX nennt diese Dolmen *The Dreaming Stones* und vertritt die Ansicht, daß an diesen Orten geeignete Erdkräfte stimulierend auf das Bewußtsein, vor allem dann, wenn es mit Pilzen erweitert wurde, einwirken.[5]

In der germanischen Mythologie, so wie sie in der Neuzeit aufgezeichnet wurde, gibt es einige Geschichten, die Wotan, den schamanischen Gott der Ekstase und Erkenntnis, mit dem Fliegenpilz (*Amanita muscaria*) in Verbindung bringen. Der Sage nach entsteht der Fliegenpilz, wenn Wotan auf seinem Roß zur Wintersonnenwende mit seinem Gefolge, der Wilden Jagd, durch die Wolken reitet. Überall dort, wohin der Geifer von Wotans Pferd auf die Erde tropft, werden im Herbst, genau neun Monate später – Fliegenpilze aus dem Boden schießen. Außerdem heißen die Fliegenpilze im Volksmund auch »Rabenbrot«. Raben sind nicht nur uralte Schamanenen- und Krafttiere, sondern auch die Botschafter des Wotan. Es ist durchaus möglich, daß der Fliegenpilz – immerhin der auffälligste aller Pilze – in heidnischer Zeit bei ekstatischen Ritualen zur Anwendung gelangte. Bis heute hat sich die These in der Literatur gehalten, daß die Berserker durch den Genuß von Fliegenpilzen ihre enorme Kraft und ihren sprichwörtlichen Mut, die »Berserkerwut» oder den *furor teutonica*, durch den Verzehr von Fliegenpilzen erhielten. Die Wirkung des Fliegenpilzes ist eher opiumartig und erzeugt im Benutzer kaum mehr als eine Euphorie mit gewissen synästhetischen Visionen. Der Fliegenpilz ist ganz sicher

---

[3] vgl. R.W. KAPLAN, »*The Sacred Mushroom in Scandinavia*« Man 10(1): 72-79.

[4] vgl. K. RITTER VON PERGER, *Deutsche Pflanzensagen*, Stuttgart und Oehringen 1864, S. 210.

[5] vgl. Paul DEVEREUX, *Secrets of Ancient and Sacred Places*, Landon: Blandford, 1992, S.182f.

Oben: Eine der frühesten bekannten Darstellungen eines kahlköpfigen Pilzes (aus John Gerard, The Herbal or General History of Plants, 1633).
Links: Eine der frühesten bekannten Darstellungen des Fliegenpilzes (aus John Gerard, The Herbal or General History of Plants, 1633).

nicht die Berserkerdroge. Die einzige Droge, die wahre Aggressionen erzeugt, ist der Alkohol.[6]
Es ist aus der Steiermark ein volkstümlicher Brauch überliefert, der den Zusammenhang mit dem fruchtbarkeitbringenden wilden Gewittergott Donar, dem Sohn des Wotan, verdeutlicht. Zu Beginn der »Schwammzeit« (natürlich an einem Donnerstag, nach dem ersten Donner) sucht man sich einen Fliegenpilz. Zunächst hält man den Pilz zum Wald, dann auf sich selbst und spricht zu ihm:
»Wenn du mir nicht die guten Schwämme zeigst, dann schleudere ich dich auf die Erde, daß du zu Staub und Asche zerfällst!«[7]
Die älteste Quelle, die namentlich den Fliegenpilz erwähnt, ist das *Kräuterbuch* des Johannes Hartlieb von 1440. Auf Blatt 16 heißt es: »Es ist auch ainerley swammen, dy sind zumal unrain, die sind prait und dick und oben rot mit weißen pletern. Wenn man die zu der milich mischet, so todt er dy mucken zu handt, darumb so hayst mucken swamm, zu latein *muscinery*.«[8]

---

[6] vgl. C. Rätsch, *Von den Wurzeln der Kultur: Die Pflanzen der Propheten*, Sphinx Verlag, Basel, 1991, S.35-40.

[7] *Handwörterbuch des Deutschen Aberglaubens*, Bd.VII, S.30, Berlin und Leipzig: de Gruyter, 1935/1936.

[8] *Das Kräuterbuch des Johannes Hartlieb*, mit einer Einführung und Transkription von Heinrich L. Werneck, hrsg. von Franz Speta, Akademische Druck- u.Verlagsanstalt, Graz, 1980. Hartlieb war Arzt und Autor vom *Buch aller verbotenen Künste* (Insel Verlag, Frankfurt/M., 1989), indem er sich besonders mit den mittelalterlichen Divinationspraktiken beschäftigt, aber auch ein Hexensalbenrezept (S.45) angibt.

Seit Hartliebs Zeiten wird der Fliegenpilz nur sporadisch in den Kräuterbüchern erwähnt oder beschrieben. Immer wird sein Gebrauch als Fliegengift angeführt; aber kein Hinweis auf seine psychoaktive Wirkung! Die psychoaktive Wirkung wird erst in der Neuzeit von Sibirienreisenden beschrieben.[9]

Johannes HARTLIEB erwähnt aber auch, daß in Wien ein Mann gestorben ist, weil er Pilze (»Pfifferlinge«!) in Met getrunken hat. Met ist der Name für ein Gebräu, das aus Honig, Wasser und anderen Zusätzen hergestellt wird. In der alten Literatur wird zwischen Met und Bier oft nicht unterschieden. Das liegt daran, daß in dem Bier unserer Ahnen oft Honig mitverbraut wurde. Aus frühesten Quellen zum germanischen Bier- und Metbrauen ist bekannt, daß zu beiden Getränken verschiedene psychoaktive Pflanzen zugesetzt wurden, u.a. Bilsenkraut (*Hyoscyamus niger*), Sumpfporst (*Ledum palustre*), Gagel (*Myrica gale*) und Taumellolch (*Lolium temulentum*).[10] Manchmal heißt es auch, daß Met oder Bier unter Zugabe von »Schwämmen« (= Pilze) gebraut wurden.[11]

Warum aber wurde den nur schwach alkoholischen Getränken (ca. 1,5-3% Äthanol) Pilze zugefügt? Die einzig sinnvolle Erklärung wäre die, um die Wirkung zu verbessern. Denn darum braute man auch das Bier mit Bilsenkraut (daher unser »Pilsener Bier«!). Sollten also unsere Ahnen den Met mit psychedelischen Pilzen, etwa den Spitzkegeligen Kahlköpfen (*Psilocybe semilanceata*), angereichert haben? Immerhin war der Met ein Ritualtrunk, der bei gemeinschaftlichen Zusammenkünften genossen wurde, um die Götter unter den berauschten Menschen weilen zu lassen.[12] Die Met-Rituale unserer Ahnen waren Kreisrituale. Dabei saßen die Teilnehmer im Kreise und reichten ein metgefülltes Horn herum. Zuerst wurden einige Tropfen Met der Erde und dem Himmel geopfert. Dann wurde ein Trinkspruch über das Horn gesprochen. Nach dem Trinken wurde das Horn weitergereicht. Immer wenn es leer war, wurde nachgefüllt. Die einsetzende Wirkung des Zaubertrankes öffnete die Tore zur Welt der Götter und Göttinnen. »Man schrieb dem Met die Kraft zu, den Menschen Begeisterung zu verleihen und ihnen den Zugang zur übersinnlichen Welt zu öffnen. So war er gewissermaßen der Quell der Weisheit und der künstlerischen Erweckung.«[13]

[9] vgl. die ausgezeichnete Darstellung bei Alexandra ROSENBOHM, *Halluzinogene Drogen im Schamanismus*, Dietrich Reimer Verlag, Berlin, 1991, S.26-60. Siehe auch Wolfgang BAUER u.a. *Der Fliegenpilz: Ein kulturhistorisches Museum*, Wienand Verlag, Köln, 1991, besonders den Artikel von Alexandra ROSENBOHM, S.121-164.

[10] vgl. A. MAURIZIO, *Geschichte der gegorenen Getränke*, Verlag Paul Parey, Berlin, 1933.

[11] vgl. Rolf LOHBERG, *Das große Lexikon vom Bier*, Scripta Verlag, 3.erw.Aufl., 1984; S.66.

[12] vgl. Heinz GAESSNER, *Bier und bierartige Getränke im germanischen Kulturkreis*, Veröffentlichungen der Gesellschaft für die Geschichte und Bibliographie des Brauwesens, Berlin 1941.

[13] zit. nach S. FISCHER-FABIAN, *Die ersten Deutschen*, München: Knaur, 1975, S.196.

Pilzliche Halluzinogene vom Mutterkorn bis zu den mexikanischen Zauberpilzen

von Albert Hofmann

Die Fähigkeit der Pilze, Substanzen von ganz verschiedenem chemischem Bau und mit verschiedensten Wirkungsqualitäten in großer Zahl zu produzieren ist erstaunlich. Pilze sind chemische Fabriken mit einer bewundernswerten Kapazität. Sie liefern uns Nahrung, Nährstoffe vielerlei Art, die als wertvolle Medikamente dienen können, wie vor allem die Antibiotika, und sogar noch Substanzen, Halluzinogene, die den geistigen Wesenskern des Menschen, das Bewußtsein zu verändern vermögen. Mit der letztgenannten Art von Pilzstoffen befassen sich die nachfolgenden Ausführungen.

Die kulturhistorisch bedeutendsten und wirkungsmäßig stärksten Halluzinogene sind pilzlichen Ursprungs. Pilze, gleich wie andere Pflanzen, die halluzinogene Wirkstoffe enthalten, waren in alten Kulturen als Zauberdrogen oder als sakrale Drogen im Gebrauch und werden zum Teil auch in der heutigen Zeit noch als solche in religiös-zeremoniellem Rahmen und in magisch bestimmten Heilpraktiken verwendet. Ein solcher Gebrauch erklärt sich aus der Fähigkeit der halluzinogenen Inhaltsstoffe dieser Pflanzen, unter geeigneten äußeren Bedingungen und bei entsprechender innerer Vorbereitung und Erwartung, mystisches, ekstatisches Erleben zu provozieren. Ekstase wird im Lexikon der Psychiatrie (Springer Verlag, Berlin 1973) wie folgt beschrieben: »Ekstase = Heraustreten, außer-sich-sein, Entrückung; ein körperlich seelischer Zustand, in dem sich der Mensch übernatürlicher Fähigkeiten des Schauens und Erfassens mächtig fühlt. In diesem Zustand lösen sich vor allem die Grenzen zwischen Innen- und Außenwelt auf. Den Sinnen strömen Bilder und Empfindungen zu, die ihnen sonst nicht zugänglich sind, oder das Ich fühlt sich dem Absoluten (mit Gott, dem All, dem Nichts) ein. Auf beiden beruht die Bedeutung der Ekstase für die Religionen.«

DIE MEXIKANISCHEN ZAUBERPILZE

Pilze, die ekstatisches, halluzinogenes Erleben hervorzurufen vermögen, und denen deshalb göttliche Verehrung zuteil wurde, müssen in Mittelamerika schon vor sehr langer Zeit im Gebrauch gewesen sein. Das kann aus sogenannten Pilzsteinen geschlossen werden, die im südlichen Mexiko und in Guatemala gefunden wurden. Es sind dies Steinskulpturen in Form eines Hutpilzes, in dessen Stiel das Antlitz oder die ganze Gestalt eines Dämons oder Gottes eingearbeitet ist. Die ältesten Exemplare dieser Pilzsteine sind über zweitausend Jahre alt. Es kann als sicher gelten, daß diese Darstellungen eines Pilzgottes mit dem sakralen Gebrauch von Pilzen zu tun haben. Vom Bestehen eines Pilzkultes bei den Azteken und den benachbarten Völkerschaften berichten zudem die spanischen Chronisten, die bald nach der Eroberung von Mexiko durch CORTEZ 1520–1521 ins Land kamen. Es seien hier nur zwei der wichtigsten Quellen angeführt, die »Historia General de las Cosas de la Nueva España« des Franziskanermönchs Bernardino de SAHAGÚN, die in den Jahren 1529–1590 entstanden ist, und die Monumentalchronik des Doktor Francisco HERNANDEZ, den Philipp II. von Spanien nach Mexiko schickte, um die dortigen Heilmittel zu studieren, die 1651 unter dem Titel »Rerum Medicarum Novae Hispaniae Thesaurus« herauskam. Die aztekische Bezeichnung für diese Pilze war »Teonanacatl«, was mit »heiliger Pilz« oder »Gottes Fleisch« zu übersetzen ist.

Merkwürdigerweise blieben diese Angaben in den alten Chroniken von der Wissenschaft unbeachtet, wahrscheinlich, weil man sie für Phantasieprodukte jener abergläubischen Zeit hielt. Erst Ende der 30er Jahre unseres Jahrhunderts entdeckten amerikanische Ethnologen den rituellen Gebrauch von Pilzen in den abgelege-

Albert Hofmann mit einem Schlüssel zu inneren Welten.

nen Gegenden der südlichen Gebirge Mexikos. Das amerikanische Amateur-Forscherehepaar Valentina und Gordon WASSON hat dann zwischen 1954 und 1958 den Pilzkult, so wie er sich bis in unsere Tage erhalten hat, eingehend erforscht und beschrieben. Die botanische Bestimmung der Teonanacatl-Pilze, für die die WASSONS den französischen Mykologen Professor Roger HEIM heranzogen, ergab, daß es sich um Blätterpilze handelt, die größtenteils der Gattung Psilocybe angehören.
Nach erfolglosen Versuchen in Paris, das halluzinogene Prinzip zu isolieren, sandte Professor HEIM die Pilze zu uns in die pharmazeutisch-chemischen Forschungslaboratorien der Sandoz AG in Basel für die chemische Untersuchung. Diese führte zur Isolierung des wirksamen Prinzips in Form von zwei kristallisierten Substanzen, die wir Psilocybin und Psilocin nannten, und denen die chemischen Strukturen I und II zugewiesen werden konnten. Die beiden Pilzstoffe ließen sich dann auch synthetisch erstellen.
Der chemische Aufbau von Psilocybin und Psilocin war in verschiedenen Beziehungen neuartig und von Bedeutung. Die beiden Pilzstoffe waren die ersten natürlich vorkommenden Indol-Verbindungen mit einer Hydroxyl-Funktion in der 4-Stellung des Indolsystems. Psilocybin ist das einzige bekannte Indolalkaloid, das mit einer Phosphoryloxy-Gruppe substituiert ist. Von besonderer Bedeutung ist die nahe chemische Verwandtschaft von Psilocin mit dem Neurotransmitter Serotonin.
Die chemisch-strukturelle Verwandtschaft der Pilz-Halluzinogene mit Serotonin, das im Biochemismus der psychischen Funktionen eine bedeutende Rolle spielt, könnte erklären, warum Psilocybin und Psilocin in diesen Chemismus einzugreifen vermögen und dadurch ihre psychischen Wirkungen entfalten können.
Professor HEIM hatte uns die chemische Barbeitung der mexikanischen Zauberpilze angeboten, weil er annahm, die Erfahrungen auf dem Gebiet der Halluzinogene, die wir bei unseren Untersuchungen mit LSD erworben hatten, könnten bei der Identifizierung der halluzinogenen Pilzstoffe von Nutzen sein. Das war tatsächlich der Fall.

LSD, EIN HALBSYNTHETISCHES MUTTERKORNDERIVAT

Als 1943 die hohe halluzinogene Aktivität des Lysergsäure-diäthylamids entdeckt wurde, konnte man nicht ahnen, daß sich später eine Beziehung dieses halbsynthetischen Stoffes zu mexikanischen sakralen Drogen ergeben würde.
Ich habe Lysergsäure-diäthylamid erstmals 1938 hergestellt in der Absicht, ein Analeptikum zu gewinnen. Analeptische, kreislaufstimulierende Wirkungen konnten von dieser Verbindung erwartet werden, weil sie eine strukturelle Verwandtschaft mit dem bewährten Analeptikum Coramin aufweist. Sie erwies sich aber in dieser Beziehung als nicht brauchbar. Um Lysergsäure-diäthylamid, Laborbezeichnung LSD-25 (25. Verbindung in der Reihe der halbsynthetischen Lysergsäure-amide) einer erweiterten pharmakologischen Prüfung zuzuführen, stellte ich 1943 nochmals eine kleine Menge dieser Substanz her. Dabei entdeckte ich bei einer unbeabsichtigten zufälligen Intoxikation mit einer Spur der Substanz und durch einen anschließend geplanten Selbstversuch die außergewöhnlich hohe, spezifische halluzinogene Wirksamkeit des LSD.

Mit dem LSD war das Spektrum der sich von der Lysergsäure ableitenden Pharmaka um einen neuen Wirkungstyp erweitert worden. Die Lysergsäure ist der Grundbaustein der natürlichen Mutterkornalkaloide, von denen sich so wichtige Medikamente wie Ergotamin, Methergin, Hydergin, Dihydergot, Deseril, und als letzte Entwicklung Bromokryptin (Parlodel) ableiten.
Strukturell ist LSD mit den Pilz-Halluzinogenen Psilocybin und Psilocin und mit dem Neurotransmitter Serotonin verwandt, indem alle diese Stoffe das Strukturelement des Tryptamins enthalten. Bemerkenswert ist auch die bei natürlich vorkommenden Indolsubstanzen selten vorkommende Substitution des Indolkernes in der 4-Stellung im Lysergsäure- und LSD-Molekül.
Auf eine hohe Spezifität der halluzinogenen Wirkung von LSD weist seine außergewöhnlich hohe Aktivität hin. Die mittlere bis hohe orale Dosis beim Mensch beträgt 0,05 bis 0,1 Milligramm. Demgegenüber sind Psilocybin und Psilocin in einer Dosis von 6 bis 12 Milligramm wirksam. Auch hier liegt immer noch eine verhältnismäßig hohe Wirksamkeit vor im Vergleich zu einem anderen klassischen Halluzinogen, dem Kaktus-Wirkstoff Meskalin, von dem 0,3 bis 0,5 g als orale Dosis beim Mensch benötigt werden.

LSD-ÄHNLICHE WIRKSTOFFE IN DER MEXIKANISCHEN ZAUBERPFLANZE OLOLIUQUI

Eine erstaunliche Beziehung von LSD zu den mexikanischen Zauberdrogen ergab sich, als wir in Ololiuqui als halluzinogene Inhaltsstoffe Lysergsäureamide feststellten. Ololiuqui ist die aztekische Bezeichnung für die Samen von Windengewächsen (Convolvulaceae), von *Turbina corymbosa* und von *Impomoea tricolor.* Der religiös-zeremonielle Gebrauch von Ololiuqui wird wie die des Teonanacatl schon in den alten Chroniken der spanischen Naturalisten aufgeführt. Die Ololiuqui-Samen werden auch heute noch von Indianerstämmen in Südmexiko, vor allem den Zapoteken und Mazateken in magisch bestimmten Heilpraktiken verwendet. Hauptwirkstoffe in Ololiuqui sind Lysergsäureamid und Lysergsäure-hydroxyäthylamid. Die halluzinogen wirksame Dosis von diesen Stoffen beträgt 1 bis 2 Milligramm. Die Wirkung ist durch eine stark narkotische Komponente gekennzeichnet.
Das Vorkommen der gleichen spezifischen Inhaltsstoffe in zwei so verschiedenen Sektoren des Pflanzenreiches wie der niederen Pilze (Mutterkorn, Gattung *Claviceps*) und der Blütenpflanzen aus der Familie der Windengewächse (Gattungen *Turbina* und *Ipomoea*) stellt eine chemotaxonomische Ausnahme dar.

MUTTERKORNPILZ-ALKALOIDE IM ELEUSINISCHEN TRANK?

Die gleichen Alkaloide wie in Ololiuqui mit Lysergsäure-Amid und Lysergsäure-hydroxyäthylamid als Hauptkomponenten sind auch in den Stämmen des Mutterkorns, das auf dem Wildgras Paspalum distichum gedeiht, gefunden worden. Paspalum distichum ist im Mittelmeerraum weitverbreitet. Könnte nun dieses Mutterkorn, gleich wie Ololiuqui bei den Azteken, die heilige Droge in den Mysterien von Eleusis gewesen sein? Eleusis als Heiligtum der Korngöttin Demeter und textkriti-

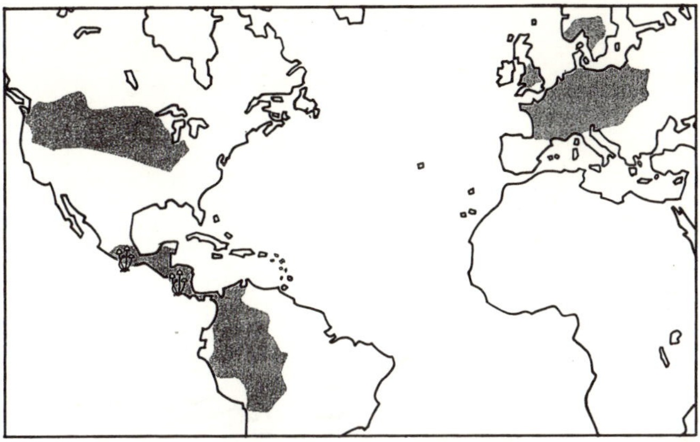

Die wichtigsten und meisten heiligen Pilze Mexikos gehören zur Gattung *Psilocybe.* Obschon die vielen Arten dieser Gattung sehr weit verbreitet sind und in Nord-, Zentral- und Südamerika vorkommen (daneben auch in Europa), ist ihre halluzinogene Anwendung nur aus Mexiko und dem angrenzenden Guatemala bekannt. Möglicherweise wurden sie früher in Süd- und Zentralamerika auch als Halluzinogene gebraucht.

sche Studien der Homerischen Hymne an Demeter stützen eine solche Hypothese, die in einer kürzlich erschienenen Publikation vorgebracht worden ist.

SOMA ALS FLIEGENPILZ IDENTIFIZIERT ?

Eine weitere Hypothese, wonach pilzliche Halluzinogene in einer sakralen Droge eine Rolle gespielt haben könnten, soll hier auch noch kurz erwähnt werden. Der amerikanische Ethnomykologe WASSON, der bei der Erforschung des mexikanischen Pilzkultes maßgebend beteiligt war, glaubt, daß Soma, die sagenumwobene Droge der Rigweda nichts anders war als der Fliegenpilz *Amanita muscaria.* Hier fehlt allerdings noch die phytochemische Untermauerung, indem die Wirkstoffe, die in diesem Pilz gefunden wurden, Muscimol und Ibotensäure, keine halluzinogenen Eigenschaften besitzen. Es wäre allerdings möglich, daß es sich beim Soma um eine chemische Varietät des Fliegenpilzes mit halluzinogenen Wirkstoffen gehandelt haben könnte, denn chemische Rassen, die botanisch identisch sind, kennt man bei Pilzen.

LITERATUR

WASSON, V.P., R. G.: Mushrooms, Russia and History, Pantheon Books, New York (1957)

HEIM, R., R. G. WASSON: Les champignons hallucinogènes du Mexique, éd. du Muséum National d'Histoire Naturelle, Paris (1958)

HOFMANN, A., R. HEIM, A. BRACK, H. KOBEL, A. FREY, H. OTT, TH. PETRZILKA, F. TROXLER: Psilocybin und Psilocin, zwei psychotrope Wirkstoffe aus mexikanischen Rauschpilzen. Helv. Chim. Acta 42, 1557-1572 (1959)

HOFMANN, A.: LSD – Mein Sorgenkind. Klett-Cotta, Stuttgart (1979)

HOFMANN, A.: Die Wirkstoffe der mexikanischen Zauberdroge Ololiuqui. Planta Medica 9, 354-367 (1981).

WASSON, R.G., A. HOFMANN, C.A.P. RUCK: Der Weg nach Eleusis. Insel Verlag, Frankfurt a.M. (1984).

WASSON, R.G.: SOMA – Divine Mushroom of Immortality. Harcourt, Brace & World, Inc., New York (1968)

Nachdruck mit freundlicher Genehmigung aus: »Der Champignon, Zeitschrift für Pilzanbau« Nr. 310, Juni 1987.

Botanik und Chemie

Wenn man einen Pilz aus der Erde hebt, sieht man an seinem Fuß ein watteartiges, weißliches Gewebe. Dieses unterirdische Gebilde aus vielfach verknüpften einzelnen feinen Pilzfäden (Hyphen) wird Mycel genannt. Das Mycel stellt den vegetativen Hauptteil des Pilzes dar, entsprechend Wurzel und Kraut bei Pflanzen.

ENTWICKLUNG

Bei entsprechend günstiger, feuchtwarmer Witterung wachsen an manchen Stellen des unterirdischen Mycels, besonders aber nahe der Erdoberfläche, etliche Pilzfäden zu knotenartigen Verdickungen zusammen, die rapide schnell anwachsen und sich zu dem entwickeln, was man in der Umgangssprache als »Pilze« bezeichnet. Es handelt sich hier jedoch nicht, wie häufig fälschlich angenommen, um die vollständige Pflanze ohne Wurzeln, sondern lediglich um das fruchtbildende Organ des Pilzes, entsprechend den Blüten bei Pflanzen.
Unter dem Schirm (= Hut) des Pilzes liegen die Lamellen. Auf ihnen werden zu Hunderten von Millionen die staubfeinen Sporen gebildet. Unter günstigen Umständen entwickeln sich aus ihnen die neuen Pilze.
Die reifen Sporen fallen bei Erschütterung von den Lamellen ab und werden vom Wind davongetragen. Die ungeheure Vielzahl der Sporen wird so im näheren und weiteren Umkreis verteilt und setzt sich ab. Unter günstigen Bedingungen keimt die Spore. Es wachsen einzelne Pilzfäden (= Hyphen) aus ihr heraus. Dieses Mycel allein würde noch ein wenig weiterwachsen und dann eingehen.
Um einen lebensfähigen, neuen Pilz zu bilden, müssen sich die Keimungsmycelien zweier Sporen treffen und vereinigen. Die Zellen der beiden Pilzfäden wachsen zusammen, die Befruchtung ist erfolgt. Das neu gebildete Mycel ist nun unbegrenzt wachstums- und vermehrungsfähig. Es kann beliebig viele Fruchtkörper (= Pilze) hervorbringen, in denen sich wiederum Sporen bilden usw., womit der Kreis geschlossen wäre.
Die Zellen des Keimungsmycels enthalten jeweils einen Zellkern (= monokaryote Zellen). Beim Zusammentreffen zweier verschiedener monokaryoter Keimungsmycelien verschmelzen deren Zellen, nicht aber die Zellkerne. Die gemeinsame Zelle und jede ihrer Nachkommen enthält zwei Zellkerne (= dikaryote Zellen). Nur dikaryotes Mycel ist fruchtbar und vermehrungsfähig, nur dikaryotes Mycel kann Fruchtkörper und Sporen ausbilden!
Pilze enthalten kein Blattgrün und sind daher nicht zur Photosynthese (= Aufbau von Kohlehydraten aus CO_2 und Licht) imstande. Sie sind in ihrer Ernährung auf bereits bestehende organische Verbindungen angewiesen, die sie in verrottenden Pflanzenteilen oder Dung finden. Manche Arten sind sogar zu einer parasitären Lebensweise übergegangen (z. B. Baumpilze). Man findet daher Pilze an Baumstümpfen, unter Laub, auf mistgedüngten Stellen etc.

ORDNUNG

Die halluzinogenen Pilze gehören wie etwa 30% aller bekannten Pilzarten zur Klasse der Ständerpilze (*Basidomycetes*), genauer zur Ordnung der Blätterpilze (*Agaricales*). Zu dieser gehören fast alle Giftpilze, aber auch so geschätzte Speisepilze wie der Zuchtchampignon. Die Fruchtkörper sind durch Hüte mit Lamellen und verschieden geformten Stielen gekennzeichnet. Es sind keine halluzinogenen Röhrlinge je bekannt geworden.

ENTWICKLUNG UND GESTALT

Aus den knotenartigen Verdickungen des Mycels (= Primordien) entwickeln sich schrittweise die Fruchtkörper mit Stiel und Hut. Im jüngsten Stadium kann der Fruchtkörper von einer dünnen äußeren Hülle (*Velum universale*) umgeben sein, die im Verlaufe des Wachstums zerreißt. Mitunter (z. B. beim Fliegenpilz) finden sich Reste der äußeren Hülle an der Basis des Stiels und als abwischbare Schuppen auf der Oberseite des Hutes.
Eine zweite Hülle (*Velum partiale*) umschließt in der Jugend den Hut. Erst wenn in der späteren Entwicklung dieses Häutchen gesprengt ist, werden die Lamellen an der Hutunterseite sichtbar. Reste der inneren Hülle bilden oft einen Ring um den Stiel herum (= Manschette oder Schleier), gelegentlich bleiben auch Velum-Fetzen am Rande des Hutes hängen.
Sollen Speisepilze unter Laborbedingungen künstlich vermehrt werden, so steht auch am Anfang dieser Arbeit immer die Sporenbeschaffung mit Hilfe eines Sporenabdrucks (siehe »Die Kultur der Pilze«) oder das sterile Herausschneiden eines Stückes Hutfleisch aus einem jungen Pilz.

WEITERE BESTIMMUNGSMERKMALE

Als weitere Merkmale bei der Bestimmung kommen hinzu:
- Farbe (je nach Entwicklungsstufe, Wetter und Boden sehr unterschiedlich innerhalb einer Art)
- Geruch und Geschmack
- Stielform
- Materialeigenschaften (elastisch, brüchig, blau anlaufend etc.)
- Oberflächenmerkmale (glänzend, rauh, klebrig, rissig, schuppig etc.)

BESTIMMUNG DER PILZARTEN

Bei der Bestimmung der verschiedenen Pilzarten ist es wichtig, die unterscheidenden Merkmale genau erkennen zu können. Daher werden hier die wichtigsten möglichen Charakteristika in Bildern vorgestellt:

1. Die Teile des Pilzes

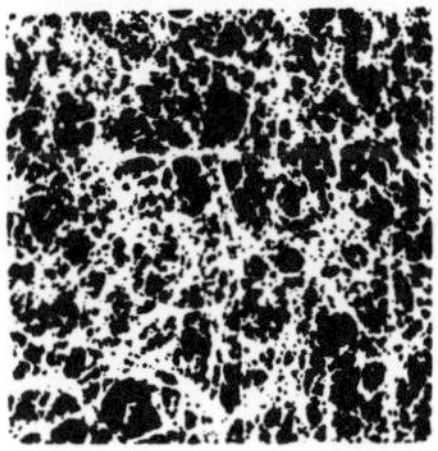

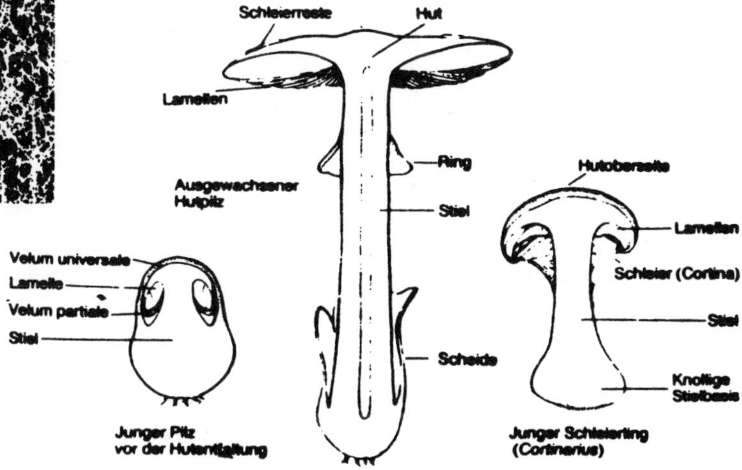

2. Hutformen

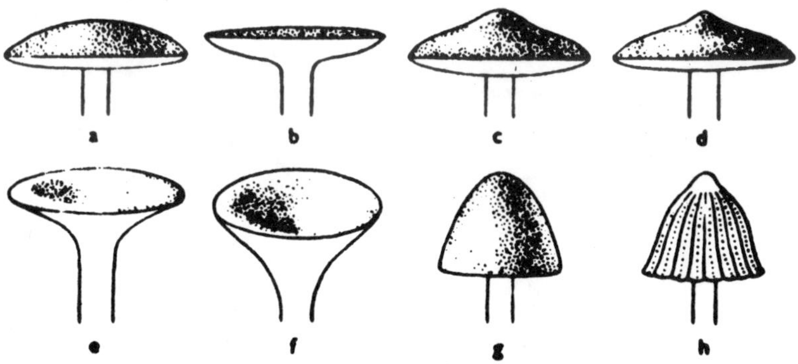

Verschiedene Hutformen: a – flach gewölbter Hut; b – flächig ausgebreiteter Hut; c – mit stumpfem Buckel; d – mit zugespitzter Warze (Papille); e – mittig vertieft; f – tief trichterförmig; g – kegelig; h – glockig und tief, bis zur Mitte gerieft.

3. Stielformen

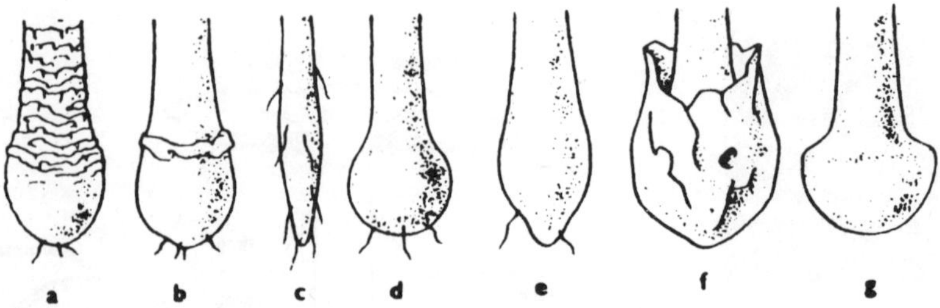

Verschiedene Stielformen: a – unterer Stiel ringförmig gebändert; b – unterer Stiel knollig erweitert (verdickt) mit Ring; c – Stiel spindelartig verlängert und im Boden wurzelnd; d – Stiel unten kugelförmig erweitert; e – rübenartig verjüngt; f – mit hoher häutiger Scheide; g – mit beschnittener Knolle.

4. Lamellenformen

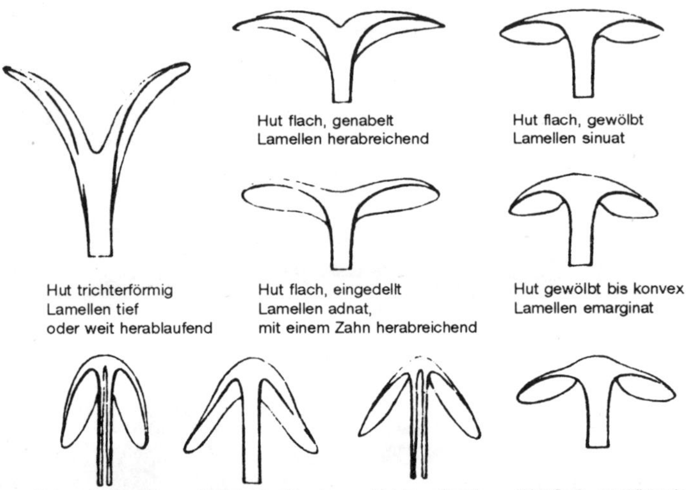

Hut flach, genabelt
Lamellen herabreichend

Hut flach, gewölbt
Lamellen sinuat

Hut trichterförmig
Lamellen tief
oder weit herablaufend

Hut flach, eingedellt
Lamellen adnat,
mit einem Zahn herabreichend

Hut gewölbt bis konvex
Lamellen emarginat

Hut schirmförmig
Lamellen adnat
(breit angewachsen

Hut glockenförmig
Lamellen adnat
(= angewachsen)

Hut kegelförmig
Lamellen adnex
(= frei)

Hut flach, gewölbt oder
gebuckelt, Lamellen frei
bis abgelöst

5. Die Herstellung eines Sporenabdrucks

Ein wichtiges Hilfsmittel bei der Unterscheidung verschiedener Pilze ist die Untersuchung der Sporen. Nur selten wird man die Möglichkeit haben, sie unter dem Mikroskop auf ihre Form hin zu betrachten. Aber selbst ein einfacher Sporenabdruck hilft, die Pilze zumindest von den gefährlichen Arten der Amanita-Familie zu unterscheiden und die Art genau zu bestimmen. Ein möglichst großer Pilzschirm wird vom Stengel abgetrennt und mit den Lamellen nach unten auf ein Blatt weißes, glänzendes Papier gelegt. Um Verschiebungen, Einfluß von Luftzug und unerwünschte Kontaminanten (= Keime) auszuschalten, wird ein Glasbehälter (Trinkglas, Petrischale) darüber gestülpt. Der Hut bleibt 24 Stunden unberührt liegen. Währenddessen fallen die Sporen aus den Lamellen. Auf dem Papier muß nun ein Sporenabdruck sichtbar sein. Sollen die Sporen unter einem Mikroskop untersucht werden, sollte man den Sporenabdruck auf einem Glasstückchen (Objektträger) machen. Werden weiße Sporen erwartet (Knollenblätterpilze), nimmt man des Kontrastes wegen ein dunkles Blatt Papier.

6. Sporenformen

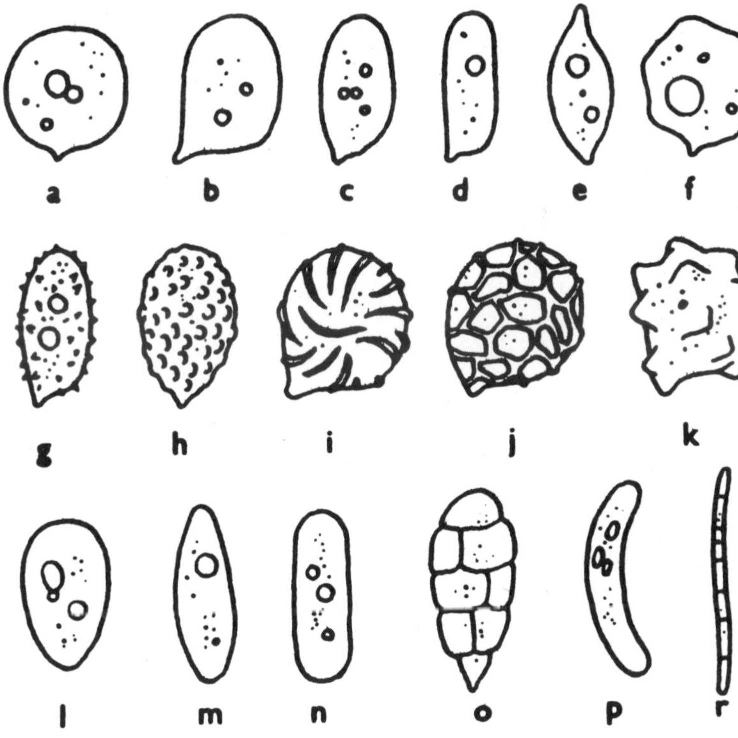

Beispiele für verschiedene Sporenformen: a – kugelförmig; b – eiförmig, an der Basis schräg zu einem Apikulus zusammengezogen; c – elliptisch; d – zylindrisch; e – spindelförmig; f – kantig; g – stachlig; h – warzig; i – kammförmig; j – netzartig; k – bucklig; l – eiförmig (ohne Apikulus); m – stumpf spindelförmig; n – stumpf zylindrisch; o – durch Wände unterteilt (mit Quer- und Längssepten); p – wurstförmig (alantoid); r – fadenförmig und quergeteilt.

Um die Zugehörigkeit eines gefundenen Pilzes zu einer bestimmten Familie oder Gattung zu bestimmen, müssen mykologische Handbücher konsultiert werden!

HALLUZINOGENE PILZARTEN

Die zwölf häufiger vorkommenden psychoaktiven Pilzarten unserer Breiten lassen sich in zwei Wirkstoffgruppen einteilen:

1. *Psilocybin- und psilocinhaltige Pilze*
   Hauptwirkstoff Psilocybin und Psilocin, oft noch dazu die chemisch ähnlichen Stoffe Baecystin und Norbaeocystin, allesamt Tryptamin-Verbindungen (wie auch Buffotenin und Serotonin, DMT). Wie alle Tryptamin-Derivate sind auch Psilocybin und Psilocin nahe verwandt mit LSD, sie alle gehören der großen Gruppe der Indol-Verbindungen an.

2. *Die Amanita-Gruppe*
   Pilze, die Ibotensäure, Muscimol und Muscazon in als wirksames Prinzip enthalten. Leider kommt in dieser Pilzgruppe ebenfalls der gefährliche Wirkstoff Muscarin vor in geringen Mengen vor.

3. *Psilocybin- und Psilocin-haltige Pilze*
   Die LSD-ähnlichen Stoffe Psilocybin und Psilocin kommen in den Gattungen Psilocybe, Panaeolus, Pluteus, Inocybe, Conocybe und Gymnopilus vor, wobei der Pilzsammler in Europa die aktiven Arten in den beiden letzteren kaum finden dürfte. Wichtig ist, daß in jeder Gattung nur wenige Arten die Wirkstoffe beinhalten.

CHEMIE

Die hauptsächlichen psychoaktiven Wirkstoffe in der ersten Pilzgruppe sind Psilocybin (4-Phosphoryloxy-N,N-dimethyltryptamin) und Psilocin (4-Hydroxy-N,N-dimethyltryptamin), zwei verschiedene Tryptaminabkömmlinge aus der großen Gruppe der Indolverbindungen. Psilocybin ist das erste natürlich vorkommende bekannte phosphorsäurehaltige Indolderivat, das Hofmann isolieren konnte.
Wird der ein Phosphoratom enthaltende Außenteil $–OH_2PO_3$ des Psilocybin-Moleküls durch –OH ersetzt (Hydrolyse), entsteht das Psilocin-Molekül, welches durch den Tausch entsprechend an Gewicht verloren hat. Daher erzielt eine Menge von 10 mg Psilocin dieselbe Wirkung wie etwa 14 mg des im Molekulargewichts höheren Psilocybin.
Wahrscheinlich wird alles in den Pilzen vorhandene Psilocybin im menschlichen Körper zu Psilocin um-/abgebaut, etwa ein Viertel der letzteren Substanz wird wieder ausgeschieden. Der Phorphorsäure-Rest beim Psilocybin trägt wie gesagt nicht zur Wirkung bei, gibt dem Molekül jedoch eine größere Stabilität und ein höheres

Molekulargewicht. Psilocin nämlich wird durch Oxydation des Luftsauerstoffes ziemlich leicht zerstört. Man muß daher mit hohen Psilocin-Verlusten bei der Trocknung rechnen. Kühlung und noch mehr Tiefgefrieren der trockenen Pilze verlangsamt oder unterbindet den Zerfall von Psilocin.
Psilocybin und Psilocin sind relativ ungiftige Stoffe, d. h. ihre wirksame Dosis ist weit von der letalen Dosis (= LD_{50} bedeutet: 50% der Versuchsobjekte sterben) entfernt. Die geringste wirksame Dosis liegt bei etwa 3 bis 6 mg, hier können die ersten Veränderungen in der Wahrnehmung festgestellt werden. Dies entspricht etwa 0,05–0,1 mg/kg Körpergewicht bei einem erwachsenen Menschen von 60 kg Gewicht.
Die bei medizinischen Versuchen verwendete Dosis liegt bei etwa 10 mg. Durch diese Menge wird ein typischer Rauschzustand mit den aus der Literatur hinlänglich bekannten halluzinatorischen Wirkungen erzielt.
Die letale Dosis wird auf etwa 100 mg/kg Körpergewicht geschätzt, das bedeutet 6000–7000 mg bei einer ausgewachsenen Person, entsprechend etwa 7 kg Frischpilzen der potenten Art *P. semilanceata.*

»*Zeitungspapier-Test entlarvt Giftpilze.* Gibt man einen Tropfen Pilzsaft auf unbedrucktes Zeitungspapier, läßt ihn eintrocknen und befeuchtet die Stelle dann mit konzentrierter Salzsäure, dann tritt nach 5 bis 10 Minuten eine intensive Blaufärbung auf, wenn sich nur wenige Mikrogramm *Amatoxine* darin befinden. Die Reaktion entwickelt sich zwischen den Bestandteilen, die durch Säure aus Lignin entstehen, und dem Indolanteil des Pilzgiftes. Nach T. Wieland (Max-Planck-Institut für medizinische Forschung, Heidelberg) kann der Test auch dem Arzt helfen, das Gift rasch im Magensaft nachzuweisen. Besser ist sicher, wenn der Test den Pilzsammlern nahegebracht wird.« (zit. aus *Naturwissenschaftl. Rundschau,* Heft 6, 1984).

Aus heutiger Sicht ist anzumerken, daß auch manche Speisepilze so reagieren. Der negativ verlaufende Test beweist aber, daß keine Knollenblätterpilze dabei waren.

VERGIFTUNGEN

1. *Psilocybin- und psilocinhaltige Pilze*
   Es kommt nach dem Verzehr derartiger Pilze nicht zu körperlichen Vergiftungserscheinungen, die psychisch wirksamen Substanzen sind relativ ungiftig, sonstige Giftstoffe kommen in diesen Arten nicht vor.

2. *Fliegenpilz (Amanita muscaria) und Pantherpilz (Amanita pantherina):*
   Die psychisch wirksamen Substanzen Ibotensäure, Muscimol und Muscazon sind für den Körper relativ unverträgliche Stoffe, so daß es besonders angesichts der stark schwankenden Wirkstoffkonzentrationen in den Pilzen leicht zu Überdosierungen kommen kann. Der Anteil des in geringen Mengen vorhandenen Muscarin an der Giftwirkung spielt bei der Vergiftung meist keine Rolle.
   Vergiftungsverlauf: halbe bis zwei Stunden nach Verzehr Übelkeit, Erbrechen,

Herzklopfen, erweiterte Pupillen und Sehstörungen (wie Atropin, daher »Pilzatropin«). Halluzinationen, geringeres Realitätsempfinden, Bewußtlosigkeit mit gelegentlichen lichten Momenten, schließlich tiefer Schlaf. Bisher wurden keine Nachwirkungen beobachtet. Jedoch erwies sich Ibotensäure, direkt in das Hirn von Versuchstieren gespritzt, als starkes Neurotoxin.
Maßnahmen: Erbrechen hervorrufen, z. B. durch Gaumenkitzeln oder Trinken von lauwarmem Salzwasser. In schweren Fällen kann eine Magenspülung notwendig werden (Arzt!). Alle weiteren Vergiftungen gehen auf irrtümlicherweise verwechselte und verzehrte Pilze zurück!!

3. *Muscarinvergiftung*
Durch Rißpilze wie: *Inocybe patouillardii* (Ziegelroter Rißpilz, Mairißpilz), *Inocybe fastigiata* (Kegeliger Rißpilz) oder *Inocybe geophylla* (Erdblättriger Faserkopf) sowie:
Clitocybe dealbata (Feldtrichterling), *Clitocybe rivulosa* (Giftiger Wiesentrichterling), *Clitocybe phyllophilla* (Blättertrichterling), *Clitocybe cerussata* (Bleiweißer Trichterling) und in geringerem Maße: *Amanita regalis* (Brauner Fliegenpilz) und *Amanita pantherina* (Pantherpilz).
Vergiftungsverlauf: Wirkung rasch, nach 15–40 min. Schweißausbrüche, Speichelfluß, Rötung des Gesichts, Schüttelfrost ohne Fieber, Atemnot, starke Pupillenverengung mit Sehstörungen, Herzklopfen, kein Erbrechen. Mögliche Todesgefahr.
Maßnahmen: Gegengift Atropin (**nicht** bei Amanita-Arten!). Arzt! 1 mg subkutan (= unter die Haut) spritzen. Wirkung augenblicklich! Atropin findet sich natürlich in der Tollkirsche (*Atropa belladonna*), manche rauchen die Blätter oder bereiten Tee, wenn sie keinen Arzt erreichen können.

4. *Vergiftungen durch Phallotoxine und Amatoxine*
Sie kommen vor in:
- *Amanita phalloides* (Grüner Knollenblätterpilz): Juli bis September in Eichen- oder Buchenwäldern, selten bei Nadelgehölzen (?), nicht in Nordeuropa oder in Bergen (über 800 m Seehöhe).
- *Amanita virosa* (Kegeliger Knollenblätterpilz): seltener. In Nadelwäldern der Gebirgs- oder Vorgebirgslagen.
- *Amanita verna* (Weißer Knollenblätterpilz): Laubwälder Südeuropas, selten in Nadelwäldern. Verbreitung nur bis Weinbaugrenze.
- *Lepiota helveola* (Fleischrötlicher Giftschirmling)
- *Galerina marginata* (Nadelholztäubling) Europa, USA.

Alle aufgeführten Pilzarten enthalten in verschiedener, jedoch stets gefährlicher Menge Phalloidin und Amanitin.
Vergiftungsverlauf: 6–10 Stunden, manchmal 1–2 Tage nach dem Verzehr starke Durchfälle und Erbrechen, bis zu 48 Stunden lang. Erschöpfung, Wadenkrämpfe, Durst (hoher Wasserverlust!), wenig Urin. Am dritten Tag scheinbare Besserung (sehr trügerisch!). Hierauf Gelbsucht. Am fünften Tag Tod wegen Versagens der Leber. Höchste Todesgefahr! **Äußerst gefährlich!**

Maßnahmen: Sofort ins Krankenhaus!!! Pilzproben und Erbrochenes zur Untersuchung mitnehmen! Kranken unbedingt begleiten. Alle, die ebenfalls Pilze gegessen haben, werden untersucht! Im Krankenhaus wird der Mineral- und Enzymhaushault durch ständige massive Infusionen behandelt. Vitamingaben. Unterstützung der Harnausscheidung. Kommt es zum Leberkoma mit Bewußtlosigkeit, wird künstlich beatmet. **Todesgefahr! Keine Eigenbehandlung durchführen!!!**

GIFTWIRKUNGEN

Körperliche Giftwirkungen scheiden bei der Einnahme psilocybin- und psilocinhaltiger Pilze praktisch aus, da niemand die erforderliche Überdosis verspeisen wird.

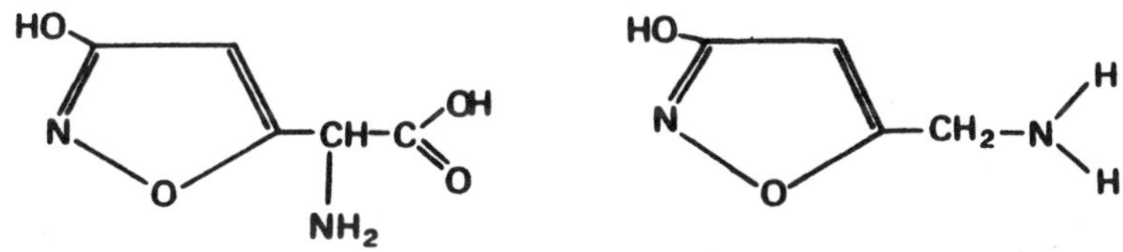

Ibotensäure – Muscimol

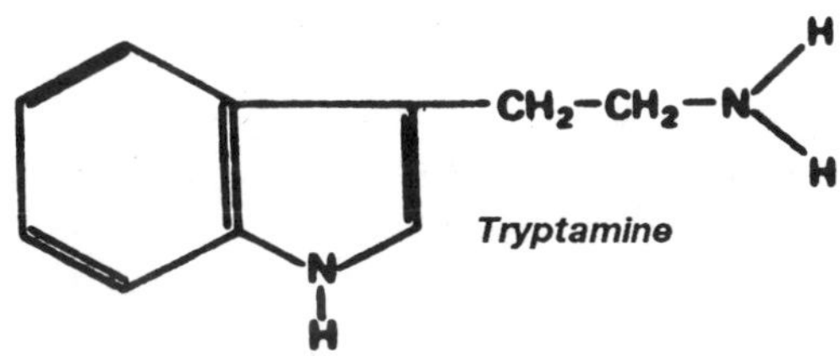

Tryptamine

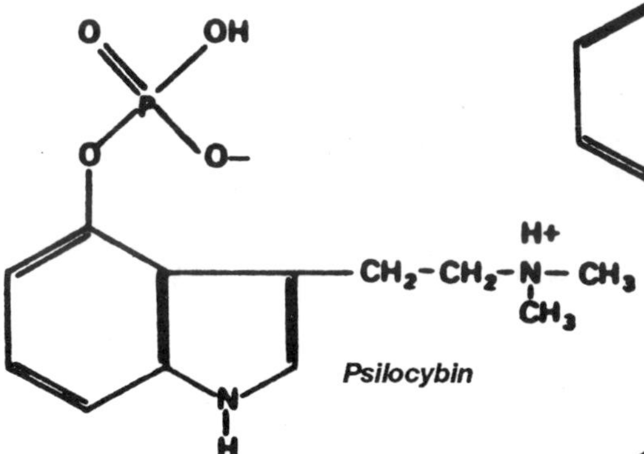

Psilocybin

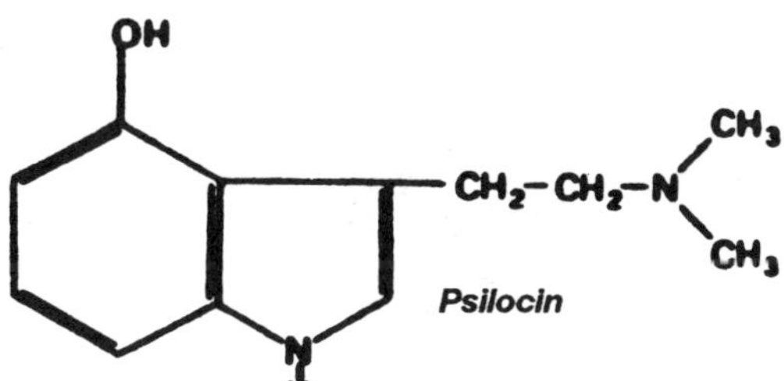

Psilocin

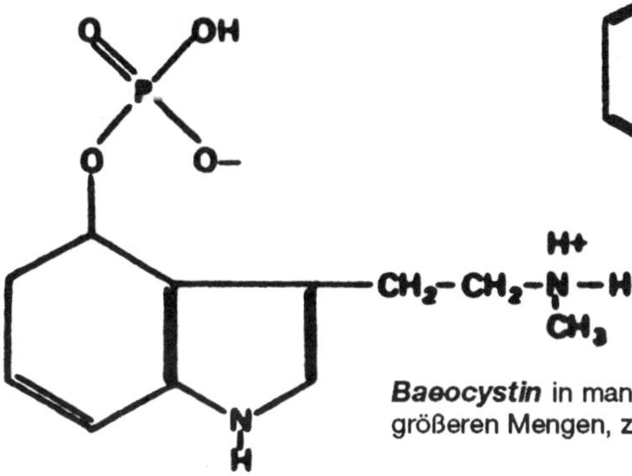

Baeocystin in manchen Pilzen neben Psilocybin in größeren Mengen, z. B. in *Psilocybe semilanceata.*

Gibt es bei der Einnahme dennoch körperliche Schwierigkeiten, so ist wahrscheinlich durch Verwechslung ein unverträglicher Pilz mitverspeist worden. Mitunter werden körperliche Erkrankungen durch das Aufsteigen psychischer Traumen imitiert.

Beim Genuß von Fliegen- und noch weit mehr von Pantherpilzen ist grundsätzlich eine gewisse Giftwirkung zu erwarten, selbst wenn die Dosierung den üblichen Werten entspricht. Der Grund liegt darin, daß Ibotensäure, Muscimol und Muscazol parallel zu den psychischen auch starke körperliche Wirkungen zeigen (siehe »Vergiftungen«).

Hinzu kommt evtl. die Wirkung des Pilzgiftes Muscarin, wobei noch einmal darauf hingewiesen sei, daß die Gefährlichkeit des Muscarinanteils in beiden Arten sehr umstritten ist, da erstens meist nur sehr wenig Muscarin vorliegt und dieses zweitens durch das entgegengesetzt wirkenden »Pilzatropin« (= veraltete Sammelbezeichnung für Ibotensäure, Muscimol und Muscazon wegen deren atropinähnlicher Wirkung) neutralisiert wird.

WIRKSAMKEIT UND GIFTIGKEIT

	Spürbare Dosis		Mittlere Dosis		LD_{50}[1]		Tödliche Überdosis rel. zur mittleren Dosis	
	absolut	mg/kg[2]	absolut	mg/kg	absolut	mg/kg		Giftigkeit
Psilocybin und Psilocin	3 mg	0,05–0,1	10 mg	0,14	6–7g	100	× 600	≈ 0
LSD	0,05 mg	0,007	0,25 mg	0,0035	150 mg	2,2 <	× 600	≈ 0
Meskalin	300 mg							++[3]
Ibotensäure			70 mg	1	2,7 g	40	× 40	++
Muscimol			8,5 mg	0,13	3,0	45	× 350	++
Muscazon	?	?	?	?	?	?	?	++

[1] LD_{50} = 50% der Versuchsobjekte sterben [2] = mg je kg/Körpergewicht [3] im Grammbereich

DOSIERUNG (JE NACH ART BZW. HERKUNFT DES PILZES)

Gehalt an Psilocybin und Psilocin in der Trockensubstanz	in Frischpilzen	absolut	Mittlere Dosis getrocknete Pilze	frische Pilze
0,1 – 2 %	0,01 – 0,2 %	10 mg	≈ 1 g	≈ 10 g

Die Wirkung der Pilze kann auf nüchternen Magen sehr viel höher sein als auf vollen, zehn Pilze auf leeren Magen können stärker wirken als 40 nach einer reichlichen Mahlzeit. Die Verbindung mit Alkoholgenuß ist noch nicht erforscht, darf aber für gefährlich gehalten werden.

KORREKTUR ÄLTERER PILZ-BESCHREIBUNGEN

In den letzten Jahren wurden zunehmend in neuen Gattungen wie *Inocybe* und *Pluteus* halluzinogene Arten beschrieben. Gleichzeitig gelang es jedoch, früher als psychotrop benannte Arten als unwirksam zu identifizieren. Dieser Fakt, der zuerst rätselhaft wirkt, erklärt sich aus der heute besseren Artdiagnose, verbunden mit den Fortschritten auf naturstoff-chemischem Gebiet. So wurde sehr wahrscheinlich in den Analysen der Düngerlingsarten der 60er Jahre das völlig inaktive Serotonin bei wenig spezifischem Nachweis mit Psilocin verwechselt. Aus heutiger Sicht sind daher *Panaeolus sphinctrinus* bzw. *campanulatus* sowie *Panaeolina foenisecii* ohne jede psychotrope Wirkung, dagegen ist *Panaeolus subbalteatus* halluzinogen wirksam.

Auch nicht blau verfärbende *Psilocybe*-Arten wie *Psilocybe montana, - merdaria* und - *coprophila* sowie alle *Stropharia*-Arten in Europa sind nicht psychoaktiv. Neuerdings in Verdacht geratene Porlinge (Baumpilze) sind alle nicht psychoaktiv und bilden kein Psilocybin.

VERWECHSLUNGEN

Die psilocybin- und psilocinhaltigen Arten können vor allem mit Arten der Gattungen *Inocybe* (Rißpilze, Faserköpfe), *Conocybe* (Samthäubchen), *Mycena* (Helmlinge) und *Bolbitus* (Mistpilze) verwechselt werden.

Inocybe geophylla hat einen Einschlag ins Violette und gibt einen braunen Sporenabdruck.

Inocybe lacera hat weiße Lamellen und ergibt einen graubraunen Sporenabdruck.

Beide *Inocybe*-Arten enthalten Muscarin, ein starkes Gift, das ein pharmakologischer Gegenspieler des Atropins ist.

Man sollte Pilze **nur dann** nehmen, wenn man sich **absolut** sicher ist, daß es sich **nicht** um eine gefährliche Art handeln kann!

Einzig eine genaue Artkenntnis bei besonderer Berücksichtigung der Sporenfarbe sowie der Standorte der Pilze bildet einen wirksamen Schutz vor Pilzvergiftungen mit Doppelgängern.

FARBTESTS ZUM ALKALOIDNACHWEIS IN PILZEN

Die früher zum Nachweis des Psilocybins und seiner Abkömmlinge vorgeschlagenen Farbtests mit Metol oder Melzers Reagenz erwiesen sich bei näherer Prüfung als unspezifisch und lassen sich nicht zur Feststellung eines Wirkstoffgehalts einsetzen. Auch viele Speisepilze und andere Arten reagieren mit diesen Lösungen unter Farbänderung. Nur die spontane Blaufärbung bei *Blätter*pilzen weist auf Psilocybin zuverlässig hin, wenn sie bei Druck oder in Form blauer Hutflecken abläuft. Jedoch bedeutet eine starke Blaufärbung nicht zwangsläufig einen hohen Wirkstoffgehalt (vgl. *Psilocybe semilanceata*).

Beschreibung der einzelnen Arten

Im Folgenden werden halluzinogene Pilzarten im Einzelnen beschrieben.

Psilocybe semilanceata – Spitzkegeliger Kahlkopf

Hut: 0,5–1,5 cm breit, typisch spitzkegelig, im Alter z. T. aufgeschirmt und dann weniger charakteristisch aussehend, meist mit Buckel, der sehr oft spitz ausgeprägt ist, bei Nässe braun, nach ockerfarben austrocknend, feucht klebrig und die Oberhaut leicht abziehbar, durchnäßt mitunter blaufleckig.
Lamellen: zunächst lehmbraun, später dunkel rostbraun, aufsteigend angeheftet.
Fleisch: sehr dünnfleischig, bleich bis cremefarben, mild.
Stiel: weiß bis cremefarben, elastisch und fast immer gewellt, Basis oft bläulich, bei Druck Verfärbung des unteren Teils meist innerhalb einer Stunde, nicht alle Pilze verfärben so.
Sporen: ellipsoid, glatt, dickwandig, 12-16 × 6-8 γm, Sporenstaub dunkelbraun.
Vorkommen: häufigste psilocybinbildende Art Europas, zerstreut bis lokal häufig vorkommend, sehr gesellig, auf feuchten Weiden und Schneisen am Wald, aber auch an Wegrändern und gedüngten Wiesen (ohne Kunstdünger). August bis November, vom Meeresspiegel bis 2000 m Höhe, in allen Ländern Europas, besonders in Wales, Schottland und Norwegen.
Psychoaktivität: hoch, im Durchschnitt 1% Psilocybin in den Trockenpilzen.

Beschreibung (komb.): H dauernd spitz, kegelig, höher als breit, z. B. 2 breit × 2,5 hoch, oder 1,5 × 1,7, oder 1,2 × 1,5; mit etwas eingebogenem Rand, parabolisch, gelbgrünlich mit bräunlichem Scheitel oder im ganzen leichtbräunlich, schmierig, trocken-glänzend, glatt, kahl, mit leicht abziehbarer Oberhaut, am Rande zart gerieft, ohne Velum, dünnfleischig. – St 8–9 × 2–2½; schlank, blaß, bräunlichblaß, nach oben fein weißschuppig, nach unten glatt und seidig-glänzend, gleichdünn, meist wellig verbogen, im Innern weißmarkig (wattig) ausgefüllt, starr, knorpelig. – L olivbraun bis dunkelrotbraun mit weißer, flaumiger Schneide, gedrängt, aufsteigend, schmal, leicht bauchig (lanzettlich), 3,5 : 0,5; bei kleinen Stücken fast linear, angeheftet. – Fl im Hut blaßgelblich, im Stiel bräunlich werdend; ohne auffälligen Geruch und Geschmack.

Abb. 72. *Psilocybe semilanceata* (Fr.) 9/10 nat. Gr., Hab., Sp, Z.

Der »Spitzkegelige Kahlkopf« ist durch die gelblichgrünliche bis olivbräunliche Farbe, die bleibend spitzkegelige Form des Hutes (höher als breit) und die aufsteigenden schmalen Lamellen gut charakterisiert. Das Fehlen des nicht seltenen Pilzes im Verzeichnis der Pilze Sachsens dürfte wohl auf einem Versehen beruhen.

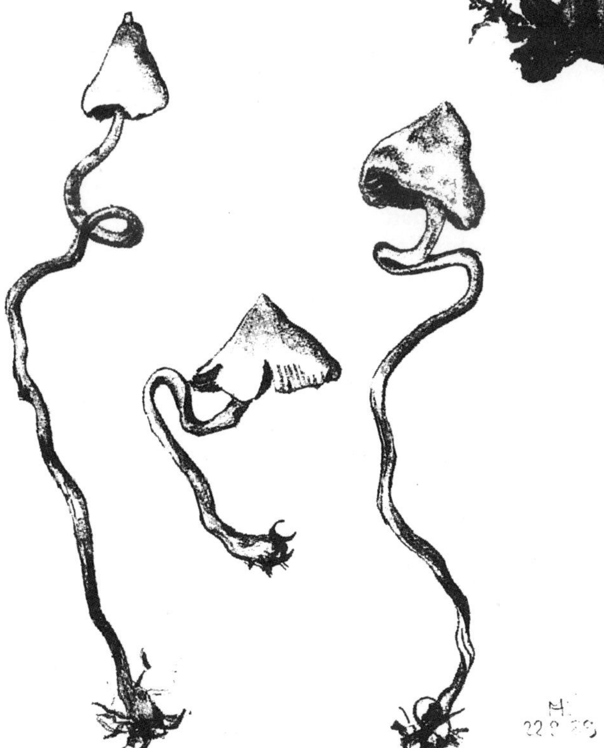

Psilocybe semilanceata (siehe auch auf dem Innenumschlag vorn in Farbe!)

Stropharia cubensis

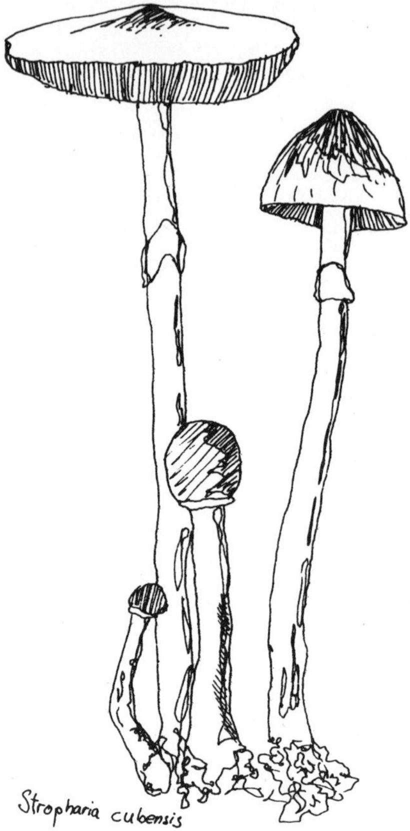

Vorkommen: Südl. USA, Mittelamerika, subtropische Regionen, auf Mist. Bei uns künstlich auf Kultursubstrat im Hause angebaut.
Hut: Größe 10 bis 80 mmØ, Farbe blaß gelblich, im Alter bräunlich. Form zuerst kegelig, dann glockig im Alter, schließlich konvex (= Rand nach oben gebogen). Die Oberfläche ist schmierig, glatt.
Lamellen: grau bis grau-violett, weißliche Kanten. Anordnung adnat bis adnex.
Fleisch: fest, weißlich, läuft blau an, wenn es verletzt wird.
Stiel: 40 bis 150 mm lang, 4–10 mmØ. Gleichmäßig dick, an der Basis stärker. Farbe weiß, blau anlaufend bei Verletzung. Oberfläche trocken, glatt, weißer Ring (Reste des Velum partiale).
Sporen: purpur-braun, 10-17 x 7-10 γm, elliptisch bis oval, dickwandig.
Vorkommen: in tropischen und subtropischen Gebieten auf Weiden, meist auf Kuhdung. Es sind aus Europa keine Fundorte bekannt, bei denen der Pilz natürlich vorkommt.
Psychoaktivität: schwankend, mitunter hoch. Einige Aufsammlungen enthalten meist Psilocybin, andere im wesentlichen fast nur Psilocin, das leicht zersetzlich ist. Es ist ein Alkaloidgehalt von 0,2 bis 1 % in den Trockenpilzen beschrieben worden.

Mexikanische Schamanen und Zauberer nehmen diesen »Fleisch der Götter« genannten Pilz ein, um Visionen zu empfangen, Kranke zu heilen und Kontakte zu Göttern und Ahnen herzustellen. Dabei kommt es oft zu erotischen Visionen und Empfindungen (ein im ganzen Körper andauerndes Orgasmusgefühl), Priapismus und wollüstigen Körpersensationen. Der Pilz ist in einer niedrigen Dosierung ein geeignetes Aphrodisiatikum.
Stropharia cubensis ist wahrscheinlich asiatischer Herkunft, obschon dieser Pilz, wie bereits der Name verrät, zuerst im Zusammenhang mit einer Sammlung beschrieben wurde, die aus Kuba stammte. Er ist heute weit verbreitet und gedeiht vornehmlich auf dem Dung von Haustieren. Solchen Dung gab es jedoch bis zur Eroberung durch die Europäer in der Neuen Welt nicht. Es ist denkbar, daß diese Stropharia-Art miteingeschleppt wurde, als die Spanier Kühe von den Philippinen nach Mexiko brachten.

Psilocybe cyanescens (_Psilocybe bohemica_ in ČSFR) – Blaufärbender Kahlkopf

Hut: 2–5 cm, anfangs gewölbt, später flach ausgebreitet, eventuell nach oben unregelmäßig verbogen, bei Nässe braun, nach milchkaffeefarben austrocknend, Hüte alter Fruchtkörper meist mit blauen Flecken, junge Fruchtkörper, besonders trocknere, verfärben schnell bei Druck oder Verletzung blaugrün bis reinblau.
Lamellen: blaß ockerbräunlich und später dunkelbraun, schwach ausgebuchtet und kurz herablaufend, Blaufleckung möglich.
Fleisch: weißlich, stellenweise bläulich, Geruch rettich- bis mohnartig, einige Kollektionen hatten bitteren Geschmack.
Stiel: bis 13 cm Länge, meist unter 10 cm, weiß, stark blau bis blaugrün verfärbend, Stiele mit starken Mycelfäden (Rhizomorphen) im Substrat verankert bzw. mit anderen Pilzen verbunden, diese ebenfalls blau verfärbend.
Sporen: länglich mandelförmig, glatt, wenig charakteristisch, Schwankung um die Maße: 12 × 5 γm, Sporenstaub dunkel purpurbraun.
Vokommen: insgesamt selten in Europa, am häufigsten in der (ehemaligen) ČSFR. Diese Sammelart umfaßt verschiedene Kollektionen, deren Abgrenzung mitunter fraglich ist, die aber alle stark blauen. Wächst in feuchten Wäldern und an Wasserläufen auf Holz- und Laubresten, aber auch in Fichtenforsten. Wachstum auf Schilf- oder Brennesselresten ebenfalls möglich. Oft in großen Gruppen vergesellschaftet.
Psychoaktivität: stark, jedoch schwankender Gehalt an Psilocybin, Spitzenwerte ähnlich wie Psilocybe semilanceata (bezogen auf die Trockenmassen).

Psilocybe bohemica

Panaeolus subbalteatus – Gezonter oder Dunkelrandiger Düngerling

Hut: 3–6 cm breit, rotbräunlich, bei Nässe (hygrophan) schnell vom Scheitel her ausblassend, dabei bleibt lange ein brauner, nasser Hutrand erhalten.
Lamellen: gescheckt schwarz durch unterschiedlich schnell reifende Sporen (Unterschied zum inaktiven Heudüngerling: braun gescheckt), kurz angeheftet, gedrängt stehend.
Fleisch: hutfarben, dünn, milder Geschmack.
Stiel: fleischbräunlich, gänzlich mit hellem Reif bedeckt.
Sporen: olivschwärzlich, fast zitronenförmig, glatt, 12-14 × 8-9 γm, Sporenstaub schwarz.
Vorkommen: direkt auf Mist und noch häufiger auf Kompost aus Mistmischungen oder auf gedüngten Feldern und Wiesen, oft vergesellschaftet mit anderen Düngerlingen. Nur sehr selten treten bläuliche Flecken auf den Hüten oder an der Stielbasis auf. Oft signifikant ist das büschelige Wachstum und die im Alter flachen Hüte. Kommt vom Mai bis Oktober lokal häufig vor, sonst zerstreut.
Psychoaktivität: wahrscheinlich schwankend, schwächer als die der europäischen Psilocybe-Arten.

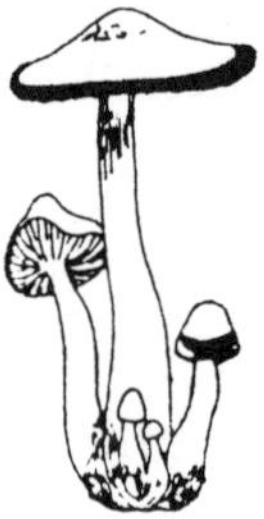

Pluteus salicinus – Grauer Dachpilz

Hut: 2–7 cm breit, anfangs gewölbt, später stark abgeflacht und oft leicht eingedellt, mit niedrigem, breitem Buckel, bläulich- oder grünlichgrau, in der Mitte etwas dunkler, feucht, fein radial gestreift.
Lamellen: weiß, später rosa (Sporenreifung).
Fleisch: weiß oder hellgrau.
Stiel: weiß und auf Druck meist bläulich verfärbend.
Sporen: ellipsoid, 7-8 × 5-6 γm, Sporenstaub rosa.
Vorkommen: meist einzeln stehend auf Laubholzstümpfen, selten bis zerstreut, Mai bis September.
Psychoaktivität: wahrscheinlich stark schwankend, hoher bis niedriger Psilocybingehalt beschrieben, kein Psilocin in europäischen Pilzen.

Amanita pantherina – Pantherpilz

Seltener und wirkstoffreicher als *A. muscaria* (umstritten im Fall europäischer Pantherpilze).
Kann einfach von *A. muscaria* unterschieden werden: Etwas geringere Größe, Pilze mit mehr als 120 mm Hutdurchmesser sind bereits selten. Der Hut ist in der Jugend dunkelbraun, mit Resten des *Velum universale* gesprenkelt, im Alter wird der Hut

Pantherpilz

kaffeebraun. Der hohle Stiel ist hautfarben und nicht weiß, die Schuppen bilden vollständige Ringe um den Stiel (anstatt der unterbrochenen Ringe bei *A. muscaria*). Über der kugelförmigen Knolle befinden sich ein bis zwei niedrige, meist schräg angelegte Ringe.

Halluzinogene Aktivität: Sehr hoch, eher delirant. Gleichzeitig sehr giftig. VORSICHT!

Amanita muscaria – Roter Fliegenpilz

Hut: 30–200 mm Durchmesser, 30–50 mm hoch. Fast kugelig wenn jung, dann kegelig bis schirmförmig, im Alter flach bis nach oben gewölbt. Farbe tiefrot bis orange wenn jung, später eher orange-gelb. Normalerweise finden sich weißliche

Amanita muscaria – der Fliegenpilz, ausnahmsweise in schwarz/weiß.

Warzen von 1,5–12 mm Durchmesser auf der Huthaut (Reste des *Velum universale*). Oberfläche fest und fleischig. Auf der Oberfläche gewöhnlich die beschriebenen Flecken, Rückstände der äußeren Hülle, welche von einem heftigen Regen jedoch abgelöst und weggeschwemmt werden können. Oft gerillt bis ca. 6–18 mm vom Rand an.
Lamellen: weiß mit cremefarbenen Rändern. Anordnung dicht an dicht, nahe beisammen und frei angebracht, breit.
Fleisch: weiß, unter der Huthaut gelb, geruchlos, schwacher Kartoffelgeschmack.
Stiel: 70–250 mm hoch, 18–30 mmØ. Gerade und gleichmäßig dick, dicke Knolle an der Basis, mit Resten der äußeren Hülle (*Velum universale*), Ring (Reste des *Velum partiale*) am oberen Drittel. Glänzend weiß mit gelben Flecken. Oberfläche lappig und schuppig, besonders zur Basis hin, wo Teile des *Velum universale* in ununterbrochenen Ringen am Stiel hängen. Das *Velum partiale* bleibt als herabhängende Krause am oberen Teil des Stiels hängen.
Vorkommen: Ende Juli (nasser Sommer) bis Anfang Dezember, am häufigsten September. Standort: allein oder in verstreuten Grüppchen unter Birken, Buchen, Haselnuß, Kiefern und Lärchen. Gewöhnlich auf armen Böden.
Halluzinogene Aktivität: Sehr hoch. Gleichzeitig giftig. VORSICHT!

DIE PILZE DER FAMILIE *AMANITA* (KNOLLENBLÄTTERPILZE)

Amanita muscaria **– Fliegenpilz**
Amanita pantherina **– Pantherpilz**

enthalten beide als wirksame Bestandteile Ibotensäure, Muscimol und Muscazon, welche früher gemeinsam als »Myko- oder Pilz-Atropin« bezeichnet wurden, was bereits andeutet, daß die Wirkung der von Atropin (z. B. in der Tollkirsche *Atropa belladonna*) ähnlich ist. Leider findet sich in beiden Arten – in verschiedener Konzentration zwar – das gefährliche Pilzgift Muscarin, dessen Wirkung der des Atropin entgegengesetzt ist.
Es kann heute nicht mehr mit Sicherheit behauptet werden, daß der Hauptteil der Giftwirkung der beiden Arten dem Muscarin anzulasten ist, da manche Quellen behaupten, daß Muscarin nur in erheblich geringerer Konzentration als allgemein angenommen und obendrein größtenteils in inaktivierter Form (wird durch das gegenteilig wirkende Pilz-Atropin neutralisiert) in den Pilzen vorkommt.
Die Gefährlichkeit beider Arten scheint vielmehr darin zu bestehen, daß auch von den psychoaktiven Substanzen Ibotensäure, Muscimol und Muscazon eine starke Giftwirkung ausgeht. Der Anteil dieser Stoffe an der Substanz des Pilzes ist leider nicht vorherzuberechnen, da sie in Konzentrationen von 0,1 bis 1,2% der Trockensubstanz (= TS) vorkommen.
Vergiftungen durch diese beiden Pilzarten müßte man daher genauer als Überdosen bezeichnen.
Dennoch liegen nur wenige Berichte über schwere Vergiftungen vor; nur ein Todesfall ist bekannt, er erfolgte nach der Einnahme von 35 (!!!) Pantherpilzen.

Gewöhnlich liegt die Wirkstoffkonzentration im Pantherpilz höher als im Fliegenpilz. Die höchste Wirksamkeit wird der Huthaut beider zugeschrieben, welche gelegentlich vom restlichen Hut befreit wird, um nur sie zu benutzen.

CHEMIE DER AMANITA-ARTEN

Beide Arten, *Amanita muscaria* als auch *A. pantherina*, enthalten als wirksame Komponenten Ibotensäure und deren Derivate Muscimol, Muscazon. Diese wirken sowohl auf das zentrale als auch auf das vegetative Nervensystem, sie sind deshalb gleichzeitig Sedativa (beruhigende Stoffe) als auch Halluzinogene und erzeugen sowohl psychische als auch körperliche Effekte.
Oral eingenommen ist die Potenz von Muscimol 10mal höher als die von Ibotensäure, die lethale Dosis (LD_{50} = 50% der Versuchsobjekte sterben) liegt beim Menschen wahrscheinlich (wer soll sowas ausprobieren?) bei 40 mg/kg Körpergewicht = ca. 2,7 g beim Erwachsenen im Falle von Ibotensäure und bei Muscimol 45 mg/kg gleich 3 g beim Erwachsenen.
Wirksame Dosis bei Ibotensäure: 70 mg beim Menschen (= 1 mg/kg) und bei Muscimol 8,5 mg beim Erwachsenen (= 1 mg/kg) – siehe Tabelle »Wirksamkeit und Giftigkeit« im vorhergehenden Kapitel.
Die Konzentration der Wirkstoffe in Amanita-Arten kann von einem Pilz zum anderen sehr stark variieren von fast nichts bis 1,2 % der TS, was einem Unterschied von 1200% entspricht! Ein Gramm getrocknete *A. muscaria* enthält durchschnittlich 1 mg Ibotensäure und 3 mg Muscimol, es kann aber auch 5 mg Ibotensäure und 10 mg Muscimol sein.
Die Gefährlichkeit der Amanita-Arten liegt vor allem darin, daß sich nicht ohne weiteres ihr Wirkstoff- (gleich Gift-) Gehalt ermitteln läßt. Man sollte daher mit kleinen Dosen beginnen, um die Potenz des Materials kennenzulernen und gefährliche Überdosierungen zu vermeiden.
Man bedenke, daß nicht nur die tödliche Dosis unangenehm ist, sondern bereits sehr viel vorher schon übelste Vergiftungserscheinungen auftreten können, die eine medizinische Hilfe angebracht erscheinen lassen.

ZUGABE

Nachdem im anderswo angepriesenen Buch »Der Fliegenpilz« davon die Rede ist, daß man viele Kilogramm Fliegenpilz essen könne, ohne daß es zu gesundheitlichen Vergiftungen komme, habe ich nochmal den Fachmann gefragt.
Jochen Gartz dazu:
»Ach, der Fliegenpilz. Ich würde keinem raten, davon Pfunde zu essen. Die verschiedentlich geäußerte Warnung, daß einige Pilze tödlich seien, ist ernst zu nehmen. Wahrscheinlich wird sich erst heute wieder daran gewagt, immer mehr davon zu essen. Fakt ist, daß Versuchstiere beim Einspritzen der Ibotensäure ins Hirn echte Schäden bekamen, nicht sowas Umstrittenes wie z. B. bei MDMA.

Fruchtkörper des *Inocabe aeruginascens* aus Potsdam (1:1).

Der Pilz wäre nichts für mich, was soll man Durchfälle u. a. zusätzlich provozieren, das ist die Wirkung doch einfach nicht wert. Die Berichte aus Europa entsprechen ohnehin nicht den spektakulären sibirischen Wirkungen (warum?). Auch gibt's eine Stelle aus den 20er Jahren, die, ideologisch unverdächtig, eine echte Psychose mit Jesus und Co. für acht Tage nach solchen Pilzen beschreibt. So eine Wirkung wurde bei den Psilocyben und ihren Verwandten bisher nie beobachtet.«

Inocybe aeruginascens – ein »neuer« Pilz Europas mit halluzinogener Wirkung

von Jochen Gartz

In den letzten Jahren haben sich unsere Erkenntnisse über das Vorkommen psychotroper Pilze mit Indolalkaloiden als Inhaltsstoff erheblich erweitert. Seitdem 1963 die Gruppe um A. Hofmann und R. Heim erstmalig das Psilocybin in *Psilocybe semilanceata* (Fr.) Kumm. nachweisen konnte, gelang die analytische Erfassung der Substanz und teilweise seiner Abkömmlinge Psilocin und Baeocystin in immer mehr Pilzarten, die nicht mehr näher miteinander verwandt sind, so in Spezies der Gattungen *Gymnopilus* (Flämmling), *Pluteus* (Dachpilz) und *Conocybe* (Samthäubchen).

Ich möchte hier speziell die Geschichte der Entdeckung der halluzinogenen Rißpilze und deren Inhaltsstoffe, vor allem der *Inocybe aeruginascens* Babos darlegen, da der Pilz mit Abstand das wichtigste der neuerlich entdeckten, fungalen Halluzinogene Europas überhaupt ist.

Am 15. Juni 1965 fand I. Ferencz in Ungarn im Ort Ocsa, Gebiet Pest, Rißpilze, deren Merkmale mit den Literaturdaten bekannter Arten der Gattung *Inocybe* nicht übereinstimmten. Im gleichen Jahr und später konnten von ihm und anderen Mykologen an verschiedenen Lokalitäten Pilze der gleichen Spezies in großer Zahl gefunden werden. Schließlich wurden die Pilze als neue Art *Inocybe aeruginascens* Babos im Jahre 1968 beschrieben.

Bis 1985 wurde der Grünlichverfärbende Rißpilz in Ungarn an 17 Orten (46 Funde) von den wenigen auf die Gattung *Inocybe* spezialisierten Mykologen aufgesammelt. Babos merkt in ihrem Artikel von 1983 an, daß *Inocybe aeruginascens* inzwischen der charakteristische Pilz für die Sandgebiete der Tiefebenen geworden ist. Hier fruktifiziert die Art einzeln und gruppenweise in Pappelwäldern auf Sandböden oder in mit Pappeln gemischten Mischwäldern sowie auf Wiesen in der Nähe von Pappeln. Die Pilze sind standorttreu und erscheinen bei günstigen Witterungsbedingungen in jedem Jahr.

1975 wurde die *Inocybe-Art* dann auch von Kaspar in Berlin-Köpenick aufgesammelt. Genauere Untersuchungen ergaben, daß die Pilze früher verkannt worden sind und bereits seit 1965 im Arboretum in Berlin-Baumschulenweg fruktifizierten und auch von anderen Mykologen vor 1975 »nebenbei« mit flüchtigem Interesse registriert wurden. Viele Arten der großen Gattung *Inocybe* in Europa (etwa 160 Spezies) sind schlecht voneinander abtrennbar und erwecken dadurch auch nur relativ geringes Interesse in mykologischen Fachkreisen. Die Arten gehören in die große Gruppe von Pilzen, die in der amerikanischen Literatur als »LBMs« (little brown mushrooms) bezeichnet werden und taxonomisch oft große Probleme bereiten. Andere Beispiele sind die Düngerlinge und auch die Gattung *Psilocybe*.

Bei einem plötzlichen Auftauchen »neuer Pilze« stellt sich natürlich immer die Frage der Herkunft. Der tschechische Mykologe HERINK fand nach seinen Angaben die Art schon in den dreißiger Jahren und hinterlegte sie in einem Herbarium. Ein Beweis für die Identität der Pilze unter Einschluß biochemischer Daten steht bislang allerdings noch aus. Durch das gleichzeitige Auffinden von Fruchtkörpern der *Inocybe*-Art in Ungarn und Deutschland läßt sich keine Ausbreitungsrichtung postulieren. Es gibt die Möglichkeit, daß eine Pilzart lange Zeit nur einen engbegrenzten Standort besiedelt und erst durch die spätere Ausbreitung auffällig wird. Über eventuelle Mutationen, die in relativ kurzer Zeit aus bekannten Arten eventuell neue Spezies kreieren, kann höchstens spekuliert werden.
In den achtziger Jahren wurden schließlich auch Funde weniger Fruchtkörper aus Holland (1980) und der Schweiz (1984) bekannt, die letzteren fand man im Rhône-Tal. Die Pilzart weckte schlagartig das Interesse von Naturstoffchemikern und Klinikern, als G. DREWITZ 1983 über rätselhafte psychotrope Intoxikationen mit diesen Pilzen aus dem Stadt- und Landkreis Potsdam im Juni und Juli 1990 berichtete.
Das beobachtete Wirkungsbild stellte für die Gattung *Inocybe* eine Sensation dar, da sehr viele Arten typische *Muscarin*-Vergiftungen induzieren. *Muscarin* bewirkt parasymphatikomimetische Symptome wie Pupillenverengung (Miosis), Speichelfluß (Salivation) sowie eine starke Speichelsekretion. Mit Sicherheit wurde die Substanz in mindestens 40 Arten der Gattung *Inocybe* nachgewiesen. Schon vom Anfang unseres Jahrhunderts stammen Berichte über Todesfälle nach Verzehr des sehr muscarinhaltigen Ziegelroten Rißpilzes *Inocybe patouillardi* BRES.
Hier nun einige nähere Angaben über die Wirkung des Grünlichverfärbenden Rißpilzes:
Am 30. Juni 1980 hatte ein Jugendlicher die Pilze bei Teltow nahe Potsdam gesammelt und als Nelkenschwindling *Marasmius oreades* (BOLT./FR) FR. verkannt, der als guter Speisepilz gilt. Die Pilze wurden zu Hause vom Vater in Margarine gebraten und danach von beiden verzehrt. Der Sohn aß lediglich ein Drittel der Portion.
Etwa 35 bis 45 Minuten nach der Mahlzeit stellten sich bei Vater und Sohn die ersten Symptome ein. Der Sohn berichtete vor allem über farbliche Illusionen und Halluzinationen. Das Wirkmuster seines reinweißen Taschentuches erschien plötzlich als leuchtend himbeerrote Streifen, bei Augenschluß sah er zauberhaft leuchtende, abstrakte Gebilde. Er bemerkte an sich selbst eine ganz grundlose läppische Albernheit und lief alsbald auf Geheiß des Vaters bei strömendem Regen unter dauerndem Gekicher und Gelächter zum nahegelegenen Bahnwall, um dort einige von den Pilzen zu holen, mit denen man sich vergiftet hatte.
Beim Vater traten zunächst, unter Gähnen, Brennen im Gesicht, Jucken am Haaransatz, starkes Müdigkeitsgefühl und danach zunehmend Parästhesien (Taubheit) der linken Gesichtshälfte und des linken Armes auf. Später weiteten sich die Symptome auf die rechte Körperhälfte aus, wobei zusätzliche motorische Sprachstörungen bei voller Orientierung auftraten. Das psychische Bild wurde zunehmend von Depersonalisationserscheinungen beherrscht: er hatte die ganze Zeit den Eindruck, »selbst als Beobachter daneben zu stehen«, und seine Stimme erschien ihm verfremdet. Beim 2. Vergiftungsgeschehen in der Stadt Potsdam (13. Juli 1980) stellten sich bei einer Essensteilnehmerin 75 Minuten nach dem Essen Hitzegefühl, Übel-

keit ohne Erbrechen, stark geweitete Pupillen und ein »eher fröhlicher«, ausgeprägter Rauschzustand ein. Räumliche Illusionen waren mit einem auffallenden Leichtigkeitsgefühl verknüpft, Entfernungen erschienen stark vergrößert. Alle Erscheinungen klangen nach mehreren Stunden folgenlos ab, die Pupillenerweiterung war am nächsten Tag noch deutlich wahrzunehmen.

Diese Fälle veranlaßten DREWITZ zur Annahme, daß Psilocybin oder ähnliche Stoffe in den Pilzen enthalten sind, was sich später bestätigte (s. Literaturliste am Ende dieses Beitrags).

In den folgenden Jahren traten noch weitere Intoxikationen auf oder frühere Intoxikationen ließen sich jetzt ebenfalls auf diese Pilzart zurückführen, wobei in jedem Fall eine Verwechslung mit Nelkenschwindlingen stattgefunden hatte.

Alle Wirkungen klangen folgenlos nach mehreren Stunden ab. Für einen Psychiater wäre es interessant gewesen, besonders beim letzten Fall in dem großen Familienkreis die Psychodynamik und soziale Interaktion während der kollektiven Intoxikation zu studieren.

Tabelle 1: Akzidentelle Intoxikationen durch *Inocybe aeruginascens* im Osten Deutschlands

Jahr	Personenzahl	Ort
1977	3	Hohen-Neuendorf
1980	2	Teltow
1980	1	Postdam
1984	4	Oranienburg
1984	2	Magdeburg
1985	3	Woltersdorf
1986	7	Potsdam

1983 hat dann BABOS über eine weitere, versehentliche Aufnahme von *Inocybe aeruginascens* aus Budapest berichtet, die sich bereits am 1. Juli 1970 ereignet hatte und eine Aufhebung des Schweregefühls, farbige Halluzinationen, räumliche Illusionen und Brechreiz ohne Erbrechen mit sich brachte.

In diesem Zusammenhang interessiert auch der Testversuch eines Mykologen mit 2,4 g trockenem Pilzmaterial: Die Pilze schmeckten wie gewöhnliche Speisepilze. Nach etwa 30 Minuten stellte sich bei entspanntem Liegen ohne weitere somatische Wirkungen allmählich eine äußerst angenehme Aufhebung des Schweregefühles ein. Langsam entwickelten sich auch abstrakte Halluzinationen in Form von sprühenden Farben und Lichtern. Mit der völligen Aufhebung des Schweregefühls enstand die sehr lebhafte Vorstellung eines Fluges der Seele mit entsprechend euphorischen Gefühlen. Beim Schauen aus dem Fenster in die dunkle Nacht in eine Waldlandschaft traten Illusionen in Form seltsamer Raster und Muster auf, die besonders eindringlich wirkten und einen Hauch von Ewigkeit verbreiteten. Nach vier Stunden war die Wirkung ohne jegliche Dysphorie oder körperliches Mißempfinden folgenlos abgeklungen. Ein Vergleichsversuch mit 0,8 g trockener *Psilocybe semilanceata* brachte ein viel abrupteres Einsetzen der ersten Symptome unter starkem Tränenfluß, so daß zuerst Angst aufkam und erst in einer späteren Phase Ornamente nach Art von »Unterwassergirlanden« als ästhetisch bereichernd empfunden werden konnten.

Das regelmäßige Auftreten der unfreiwilligen Intoxikationen ist ein guter Indikator für die starke Ausbreitung der *Inocybe*-Art. 1980, zum Zeitpunkt der ersten Vergiftungen, noch auf wenige gut überschaubare Funde beschränkt, hatte sich die Art zum Beispiel im Stadtgebiet Potsdam an den bekannten Fundort 1982 ausgebreitet

und an mehreren benachbarten Stellen angesiedelt, wo über 150 Pilze aufgesammelt werden konnten. 1984 wurden dann die Fruchtkörper seit Ende Mai reichlich an zahllosen neuen Fundstellen in weiteren Ortschaften der Mark Brandenburg gefunden. Sie wachsen im Wurzelbereich verschiedener Laubbäume *(Populus, Tilia, Quercus, Betula)* im Rasen der Grünanlagen und Gärten, an Wegrändern und auf den ungepflasterten Randstreifen baumbestandener Gehsteige (dort auch auf dem nackten Sandboden), in den durchgrünten Wohngebieten der Stadtrandlagen und Siedlungen in und um Berlin. Hier liegt der entscheidende Unterschied gegenüber den übrigen psychotropen Pilzen Europas. Es sind ausschließlich anthropogene Standorte und überwiegend mitten in Ortschaften, wo die Pilze wie andere *Inocybe*-Arten lokal und temporär massenhaft auftreten und in Lokalitäten wachsen, die auch für die eßbaren Nelkenschwindlinge typisch sind. 1987 konnte das bisher üppigste Wachstum der Pilzart durch günstige, sehr feuchte Witterungsbedingungen beobachtet werden. In den nachfolgenden trockenen Jahren fruktifizierte die Art kaum, erst 1990 traten an der klassischen Fundstelle in Potsdam wieder einige Pilze auf. Trotz des schlechten Pilzjahres konnte jedoch 1989 die *Inocybe*-Art auch erstmalig an der feuchten Ostseeküste an vier Fundstellen in und um Rostock gefunden werden. Die Befunde beweisen eine erhebliche, weitere Ausbreitung, eine Einwanderung in weitere Gebiete mit Sandböden ist für die nächsten Jahre zu erwarten.
Inocybe-Arten sind Mykorrhizapilze, benötigen also im Gegensatz zu den anderen psilocybinhaltigen Spezies zur Fruktifikation die Symbiose mit bestimmten Gehölzen. Sie fruktifizieren zur Zeit der größten biochemischen Aktivitäten der Baumpartner. *Inocybe aeruginascens* wächst in den Wurzelbereichen nach längeren Regenfällen von Ende Mai bis Oktober. Die Pilze sind im Mai/Juni besonders häufig und zu dieser Zeit von anderen Rißpilzen auch gut differenzierbar, wenn die Standorte, die typische grüne bis blaue Verfärbung (zum Teil erst beim Liegen über Nacht, besonders im Kühlschrank) und die nachfolgende Beschreibung genau beachtet wird. Im Gegensatz zu den dünnfleischigen, erst im Herbst vorkommenden *Psilocybe*-Arten wird die *Inocybe aeruginascens* oft von Fliegenmaden befallen, besonders bei beginnender Überständigkeit. Auch die entstehenden Madenfraßgänge verfärben sich dann durch die Verletzung grün bis blau. Es soll aber ausdrücklich darauf hingewiesen werden, daß die *Inocybe*-Art unter den hier vorgestellten Spezies am ehesten durch den Laien verwechselt werden kann, naturgemäß mit den potentiell tödlichen Muscarinbildnern in der gleichen Gattung.
Die Vermutung von DREWITZ, daß die Pilze Psilocybin enthalten, konnte 1984 in eigenen Untersuchungen bestätigt werden. Bei der qualitativen Analyse von Extrakten aus über 100 Pilzen von Ungarn und Deutschland der Jahre 1967 bis 1990 konnte in jedem Fruchtkörper eine relativ konstante Menge Psilocybin neben Baeocystin nachgewiesen werden. Über diese Befunde wurde im Februar 1985 erstmalig berichtet, und im gleichen Jahr bestätigten dann Forschergruppen aus Berlin (West), Regensburg und der Schweiz die Anwesenheit des Alkaloids in den Pilzen. Die Intoxikationen wiesen darauf hin, daß höchstens klinisch unauffällige, geringe Mengen Muscarin in den Fruchtkörpern enthalten sind. Aber alle untersuchten Pilze jeden Alters und verschiedenster Aufsammlungen enthielten nicht einmal Spuren dieser Substanz.

In Zusammenarbeit mit tschechischen Kollegen konnten wir dann nachweisen, daß der durchschnittliche Gehalt bei der gemeinsamen Analyse von Extrakten aus mehreren Pilzen konstant ist und bei längerer Lagerung der Fruchtkörper allmählich abnimmt (siehe Tabelle 2).

Tabelle 2:
Psilocybin in *Inocybe aeruginascens* verschiedener Lokalität

Herkunft	Jahr des Fundes	Jahr der Analyse	Psilocybin in % der Trockenmasse
Potsdam	1984	1984	0,38
Potsdam	1983	1984	0,34
Potsdam	1982	1984	0,33
Berlin	1975	1985	0,11
Csevharaszt/Ungarn	1967	1985	0,22

Die Konzentrationen des Psilocybin liegen etwa im Bereich der Alkaloidmengen von *Psilocybe mexicana* Heim. Die Pilze enthalten höchstens Spuren von Psilocin. Dagegen wird Baeocystin in Mengen akkumuliert, die denen des Psilocybins entsprechen. Das Verhältnis der Alkaloide unterscheidet sich in der *Inocybe*-Art von dem in *Psilocybe semilanceata,* wo ca. das drei- bis fünffache an Psilocybin enthalten ist. Die Analysenergebnisse von Pilzen eines Standortes aus Caputh (8. Juni 1986) verdeutlichen die Variation des Alkaloidgehaltes in verschiedenen Fruchtkörpern. Als weiteres bemerkenswertes Analysenresultat konnte in allen Pilzextrakten ein noch unbekanntes, indolisches Alkaloid nachgewiesen werden, welches ich *Aeruginascin* genannt habe. Diese Substanz muß eine sehr ähnliche Struktur wie Psilocybin und Baeocystin besitzen und löst sich wie diese nur in polaren Lösungsmitteln wie Wasser, Methanol und Essigsäure. Die Konzentrationen in den Fruchtkörpern sind mit denen der beiden anderen Alkaloide vergleichbar. Die Substanz ist für die *Inocybe*-Art charakteristisch, die Analyse der Extrakte (Dünnschichtchromatographie) ist also eine Art Fingerabdruck von *Inocybe aeruginascens.*

Tabelle 3:
Gehalt einzelner Trockenpilze an Psilocybin und Baeocystin

Pilz	Trockenmasse (m)	Psilocybin (%)	Baeocystin (%)
1	0,110	0,43	0,15
2	0,118	0,26	0,24
3	0,220	0,23	0,22
4	0,221	0,50	0,25
5	0,298	0,16	0,20

Nun stellt sich natürlich die Frage, ob die Substanz zur psychotropen Wirkung beiträgt. Auffällig war bei allen unfreiwilligen Intoxikationen das Auftreten von Euphorie, obwohl doch durch die psychische Ausnahmesituation wie das Wissen um die Pilzvergiftung mit potentiell unbekannten, fatalen Folgen äußerst schlechte innerliche Bedingungen *(set)* für ein »gutes Erleben« vorlagen und überdies die Alltagssituation mit Terminen und Störungsmöglichkeiten *(setting)* hätte eher negativ stimulierend wirken müssen. Es bleibt zukünftigen Untersuchungen vorbehalten, einen möglichen stimmungsmodifizierenden Einfluß dieser neuartigen Substanz nach deren Stukturaufklärung mit nachfolgender Synthese abzuklären.

Zusätzlich dazu kann bei Aufnahme der Pilze auch eine langsamere Freigabe der Alkaloide aus der organischen Matrix mit nachfolgender, allmählicher Resorption nicht ausgeschlossen werden, welches beim Testversuch des Mykologen anklingt.

Inzwischen konnte auch in den nachfolgenden *Inocybe*-Arten Psilocybin neben Baeocystin nachgewiesen werden:

- *Inocybe corydalina* QUEL.
- *Inocybe haemacta* BERK. & BR.
- *Inocybe tricolor* KÜHNER
- *Inocybe coelestium* KUYPER

Diese haben jedoch durch ihre zum Teil extreme Seltenheit sowie durch das Wachstum an Waldstandorten kaum Bedeutung für unfreiwillige Intoxikationen. Der Gehalt an Psilocybin war auch geringer als in *Inocybe aeruginascens.* Die häufigste von diesen Arten ist *Inocybe corydalina,* welche nur 0,011 bis 0,01 % Psilocybin bei den Analysen enthielt und dadurch nur beim Verzehr von großen Mengen klinisch relevant wird. In eigenen Versuchen konnte Psilocybin auch in *Inocybe calamistrata (*FR./FR.) GILL. nachgewiesen werden, die am unteren Stielteil blau verfärbt ist. Anderen Autoren gelang der Nachweis in dieser Pilzart nicht.

LITERATUR

BABOS, M., 1968: Eine neue Inocybe-Art in Ungarn – Inocybe aeruginascens n.sp., Fragm. Botan. 6, 19.

– 1983: Beobachtungsangaben bei einer halluzinogenen Inocybe-Art (ung., deutsche Zusammenfassung) Mikolögicie Közlemenyek 3, 143.

BEKKER, A.M./GUREVICH, L.S./NEZDOIMINOGO, E.L./ONOPRIENKO, B.B./KOZ'MIN, Y.P., 1989: Chromatographische Studie einiger Indolmetabolite in der Gattung Inocybe (Basisdiomyceten), 2 (russ.), Mikol. Fitopatol. 23, 129; ref. C.A. 111, 53870a (1989).

BESL, H./MACK, P., 1985: Halluzinogene Rißpilze; Z. Mykol. 51, 183.

BOHUS, G./BABOS, M., 1977: Fungorum rariorum icones colorates Pars 8; J. Cramer Lehre.

DREWITZ, G., 1983: Eine halluzinogene Rißpilzart – Grünlichverfärbender Rißpilz (Inocybe aeruginascens); Mykol. Mitteilungsblatt 26, 11.

GARTZ, J., 1985: Vergleichende dünnschichtchromatographische Untersuchungen zweier Psilocybe- und einer halluzinogenen Inocybe-Art; Pharmazie 40, 134.

– 1986a: Nachweis von Tryptaminderivaten in Pilzen der Gattungen Gerronema, Hygrocybe, Psathyrella und Inocybe; Biochem. Physiol. Pflanzen 181, 275.

– 1986b: Psilocybin in Mycelkulturen von Inocybe aeruginascens; Biochem. Phys. Pflanzen 181, 511.

– 1987: Variationen der Alkaloidmengen in Fruchtkörpern von Inocybe aer.; Planta Medica 53, 539.

– 1989: Analysis of aeruginascens in fruit bodies of the mushroom Inocybe aeruginascens; Int. J. Crude Drug Research 27, 141.

GARTZ, J./DREWITZ, G. 1985: Der erste Nachweis des Vorkommens von Psilocybin in Rißpilzen; Z. Mykol. 51, 199.

– 1986: Der Grünlichverfärbende Rißpilz – eine Inocybe-Art mit halluzinogener Wirkung; Z. ärztl. Fortbildung 80, 551.

HAESELBARTH, G./MICHAELIS, H./SALNIKOV, J., 1985: Nachweis von Psilocybin in Inocybe aeruginascens Babos; Mykol. Mitteilungsblatt 28, 59.

HOHMEYER, H., 1984: Inocybe aeruginascens Babos in Berlin (West) gefunden; Z. Mykol. 50, 211.

KASPAR, R., 1977: Inocybe aeruginascens bei Berlin-Köpenick – Erstfund für die DDR, Mykol. Mitteilungsblatt 21, 99.

ROBBERS, J.E./BRADY, L.R./TYLER, V.E., 1964: A chemical and chemotaxanomic evaluation of Inocybe species; Lloydia 27, 192.

SEMERDZIEVA, M./WURST, M./KOZA, T./GARTZ, J., 1986: Psilocybin in Fruchtkörpern von Inocybe aeruginascens; Planta Medica 47, 83.

STIVJE, T./KLAN, J./KUYPER, TH.W., 1985: Occurrence of psilocybin and baeocystin in the genus Inocybe; (Fr.) Fr.; Persoonia 12, 469.

STIVJE, T./KUYPER, TH.W., 1985: Occurrence of psilocybin in various higher fungi from several European countries; Planta Medica 46, 385.

Aus: Jahrbuch für Ethnomedizin und Bewußtseinsforschung Nr. 1, 1992, hrsg. von Christian Rätsch, © VWB – Verlag für Wissenschaft und Bildung, Berlin, und »Narrenschwämme« von Jochen Gartz (Editions Heuwinkel)

Vom Zauber der Speisepilz-Kultivierung

Immer wieder machen sich Laien falsche Vorstellungen von der künstlichen Vermehrung von Speisepilzen. Wenn es hoch kommt, haben sie gehört, daß Champignons überwiegend aus künstlichem Anbau stammen.

Daß sich aber auch die meisten anderen Pilze auf Nährsubstraten ziehen lassen, ist nur wenigen bekannt. Wir wollen im folgenden eine Anleitung geben, wie Studenten und innovationsfreudige Selbständige aus der Lebensmittelbranche neue Pilzarten in Zucht zu nehmen versuchen können. Möge es gelingen, daß unser aller Speisezettel um die eine oder andere wertvolle Speisepilzart bereichert wird, die uns das ganze Jahr über frisch aus dem Anbau angeboten wird. Auch die Eigenproduktion von Speisepilzen in den privaten Haushalten als Hobby steckt leider noch immer in den Kinderschuhen.

- Gewinnung von Sporen durch Sporenabdruck
- Unterschiedliche Sporen keimen an mehreren Stellen derselben Kultur, (monokaryote) Keimungsmycelien entwickeln sich in alle Richtungen, treffen und vereinigen sich, etliche vermehrungsfähige (dikaryote) Mycelien entstehen hieraus.
- Einzelne fruchtbare (dikaryote) Pilzfäden werden isoliert und weitervermehrt. Meist kann aber die Mischung aus Dikaryonten ohne weitere Auftrennung direkt mit befriedigenden Ergebnissen weitervermehrt und zur Fruktifikation gebracht werden.
- Das brauchbarste, rein gezüchtete Mycel wird in größerer Menge hergestellt.
- Größere Mycel-Stücke werden auf ein Kultursubstrat aus Roggenkörnern übertragen und durchwuchern diese gänzlich.
- Kultur wird mit Erde abgedeckt, es entstehen Knoten im Mycel, aus denen sich schließlich Pilze entwickeln.
- Die Ernte.

DIE KEIMUNG DER SPOREN

Damit ein fruchtbares (dikaryotes) Mycel entstehen kann, müssen sich die Keimungsmycelien zweier verschiedener Sporen treffen und vereinigen. Die verwendeten Sporen können von ein- und demselben Hut stammen.

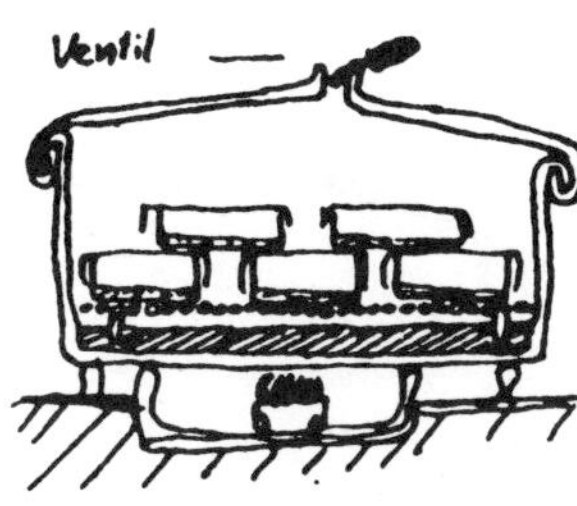

1. Petrischalen mit Agar-Nährboden sterilisieren (siehe »Sterilisation der Petrischalen«). Im Idealfall enthält der Nährboden noch das Antibiotikum Gentamycin, welches im Gegensatz zu anderen

Substanzen in der Konzentration von 100 mg/l die Sterilisation ohne Zersetzung übersteht.

2. Sporenstaub mit Inokulationsöse aufnehmen. Öse wird dazu auf den Sporenabdruck getupft.

3. Deckel der Petrischale kurz anheben und an drei oder vier Stellen mit der Öse, der etliche tausend Sporen anhaften, auftupfen.
4. Der Deckel wird sofort wieder geschlossen.
5. An den Inokulationspunkten keimen Sporen.
6. Verschiedene monokaryotische (= nur einen Zellkern je Zelle) Keimungsmycelien entwickeln sich, nach drei bis vier Tagen sichtbar als weißer Flaum, der von den Impfstellen aus in alle Richtungen (= radial) wächst.

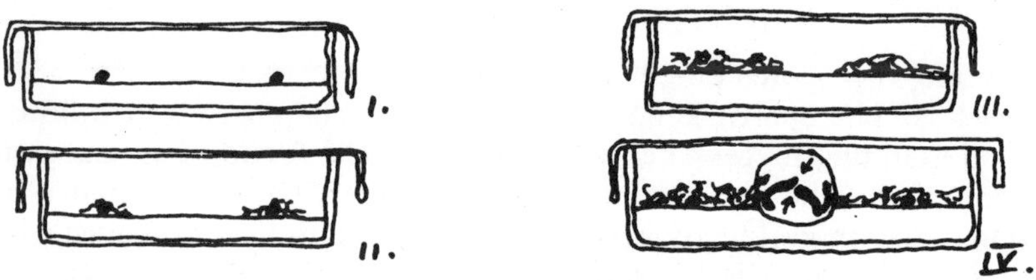

7. Die Keimungsmycelien von zwei Inokulationspunkten treffen sich, sich berührende Zellen beider beteiligten monokaryotischen Mycelien verschmelzen zu einer neuen dikaryotischen Zelle mit zwei Zellkernen, der Mutter eines unbegrenzt vermehrungs- und befruchtungsfähigen Mycels. Die Befruchtung ist erfolgt.

ISOLIEREN EINES REINEN MYCELSTAMMES

Zur Zucht wird nur *ein* leistungsfähiges, absolut reines, dikaryotisches Mycel benötigt.

1. Deckel der Keimungsschale kurz anheben.
2. Mit einem Skalpell oder (besser) einer zum Haken aufgebogenen Inokulationsöse

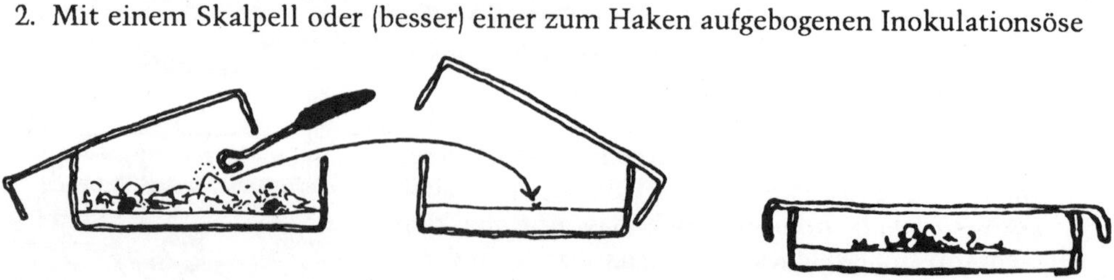

entnimmt man einen möglichst kleinen Abschnitt Mycel (Idealfall: einen einzelnen Mycelfaden). Je kleiner, desto reiner!

3. Deckel einer frischen Petrischale kurz heben und den Mycelfaden auf das sterile Agar-Medium geben (nur an einem Punkt).
4. Deckel sofort wieder verschließen.
5. Nach 8–12 Tagen bei Raumtemperatur hat das isolierte Mycel die Oberfläche des Substrates fast vollständig bedeckt.
6. Weitere Isolationsarbeiten, um die Reinheit des Mycels zu garantieren:
   Ist man sich nicht ganz sicher, ob es sich bei dem auf der Schale sichtbaren Mycel um nur einen einzigen Stamm handelt, kann man die selbe Methode noch einmal anwenden. Also: einzelnen Faden des vermeintlich reinen Mycels isolieren und auf eine frische Platte bringen. Nach ebenfalls 8–12 Tagen sollte sich ein sicherlich reines Mycel entwickelt haben.

HERSTELLUNG GRÖSSERER MYCELMENGEN (MYCELVORRÄTE)

Um viele Gläser voller Roggensubstrat mit Mycel impfen zu können, muß der isolierte, reine Mycelstamm in größerem Maßstab vermehrt werden.

1. Bestes reines Mycel auswählen: kräftiger Wuchs, keine fremden Keime (Kontaminanten), nicht mehr als 10 Tage alt.
2. Auserwähltes Mycel auf mehrere frische Petrischalen übertragen (Deckel auf, Mycelstück entnehmen mit Skalpell oder aufgebogener Inokulationsöse, Deckel der frischen Schale auf, Mycelstück hineingeben und schnell wieder verschließen. Werkzeug frisch sterilisieren und aus der Schale mit dem auserwählten Mycel eine weitere Probe entnehmen, die dann auf eine andere frische Schale übertragen wird usw.)
3. 3–5 Tage bei Raumtemperatur stehen lassen. Mycel sollte sich in der bekannten Weise (gleichmäßig nach allen Seiten – radial) vom Inokulationspunkt aus entwickeln. Sichtbar spätestens nach 4 Tagen.
4. Nach 7–20 Tagen ist die gesamte Oberfläche des Nährbodens mit Mycel überwachseln

MYCEL AUF ROGGEN

1. Kleine Einmachgläser (oder andere Gläser mit Deckel) mit Roggensubstrat füllen:
   Mengen für 0,5-Liter-Gläser:
   120 g (halbe Tasse) ganze Roggenkörner (kein Saatroggen, da evtl. mit Fungiziden behandelt)
   0,2 g Kaliumphosphat (K_2HPO_4) (kann auch weggelassen werden)
   180 ml Leitungswasser (Chlor!, das Chlor verschwindet bei der Sterilisation vollständig und ist am Anfang sogar hilfreich gegen Bakterien!)

Bildlich manifestierte Grüße aus der Pilzwelt.

1-Liter-Gläser:
225 g Roggen, 275 ml Wasser, 4 g Kalk (ist meist entbehrlich)
Ideal sind Erlenmeyerkolben mit den in der Mikrobiologie verwendeten Wattestopfen, die die Luft keimfrei filtern und vor der Sterilisation zum Schutz vor Durchnässung mit Alufolie bedeckt werden.

2. Im Dampfdruckkochtopf sterilisieren:
   - 2 cm hoch Wasser in den Topf füllen;
   - Gläser hineinstellen (keinen Gummi einlegen bzw. Deckel nicht aufschrauben, es soll nicht eingemacht werden);
   - Wasser bei geöffnetem Ventil zum Kochen bringen;
   - Ventil schließen, wenn das Wasser kocht;
   - 60 min. leicht kochen;
   - abkühlen lassen;
   - Deckel abnehmen und Gläser entnehmen.
3. Vollkommen entwickelte reine Mycel-Kultur mit einem sterilen Messer oder Skalpell in Stückchen von 1–2 cm² zerschneiden.
4. Die Mycel-Stückchen einzeln mit der Pinzette entnehmen und jeweils eines in jedes Einmachglas mit Roggensubstrat geben.
5. Schütteln, damit das Mycel-Stückchen und einzelne von ihm abreißende Pilzfäden (= Hyphen) ins Innere des Substrats gelangen.
6. Kulturen bei einer sehr hohen relativen Luftfeuchtigkeit von ca. 95% und einer Temperatur von etwa 30 °C dunkel aufbewahren.
7. Einmachgläser in großen Styroporkisten (bekommt man bei Zierfischhändlern oder als Verpackungsabfall in Großmärkten) aufbewahren. Beim Stoffwechsel des Mycels wird Wärme frei (wie unsere Körperwärme), die von diesen isolierenden Behältern gehalten wird. Fremdheizung ist daher nicht nötig. In den Deckel der Kisten sollte man eine Öffnung hineinschneiden, die dann mit dicker Plastikfolie beklebt wird. Durch dieses Fenster kann man die Entwicklungen im Inneren der Kiste beobachten.
8. Nach 3–4 Tagen sollte Mycelwachstum an einer oder mehreren Stellen im Substrat sichtbar werden.
9. Nach ca. 4 Tagen (wenigstens an einer Stelle sollte ein mindestens 2–3 cm durchmessender Mycel-Bausch zu sehen sein) sollte man das gesamte Substrat im Glas kräftig durchschütteln. Dadurch wird das frisch gebildete Mycel in viele kleine Pilzfädchen zerrissen, die – jedes für sich – wiederum den Grundstock für Mycelwachstum darstellen.
10. Gläser weitere 3–4 Tage stehen lassen, Mycel bildet sich an etlichen Stellen aus.
11. Wenn nach 6–8 Tagen noch kein ausreichendes Mycelwachstum beobachtet werden kann, sollte nochmals geschüttelt werden.
12. Nach 8–14 Tagen sollte das Roggensubstrat völlig mit Mycel durchwuchert sein. Manche Kulturen erreichen dieses Stadium bereits nach 6 Tagen, andere brauchen drei Wochen und mehr. Dies ist nicht nur abhängig von der Wuchskraft des Mycels (man wähle immer nur die raschwüchsigsten Mycelien zur Vermehrung aus!), sondern auch von Wärme, Feuchtigkeit und Luftdruck.

ABDECKEN

Sind die Einmachgläser vollständig vom Mycel durchwachsen, wird die Oberfläche der Kulturen 1–2 cm hoch mit Erde abgedeckt, um das Fruchten einzuleiten.

1. Erde (Komposterde, Erde der Maulwurfshügel, Blumenerde oder Katzenstreu-Torfgemisch) im Ofen (20 Min. bei 200 °C) oder im Kochtopf (30 Min., mit Wasserzusatz) sterilisieren. Man kann dies auch lassen, da sich das Mycel nicht mehr von Keimen unterdrücken lassen wird.
2. Kulturen 1–2 cm hoch mit Erde (= eine halbe Tasse voll je Glas) bedecken.
3. Erde gut anfeuchten, muß sich wie ein ausgedrückter Schwamm anfühlen. Geeignet sind die zum Befeuchten von Zimmerpflanzen benutzten Wasserzerstäuber.
4. Kulturen weiterhin in Styropor-Kisten stehen lassen.
5. Gläser täglich mit 2–3 kräftigen Spritzern befeuchten.
6. Innerhalb von 2–3 Wochen durchwächst das Mycel auch die Erdabdeckung, evtl. zeigt sich ein Flaum an der Oberfläche.
7. Knotenartige Verwachsungen des Mycels werden meist knapp unter der Oberfläche sichtbar. Aus diesen 1–2 mm durchmessenden Mycelknoten entwickeln sich innerhalb von 5–10 Tagen Pilze mit einem Hutdurchmesser von 3–10 cm.
8. Man kann seine Pilze in diesem Stadium auch täglich etwa 10 Stunden mit Neonlicht bestrahlen, dies hat sich als förderlich auf das Wachstum erwiesen. Meist reicht aber auch diffuses Tageslicht schon aus. Längere Sonnenbestrahlung vermeiden, da die Nährböden sonst vorzeitig austrocknen.

ERNTE

Zuerst klein oder zu dicht wachsende Pilze ernten. Zu dichter Stand in zu engen Gläsern führt zu Matschen und Faulen.
Manchmal wachsen Pilze aus den Mycelknoten nach unten. Dagegen unteren Teil der Gläser mit Alufolie abdecken. Oder: Glas vorsichtig zerschlagen und den freigelegten Mycelblock so hinlegen, daß sich auch diese Pilze entwickeln können. Feucht halten!

REAGENZGLAS-KULTUR UND TROPFEN-INOKULATION

Hier eine andere Kulturmethode, mit der sich eine höhere Sterilität der Arbeit erreichen läßt:

1. Sporenabdruck auf sterilisiertem Glasstreifen (Glasstreifen in Alkohol tauchen, dann in offene Flamme halten).
2. Sporen in 10 ml sterilisiertes Wasser schaben.
3. Reagenzglas schütteln. Bei Bedarf mit 100 ml sterilisiertem Wasser verdünnen.
4. Wasser mit den darin verteilten Sporen in eine Spritze aufziehen.
5. Keimschalen mit Sporen impfen, ein Tropfen je Inokulationspunkt.
6. Fruchtbaren (dikaryoten) Mycelfaden isolieren und in ein Reagenzglas geben, welches schräg liegt und einen Agar-Nährboden enthält.

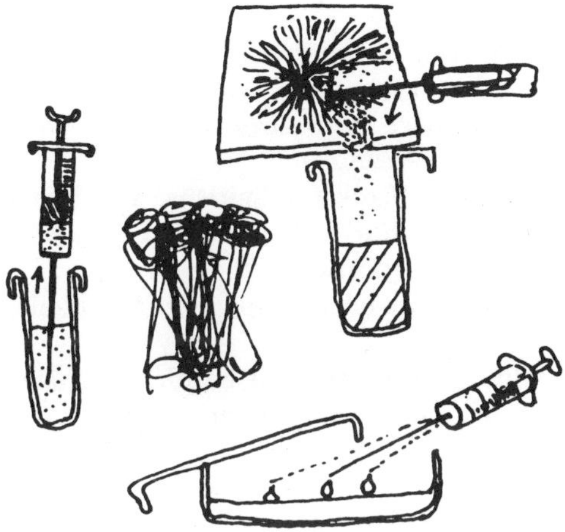

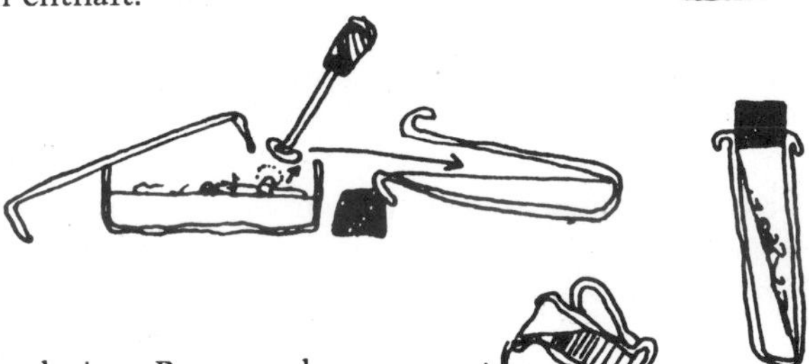

7. Das reine Mycel im Reagenzglas nicht zerschneiden (geht sowieso nicht), sondern mit sterilem Wasser aufschwemmen.
8. In eine Spritze aufziehen.
9. Diese Flüssigkeit auf das Roggensubstrat geben, 1 ml (= 30 Tropfen) je Einmachglas.

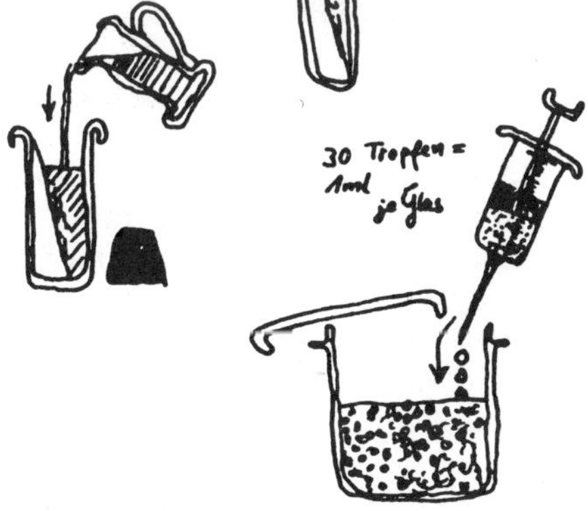

ARBEITSMATERIALIEN

- *Petrischalen:*
  Glasschalen ca. 2 cm hoch und 6–12 cm Ø mit einem etwas größeren Glasdeckel.
- *Inokulationsöse:*
  zur Öse gebogener platinbeschichteter Draht, der in einen Haltegriff (ersatzweise Flaschenkorken) gesteckt wird.
- *Agar:*
  Weißes Pulver, welches mit Waser vermischt und gekocht wird. Beim Erkalten geliert es zu einer mehr oder minder festen, halbdurchsichtigen Masse. Als Nährgrundlage für Mikrobenkulturen. Wird aus Meeresalgen gewonnen.
- *Alkoholflamme:*
  kleiner Tank für Spiritus, aus dem ein Docht herausführt. Die Spiritusflamme brennt ohne Rußen. Deckel zum Ersticken der Flamme.
- *Desinfektionsmittel:*
  Als Spray oder Flüssigkeit. Mit bleibender Wirkung oder verfliegend.

Alle Materialien sind bei Sanitätshäusern, Laborbedarfshandlungen und manchen Drogerien zu bekommen.

AGAR-NÄHRBÖDEN

Um den Pilzmycelien einen geeigneten Nährboden zu bieten, wendet man folgende Mischungen an:

1. Zu einem Liter kochenden Wassers gebe man folgendes Gemisch (vorab Zutaten wiegen und mischen):
   20 – 60 g Malzextrakt
   20 g Agar
2. Gleichwertig ist der nachstehende Kartoffelagar mit folgender Zusammensetzung:
   250 g ungeschälte Kartoffeln in ein Sieb schnitzeln, kurz unter kaltem Leitungswasser spülen, 30 Min. mit 1 Liter Wasser leicht kochen. Den Sud durch ein Tuch gießen (filtern), die Überbleibsel der Kartoffeln wegwerfen.
   15 g Agar
   10 g Dextrose
   1,5 g Nährhefe oder Hefeextrakt
   mischen und dem gefilterten Sud beimischen.

Die Zusammensetzung des Nährmediums entscheidet über die Entwicklung von Mycel und Pilz in erheblichem Maße. Hoher Nährstoffgehalt führt zu starkem Mycelwachstum, aber geringerer Fruchtungsneigung. Auf nährstoffarmen Medien wird sich weniger Mycelwachstum zeigen, dafür werden aber mehr Pilze ausgebildet.

Gelegentliche Nährbodenwechsel sind zu empfehlen, um einer Degeneration vorzubeugen.

KONTAMINATION

Das alles hört sich schön und einfach an, ist es aber leider nicht. Niedere Pilze und Bakterien, deren Sporen sich überall in der Luft befinden, können die Kulturen in praktisch allen Stadien der Entwicklung befallen und unbrauchbar machen. Diese fremden Keime, die Kontaminanten, treten in einer großen Vielfalt der Erscheinung auf, am häufigsten wird man einen grünlichen oder grauen Befall auf den Kulturen feststellen. Um welche Verunreinigung auch immer es sich handelt, die kontaminierten Kulturen sind sofort zu vernichten!
Man dulde ausschließlich die Entwicklung eines absolut reinen, weißen Mycels, welches höchstens einen ganz leichten Einschlag ins Bläuliche aufweisen darf.

STERILITÄT

Um jegliche Art von fremden Keimen von den Kulturen fernzuhalten, müssen alle Schritte der Zucht von der Keimung der Sporen bis zu der Entwicklung der Pilze unter absolut sterilen Bedingungen durchgeführt werden!

1. Es sollte in einer möglichst keimarmen Atmosphäre gearbeitet werden. Kein Luftzug, der Staub aufwirbelt! Atemschutz! Wer ganz sicher gehen will, kann sich auch einen besonderen Kasten bauen, um das Mycel von einer Petri- in eine andere oder in Gläser mit sterilisiertem Roggen zu bringen. Werden Inokulationsarbeiten unter einer Inokulationshaube ausgeführt, so ist die Luft im Inneren der Haube mit einem Spray zu desinfizieren!

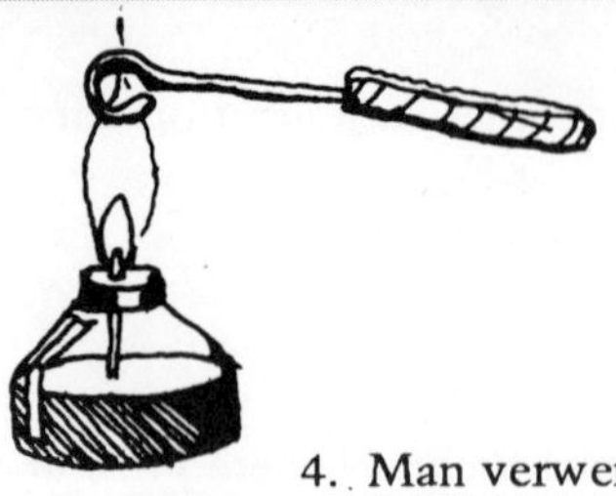

2. Der Arbeitsplatz sollte mit einem starken Desinfektionsmittel abgewischt worden sein.
3. Alles Arbeitsgerät wie Messer, Skalpell, Inokulationsöse sind vor jedem Arbeitsgang erneut in einer Spiritusflamme oder über einem Gasherd zu sterilisieren.
4. Man verwende Gummihandschuhe, die desinfiziert wurden.
5. Sowohl Agar-Nährmedium als auch Roggensubstrat sind entsprechend lange unter Druck in einem Dampfdruckkochtopf (Schnellkochtopf) zu kochen, da nur so alle Keime abgetötet werden können.
6. Alle Arbeiten sind so schnell wie möglich auszuführen (vorher üben!). Die Deckel der Petrischalen bzw. Einmachgläser sind sofort nach der Inokulation wieder zu verschließen.

Dennoch wird immer ein gewisser Prozentsatz der Kulturen befallen werden. Dies ist praktisch unvermeidlich. Man sollte daher immer genügend viele Kulturen gleichzeitig ansetzen, damit der Verlust eines Teiles nicht ins Gewicht fällt.

Vorschlag (10–15 Petrischalen):

1. Sporenkeimung in 10–15 Petrischalen durchführen.
2. Einzelne Mycelfäden von 4–5 Keimungsschalen isolieren. Die anderen Keimungsschalen leeren, säubern, mit Agar auffüllen, sterilisieren und als Isolationsschalen einsetzen.
3. Die zwei besten reinen Mycelien auswählen, eines massenhaft vermehren, das andere für den Fall der Fälle in Reserve behalten. Die anderen Isolationsschalen säubern und mit neuem Agar sterilisieren, um auf ihnen das ausgewählte Mycel massenhaft zu vermehren.
4. Alle Kulturen mit diesem reinen Mycel, welche garantiert nicht kontaminiert sind, in 1–2 cm^2 große Stücke schneiden und jeweils ein Mycelstück in ein Einmachglas geben.

STERILISIEREN DER PETRISCHALEN

1. Dampfdruckkochtopf 2–3 cm hoch mit Wasser füllen.
2. Untersatz einsetzen, z.B. steifes Drahtgitter, welches man so mit 3 oder 4 Steinchen unterlegt, daß das Gitter sich etwas über dem Wasserspiegel befindet.
3. Die vorbereiteten Petrischalen (3–4 mm hoch Agar, verdeckelt) auf dem Untersatz aufschichten, wenn nötig in mehreren Etagen.
4. Wasser zum Kochen bringen. Ventil bleibt geöffnet.

5. Kocht das Wasser und tritt Dampf aus dem Ventil aus, so schließt man das Ventil und läßt weitere 60 Min. leicht unter Druck kochen.
6. Abkühlen lassen und Petrischalen vorsichtig herausnehmen.
   ACHTUNG: Öffnet man das Ventil schon vorher, brodelt das Wasser wegen des schlagartig gesunkenen Druckes noch einmal auf!

WEITERE KULTURMETHODEN

Zucht auf Komposterde

Möchte man in größerem Umfang anbauen, ist die Sterilisation von mit Roggen angefüllten Einmachgläsern im Druckkochtopf zu aufwendig und teuer. Man läßt einige Roggen-Kulturen gut von Mycel durchwuchern, um es dann auf sterilisierte Mistkomposterde zu übertragen. Ein Gemisch aus Mycelstückchen und Komposterde wird in Kisten abgefüllt. Pilze entwickeln sich und werden geerntet.

1. Jungen, aber durchgerotteten Mistkompost, den man sich in einem Schnellkompostierverfahren (= Umsetzen des Haufens nach jeweils etwa 7 Tagen, Kompost ist nach 5 Wochen fertig) hergestellt hat, in hitzebeständige Behälter (z.B. alte Kochtöpfe oder Waschtiegel, aufgeschnittene Blechkanister oder zum Braten bestimmte Plastiktüten) füllen. Im Ofen bei 130 °C 30–60 Min. sterilisieren.
2. Hierbei wird Ammoniak gebildet. Die mit dem sterilisierten Kompost gefüllten Behälter werden mit Wasser aufgefüllt, wobei das gasförmige Ammoniak verdrängt wird. Zum Entwässern kann die nasse Komposterde in Behälter mit durchlöcherten Böden gefüllt werden. Aus Töpfen schüttet man das Wasser ab, während man den Deckel auf den Topf drückt, damit keine Erde herausfallen kann.
3. 36 l Kompost und 4 l völlig mit Mycel durchzogene Roggensubstrate von Hand (desinfizierte Handschuhe tragen) mischen. Substratklumpen noch im Einmachglas mit sterilisiertem Messer zerstückeln.
4. Gemisch aus Erde und Mycelstückchen in beliebig große Kisten möglichst aus Styropor abfüllen, welche zuvor mit einem starken Desinfektionsmittel behandelt worden sind. Zur Entwässerung versieht man die Kisten zuerst mit einer 2–3 cm hohen Bodenschicht aus Katzenstreu oder ähnlichem Material. In die Deckel der Kisten schneide man eine große Öffnung, welche mit dicker Plastikfolie beklebt wird. Durch dieses Sichtfenster kann man die Vorgänge auf der Kultur beobachten.
5. 2 Wochen bei Raumtemperatur stehen lassen. Danach ist die Erde durch und durch völlig mit Mycel durchwachsen, auch die Oberfläche wird bedeckt sein.
6. Abdecken: Zum Abdecken der Kulturen nimmt man eine Mischung aus 60% Torf und 40% Muschelkalk (bei 200 °C 40 Min. im Ofen sterilisieren), welche in einer Dicke von 1 cm auf die Kulturen geschüttet wird.
7. Abdeckung anfeuchten, soll sich anfühlen wie ein ausgedrückter Schwamm. Man benutze den beschriebenen Wasserzerstäuber.

8. Nach ca. zwei Wochen erscheinen kleine Mycelknötchen vor allem an der Oberfläche.
9. Man kann die Kultur nun mit weißem Neonlicht bestrahlen, die Röhren sollten dicht über den Kulturen angebracht sein. Dies unterstützt die Fruchtkörperausbildung.
10. Eine Woche später kann die Ernte beginnen.
11. Aus ausgewachsenen Pilzen fallen massenhaft die Sporen aus, welche bei manchen Arten auf der Abdeckung keimen würden. Um dies zu verhindern, legt man Klopapier zwischen den halbwüchsigen Pilz auf die Oberfläche der Kultur. Sind die Pilze geerntet, nimmt man das Papier weg und verbrennt es.
12. Die optimale Temperatur beim Durchwachsen des Nährbodens mit Mycel liegt bei 23 – 28 °C, zur Fruktifikation sind 20 – 23 °C anzustreben. Sollte die Temperatur in den Kulturen zu hoch werden, kann man kühlen, indem man mit Eis gefüllte Plastikflaschen (Waser in die Flasche und in der Kühltruhe gefrieren lassen) mit Klebeband unter dem Deckel der Kultur befestigt.
13. Zuviel Wasser oder Hitze: gesunde Pilze sterben, bekommen bläuliche Stiele. Zuviel Wasser: Mycel überwuchert kleine Pilze.

Vegetative Vermehrung

Die Vermehrung von Pilzen als Sporen ist sehr umständlich, und die Kulturen sind besonders im Anfangsstadium sehr empfindlich gegen Fremdkeim-Einflüsse. Liegt ein in seinen Eigenschaften bewährtes Lebendmaterial vor, so wird man mit der vegetativen Vermehrung durch Mycelübertragung bessere, schnellere und sicherere Erfolge erzielen können. Es bedarf wohl keiner besonderen Erwähnung, daß auch im Bereich der Pilzvermehrung leistungsbezogene Zuchtauswahl betrieben wird: nur besonders überzeugende Edelpilze werden massenhaft vermehrt.

Vermehrung aus Mycelfäden von der Basis eines Pilzes

Sterile Petrischale mit Agar mit auf die Wiese nehmen. Werkzeug (Inokulationsöse und Skalpell, ersatzweise vorne umgebogene Sicherheitsnadel oder Büroklammer) über Gasfeuerzeug sterilisieren. Pilz aus der Erde heben. Mycelfaden isolieren und in die Schale geben. Schalen unter unterschiedlichen Bedingungen (Temperatur) lagern und die Vermehrung des Mycels beobachten.
Bessere Resultate werden meist beim Herausschneiden von Fruchtfleisch aus geschlossenen, jungen Pilzen erreicht, welches auf den beschriebenen Agar-Arten Mycelien auskeimen läßt.

WEITERFÜHRENDE LITERATUR

Pharmakologische Details finden sich in Hoffers und Osmonds *The Hallucinogens* (Academic Press) und in Schultes und Hofmanns *The Botany and Chemistry of Hallucinogens* (Charles C. Thomas).

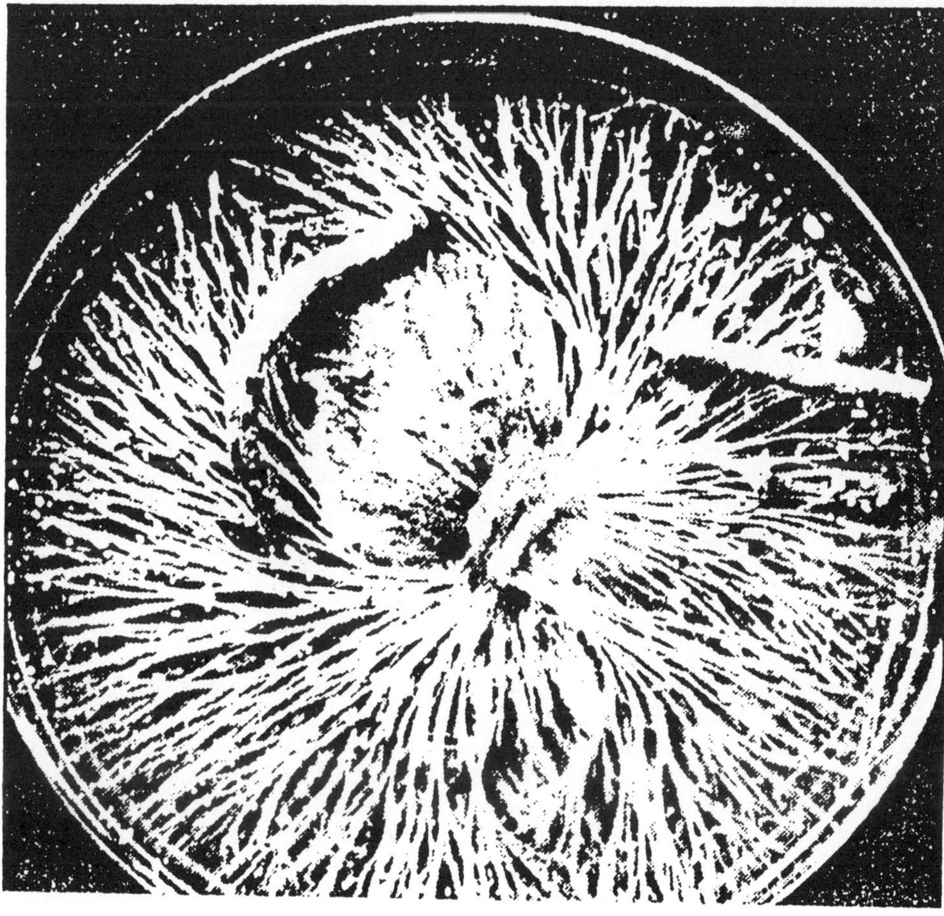

Mycelium auf Agar.

Eine amerikanische Variante der Pilzzucht – »Natural and Outdoor Culture«

von Jochen Gartz

Hunderte von Jahren wurde bereits Pilzzucht in Frankreich (Champignon) und Japan (Shiitake) betrieben, ohne daß Steriltechniken bekannt waren, die heute zur industriellen Pilzbrutgewinnung verwendet werden, um Fremdkeime weitgehend auszuschließen.

Bei diesen ursprünglichen Kultivierungstechniken ging man sehr einfach vor. Pferdemistkompost, der mit Mycelien des Champignons durchwachsen war oder Hölzer mit den Mycelfäden des Shiitake wurden auf jeweils frisches, gleiches Substrat verpflanzt, das feucht gehalten wurde und unter geeigneten Witterungsbedingungen wieder fruktifizierte. Allmählich lernte man die Wachstumsbedingungen der Mycelien und die Fruktifikationsparameter besser kennen und setzte immer ausgefeiltere Techniken ein, um die Ausbeuten zu verbessern, wie z. B. die frühe kontrollierte Zucht in den Katakomben von Paris beweist.

In den letzten 15 Jahren wurden analoge Bedingungen auch für manche psychotropen Arten im Nordwesten der USA entwickelt. Das dortige Klima ist sehr feucht bei milden Wintern und bietet u. a. auch Arten, die unter kühlen Bedingungen im Herbst fruktifizieren, gute Wachstumsbedingungen.

Hier soll nun rein informativ diese Zucht beschrieben werden, ohne daß irgendwie zur europäischen Nachahmung angeregt werden soll.

Meist wird *Psilocybe cyanescens* WAKEFIELD nach diesem Verfahren kultiviert. Der Pilz bildet dicke Mycelstränge (Rhizomorphen), die im Herbst im natürlichen Substrat leicht über die Pilze auffindbar sind und sich wie diese bei Druck blau verfärben. Die Art besiedelt Holzstückchen, die oft auch in der Erde liegen, so daß der Pilz scheinbar direkt der Erde entspringt. Hauptsächlich findet man den Pilz im Pazifischen Nordwesten in Parks, oft in Hexenringen vorkommend in Mengen bis zu 100 Pfund. Die Pilze gehören zu den potentesten Arten, die bekannt sind und enthalten Psilocybin und Psilocin in Mengen bis zu 2 % der Trockenmasse. Holzstücke mit Mycelsträngen des Pilzes werden als Impfmaterial für andere Hölzer verwendet. Entweder werden frisch zerkleinerte Ästchen benutzt (vor allem Erle, aber auch Ahorn sind verwendbar) oder man geht vom handelsüblichen Mulch aus, der in den USA mit zusätzlichen Nährstoffen (z. B. Steer-co aus dem Staat Washington) angereichert ist. Es ist dort auch rötlicher Mulch mit Resten von Zedern im Angebot, auf dem die Pilze nicht wachsen können. Obwohl die verwendeten, mit Mycel schon durchwachsenen Hölzer nicht absolut rein sind, wächst das Pilzmycel so aggressiv und schnell, daß Kontaminationen nur sehr wenig Chancen haben, sich zu entwickeln.

Man fand, daß ein Verhältnis von Impfmaterial zu frischen Ästchen von 1:5 optimal ist, wobei in Gefäßen oder Säcken bei wenig Luftzutritt (Löcher im Stopfen oder Sack) ein rasches Überwachsen der Hölzer erfolgt (Abb. 1), es wird entweder bei

Raumtemperatur oder im Kühlschrank (4 °C) kultiviert. Letztere Bedingungen schließen Kontaminationen (Schimmel) noch weiter aus. Nach 2 bis 4 Wochen haben die Pilzmycelien die Ästchen völlig überwuchert. Meist wird das Überwachsen im Herbst bis Winter vorgenommen.

Dann erfolgt die eigentliche »natürliche« Pilzkultur im Freien (»outdoor«).

Im Frühling werden dünnere Äste (Erle oder Ahorn) in Stücke von 2 bis 6 cm Länge zerteilt und in Erdbeeten mit den durchwachsenen Hölzern beimpft. Bei der Verwendung von Sägespänen wurde mit der Zeit eine Verlangsamung des Wachstums gefunden, verbunden mit einer wenig ertragreichen und verspäteten Fruktifikation, wahrscheinlich bedingt durch die rasche Austrockung der feinen Späne.

Die Anlage der Beete erfolgt so, daß sie im Sommer nie von der Sonne direkt beschienen und ausgetrocknet werden können. Zweckmäßigerweise legen die Pilzfreunde sie unter Rhododendron oder anderen dichten Büschen an. Die Gruben messen im Durchschnitt 60 cm und sind 8 bis 13 cm tief mit Ästchen gefüllt, am Boden befinden sich schon überwachsene Hölzer (Abb. 2). Im Frühjahr und Sommer kann so ein Durchwachsen der Hölzer von unten nach oben erfolgen. Auch ein Überwachsen der Beete mit hohen Gräsern wird oft noch zusätzlich angestrebt, um ein feuchtes Mikroklima zu erhalten. Zweckmäßigerweise deckt man aus diesem Grunde die Oberfläche noch mit Pappe oder Plastikfolie ab, erstere wird vom Pilzmycel ebenfalls mitbesiedelt. Gewöhnlich wird einmal pro Woche gewässert, im Hochsommer auch zwei- bis dreimal. Im September wird die Abdeckung entfernt und zweimal pro Woche mit der Gießkanne gegossen. Bei ausgeprägten Niederschlägen wird darauf verzichtet. Das Beet soll jedoch nie durch Gießen völlig geflutet werden. Die Pilze entwickeln sich, wenn Temperaturen um 10 °C mehrere Tage bei anhaltender Feuchtigkeit herrschen. Die Fruktifikationswellen erscheinen bis zum Eintritt von Dauerfrost. Sind nur gelegentliche leichte Nachtfröste zu erwarten, kann durch eine Folien-/Zeitungsabdeckung eine spätere Fruktifikation noch

Abb. 1

erreicht werden. Über den Winter wird das Beet mit Pappe oder frischen Hölzern bedeckt, die nach außen hin noch mit Plastikfolie überzogen sind. So erfolgt unter milden Winterbedingungen noch eine weitere Besiedelung der Hölzer.

Haben die Mycelien erst einmal das Beet durchwachsen, sind in den nächsten Jahren weitere Ernten möglich. Eine Vergrößerung der Beete in jedem Frühjahr durch seitlichen Abstich der angrenzenden Erde und Auffüllen mit frischen Aststücken und analoger Pflege der Beete bewirkt in jedem Herbst eine Fruktifikation der Pilzart in durchschnittlich zwei bis drei Erntewellen, über die Jahre können die Beete so auf das Fünffache der ursprünglichen Fläche ausgedehnt werden (STAMETS). Die intensive Sporulation der Pilze im Herbst läßt außerdem in der näheren Umgebung ein spontanes Wachstum der Pilze auf ähnlichen Standorten wie Haufen von Holz- und Rindenabfällen in Parks und parkähnlichen Wäldern erwarten.

Neuerdings wird im Pazifischen Nordwesten diese Kultivierungsform gegenüber der Sterilzucht von *Psilocybe cubensis* bevorzugt, da sie bedeutend einfacher ist und ohne komplizierte Apparaturen abläuft, trotzdem keine großen Kontaminationsprobleme auftreten und durch die »outdoor«-Bedingungen weitgehend »alibisicher« ist. Außerdem sind die Pilze potenter als *P. cubensis.* Paul STAMETS gibt an, daß im Herbst leicht 450 g Frischpilze auf einer Fläche von etwa 30 mal 30 cm geerntet werden können.

In neuerer Zeit wird auch über die Kultivierung einer »neuen Pilzart« berichtet. 1979 fanden Pfadfinder bei der Stadt Astoria (Oregon) stark blauende Pilze, die ungewöhnlich groß und auf die Trockenmasse bezogen ähnlich potent wie *P. cyanescens* waren. Stiellängen bis 13 cm und Hutbreiten bis 8 cm waren keine Seltenheit. Bemerkenswert ist, daß die eher noch aggressiver als *P. cyanescens* wachsenden Mycelien bereits seit 1981 »outdoor« unter völlig analogen Bedingungen kultiviert werden, eine gültige lateinische Diagnose dieser als *Psilocybe astoriensis* bezeichneten Art steht jedoch noch immer aus. Der Pilz wuchs sogar spontan auf zufällig herumliegenden Wäscheklammern aus Holz.

Abb. 2

LITERATUR

P. STAMETS u. J.S. CHILTON: The Mushroom Cultivator. Agarikon Press. Olympia, State of Washington (USA), 1983.

Die Standortfrage und Erntezeit

Kritische Prüfung vor der Ernte.

Als ertragreichste Sammelzeit für Zauberpilze in Europa gelten die Wochen zwischen Anfang September und Ende November. Aber auch im August sind schon Funde gemeldet worden.

Alle Pilzarten haben ihre typischen Standorte. Das gilt genausogut für Steinpilze wie für Kahlköpfe. Die hier besprochenen Rauschpilze stehen nur an Stellen, an denen kaum Speisepilze vorkommen. Psilocybe semilanceata *wachsen fast ausschließlich auf begrasten Flächen, die sich durch einen guten Düngezustand auszeichnen. Auf dem Lande sind dies in erster Linie feuchte Wiesen und (weniger) Felder, bevorzügt in der Nähe von Flüssen oder Seen, oder Stellen mit einem sehr niedrigen Grundwasserspiegel. Besonders gern werden die Pilze an feuchtwarmen, also sonnigen Stellen wachsen. Bemerkenswert ist dabei, daß man sie sowohl an gänzlich ungeschützten Standorten in der Mitte großer Weiden als auch am Rande von derartigen Grasflächen halb im Schatten nahe Hecken, dem angrenzenden Unterholz oder Baumbestand findet.*

Will man die Kunst des Pilzesammelns (& die genaue Identifizierung) erlernen, sollte man nicht mit einem Buch (sei es dieses oder ein anderes) über die Wiesen streifen, sondern sich einem Fachmann oder einer Fachfrau anschließen. Es gibt Wissensgebiete wie die Pilzliebhaberei, die Sternenkunde oder den Schamanismus, die man, wie ein Handwerk, von erfahrenen Praktikern lernen sollte, und nicht aus schriftlichen Anleitungen. Diese können bestenfalls zur Auffrischung von Vergessenem wie auch als Anregung dienen.

Ein solcher Fachmann ist Jochen Gartz. Er meint zur Standortfrage u.a.:

Man kann davon ausgehen, daß die Pilze in allen deutschen Bundesländern ziemlich verbreitet sind, wenn auch nirgends wirklich sehr häufig und dicht. Eine Grenze für das Wachstum der Art ist offensichtlich das limitierte Vorkommen von Dung in den für die Verbreitung sonst optimalen Lokalitäten. (...)
Man kann heute sagen, daß die Psilocybe semilanceata der *psychotrope Pilz Europas hinsichtlich Verbreitung, Erforschung und Anwendung ist. Guzman schätzt in seiner Monographie 1983 ein, daß die Art die weltgrößte Verbreitung unter allen psychoaktiven Psilocyben hat. Der Pilz kommt in Nordamerika, Europa, Australien und Asien vor. In vielen Ländern ist die Pilzflora so mangelhaft erforscht, daß über die Verbreitung solcher kleiner Arten erst recht nichts ausgesagt werden kann. Es werden Funde aus folgenden europäischen Ländern beschrieben: Finnland, Norwegen, Schweden, Dänemark, Deutschland, Schweiz, Österreich, Niederlande, Belgien, Frankreich, Rußland, Polen, CSFR, Ungarn, Rumänien, Schottland, England, Wales, Italien und Spanien.*
Hier muß ausdrücklich darauf hingewiesen werden, daß für solche kleinen europäischen Arten, die neben vielen ähnlichen Pilzen wachsen, keine umfassenden Verbreitungskarten existieren. Der sarkastische Satz »Die Pilze kommen häufig dort vor, wo auch die Mykologen häufig sind« trifft besonders auf die Psilocybe-Arten zu.
Das üppigste Wachstum der Psilocybe-Art läßt sich auf im Wald gelegenen feuchten Weideflächen feststellen. Nach meinen Erfahrungen findet man die Art von Ende September bis Oktober in den meisten größeren Waldgebieten auf sauren Böden im Gras, an Wald- und Wegrändern, meist zu wenigen Exemplaren oder in kleinen Trupps bis zu 30 Pilzen. An solchen Stellen läßt sich dann regelmäßig auch Tierkot wie z.B. von Rehen nachweisen. Die Pilze wachsen nie direkt auf frischem Dung. Ausgesprochene Kümmerformen können an Chausseerändern im Gebirge gefunden werden.
Die Myzelien können alte Kuhweiden im Wald ausgedehnt durchziehen, wie sich an der Größe der Areale der Fruchtkörper dann ablesen läßt. Bei entsprechender Feuchtigkeit ist mit einer maximalen Fruktivikation der Art zu rechnen, wenn wenige Wochen zuvor die Grasflächen noch einmal mit Kühen beweidet werden.
Jedoch wachsen die Pilze auch auf entsprechend gelegenen Pferde- oder Schafweiden. Sehr häufig sind auch diese im Wald gelegenen Grasflächen noch Weideplätze von Rehen, die den Boden noch zusätzlich düngen.
Jedoch kommen die Pilze nicht an Standorten vor, wo Kunstdünger zum Einsatz gelangte!

Zur Pilz-Ernte

Geerntet werden grundsätzlich nur Pilze, über deren Identifizierung man absolute Sicherheit hat. »Learning by doing« kann ein guter Grundsatz sein, beim Pilzesammeln kann es zu einem bedauernswerten Mißgriff führen. Da sich selbst anerkannte Pilz-Fachleute nur in seltensten Fällen mit psychoaktiven Narrenschwämmen auskennen, kann man von den real existierenden Pilzberatungsstellen keine Hilfe erwarten.

Die Ernte der Rauschpilze unterscheidet sich nicht von der der Speisepilze. Um das Mycel, den vegetativen Hauptteil der Pflanze, nicht zu zerstören und auch nicht zuviel Erde mitzuernten, wird der Stiel des Pilzes gleich über der Erde abgedreht, abgebrochen, mit den Fingernägeln abgeknipst oder mit einem Werkzeug abgeschnitten. Die Pilze kommen dann in einen luftigen Sammelbehälter, einen kleinen Korb oder in ein kleines Textilsäckchen.

Wer rafft, vergiftet sich. Immer.

Andrzej Krauze

THE INDEPENDENT ••• HOME 3

Michael Prestage joins the search for a hallucinogenic fungus in the Somerset Hills

The hunt for this year's crop of 'magic mushrooms' getting under way in the Mendips (above). The fungi have a distinctive nipple on top (below) *Photographs: Christopher Jones*

Hunting season begins for 'magic mushrooms'

'I remember a party where we all put mushrooms in a punch. There must have been more than 8,000. I had a conversation with a cow in a field'

IN FIELDS high up the Mendips solitary figures are engaged in the painstaking pursuit of this season's "magic mushrooms".

A short drive from Cheddar Gorge in Somerset, Mark and Neil, both 28, and Darren, 26, have the practised eye needed to spot the small mushrooms with the white stem, dark underside and pointed cap with a nipple on top. There are many species of fungi around and it is not unknown for the wrong one to be picked and the intended hallucinogenic trip replaced by violent vomiting.

The three, who are unemployed and did not want to be identified, had travelled down from Bristol. The season started last week and will last until the first severe frost of winter. On a good day they can find more than 1,000 mushrooms. Mark explained that 25 mushrooms would give someone not used to them a "mellow hit"; regulars take 50-plus and Mark remembers when he ate 500. "That was too much. It was well heavy on the old brain cells."

Neil said: "It's nice to get out in the fresh air. The great thing about the mushrooms is they are free. We come down to the Mendips and go to the Black Mountains in Wales. We've heard of some found in a park in Bristol itself, but the authorities tend to spray those to get rid of them."

Regular pickers keep secret the location of productive fields. Hordes travel from Bristol in pursuit of the mushrooms, often angering local farmers.

A shortage of cannabis and demand from the rave scene, where mushrooms are a cheap alternative to Ecstasy, has increased the demand for mushrooms which can be sold for £3.50 a gram. There is also said to be a trade with the Netherlands.

The legal position is confused. It is not illegal to pick and be in possession of the psilocybin mushroom. But when dried or processed it becomes psilocyn, a class A drug which it is an offence to possess or supply. However, police are well aware of what the plastic carrier bags full of mushrooms will be used for.

Mark, Neil and Darren want the mushrooms for their own use. Indeed, they eat them as they pick which, coupled with cheap cider from a local pub, makes a powerful cocktail. The mushrooms can also be made into tea. Mark hopes to make a peach and mushroom wine for Christmas.

He said: "I remember a party where we all put mushrooms in a punch. There must have been more than 8,000 in there. It was some party. Your senses are sharpened and colours are amazing. I remember a conversation I had with a cow in a field. The thing is the cow talked some real sense about the damage people are doing to the countryside."

Frisch geerntete Pilze können entweder frisch genossen, oder aber getrocknet und aufbewahrt werden. Wir empfehlen, die Pilze bei niedriger Temperatur (60 °C oder weniger) ein einem Gasherd 6 bis 10 Stunden lang zu trocknen. Sie können aber auch unter einem Heizstrahler oder auf einen Rost gelegt über einen Heizlüfter getrocknet werden. Pilze sind vollkommen getrocknet, wenn sie sich so hart wie Kekse und keinesfalls schwammig anfühlen. Um die größtmögliche Wirksamkeit zu konservieren, sollten getrocknete Pilze dann in 5g-Mengen in Plastikbeuteln, aus denen man die Luft herausgedrückt hat, verschweißt werden, danach in einem festverschließbaren Glasbehälter oder anderem wasserdichten Behälter aufbewahrt und eingefroren werden. Der Luft ausgesetzte getrocknete Pilze verlieren sehr schnell viel ihrer Wirksamkeit (Oxydation der empfindlichen Indolverbindungen, besonders von Psilocin). Frische Pilze erst nach dem Trocknen einfrieren, denn sofortiges Einfrieren frischer Pilze formt diese nach dem Auftauen in eine schwarze klebrige Masse um. Frische Pilze können im Gemüsekorb des Kühlschranks ungefähr eine Woche bis zu 10 Tagen aufbewahrt werden. Ältere Frischpilze müssen entweder verzehrt oder getrocknet werden, um ihr Verderben zu verhindern.

Bei der Trockenzeit sollte man nicht allzu mechanisch verfahren. Größere Mengen brauchen vielleicht bis zu zwei Tagen, um absolut trocken zu werden. Bedenke: Pilze, die nicht völlig getrocknet sind, verlieren bald ihre Wirkung. Und: getrocknete Pilze ziehen schnell Feuchtigkeit aus der Luft auf, also immer gut & Luftdicht aufbewahren.

Um ihre Wirkung zu erhalten, sollten Pilze nicht nur trocken & luftdicht verpackt, sondern auch im Dunkeln und Kühlen aufbewahrt werden. Schon bei Zimmertemperatur können sie ihre Wirkung innerhalb von Wochen verlieren. Ebenso, wenn sie im Sonnenlicht gelagert werden.

Eine in den USA erprobte Lagerungsart findet auch bei uns immer mehr Anhänger: Die Pilze werden nach dem Trocknen in der Kaffeemühle pulverisiert und dann gleich in Glasbehälter abgepackt und versiegelt. Die Pulverisierung hat noch einen weiteren Vorteil: man hat eine gewisse Kontrolle über die »Durchschnittswirkung« aller gesammelten Pilze, braucht also nicht mit Wirkungsschwankungen zu rechnen.

Traditionell bewahrte man getrocknete Pilze auch in Honig auf. So wird ihre Potenz, vorausgesetzt, das Honigglas wird dunkel und kühl gelagert, über ein paar Monate hin erhalten.

Zur Dosierung und Einnahme von Zauberpilzen und Psilocybin

Die Wirkung ist von Pilz zu Pilz unterschiedlich, je nach Standort und anderen Kriterien. Daher schleichen sich Mykophile langsam an ihre Wunschdosierung heran. Erst nimmt man z. B. fünf Kahlköpfe, nach einigen Tagen vielleicht ein paar mehr.
Eine Grundvoraussetzung für einen angenehmen Pilz-Trip ist allerdings eine entsprechende Vorbereitung. Dazu gehören u.a. ein oder mehrere Fastentage vor dem Pilzgenuß. Da der Pilz für eine Reinigung des Geistes sorgen soll, ist eine Körperreinigung, innen wie außen, hilfreich.
Da Pilze, im Gegensatz zu ihren synthetisierten Wirkstoffen, in ihrer Wirkungsstärke unterschiedlich ausfallen, läßt sich keine Standarddosierung festlegen. So lasse ich nun auch verschiedene Fachleute zu diesem Thema zu Wort kommen.

Hinsichtlich der Spezies Stropharia cubensis *erklären Oss und Oeric, eine Dosis von 10 mg Psilocybin, die sich aus ca. 5 g Trockengewicht oder 50 g Frischgewicht dieser Pilze ergebe, reiche aus, um »das volle Spektrum halluzinogener Effekte bei einem Erwachsenen von 70 kg« zur Entfaltung zu bringen. Weniger deutliche Wirkungen lassen sich bei Dosen von 4 mg ausmachen, was etwa zwei bis drei getrockneten Pilzen entspricht. Und: »frische Pilze scheinen etwas stärker als getrocknete zu sein.«*

Der Wissenschaftler Jochen Gartz beschreibt in seinem Buch »Narrenschwämme« Pilzversuche mit Mäusen und fährt dann fort:

Auch wenn in Analogie zu anderen psychotropen Substanzen der Mensch wahrscheinlich empfindlicher als die Maus reagiert, bleibt eine vielhundertfache »Sicherheitsspanne« bei kontrollierten Experimenten bzw. beim Verzehr von Pilzmaterial, in dem die Konzentration an Psilocybin etwa um den Faktor 10 schwanken kann. J. Ott vermutete daher, daß ein Erwachsener etwa die gleiche Menge an Frischpilzen wie sein eigenes Körpergewicht essen müßte, um die tödliche Toxititätsgrenze schließlich zu erreichen. Trotz der Hunderttausenden von freiwilligen Versuchen jedes Jahr allein in den USA wurden dort niemals Todesfälle durch psilocybinhaltige Pilze registriert. Kleine Kinder reagieren jedoch abnorm mit Bewußtseinsverlust und Krämpfen – es besteht gar Todesgefahr.

R. G. Wasson berichtet, daß bei den Indianern jeder Erwachsene vier, fünf, sechs oder dreizehn Pilzpaare bekommt, wenn sie als »Sakrament für ein Liebesfest« genommen werden.
Albert Hofmann hat als erster die Wirkungssubstanz Psilocybin synthetisiert. Zur Dosierung und Qualität meint er Folgendes:

Mit Hilfe der genau dosierbaren Reinsubstanzen konnten unter reproduzierbaren Bedingungen die pharmakologischen Wirkungen im Tierversuch und das psychische Wirkungsspektrum beim Menschen ermittelt werden. Das war mit den Pilzen nicht möglich gewesen, weil ihr Wirkstoffgehalt starken Schwankungen unterworfen ist. Er beträgt 0,1 bis 0,6 Prozent der getrockneten Pilze, wobei Psilocybin den Hauptanteil ausmacht und Psilocin meistens nur in Spuren vorkommt. Die mittlere wirksame Dosis beim Menschen beträgt 4 bis 8 Milligramm Psilocybin oder Psilocin. Statt 2 Gramm der schlecht schmeckenden getrockneten Pilze zu essen, genügt es, etwa 0,008 Gramm Psilocybin einzunehmen, um einen mehrere Stunden dauernden Pilzrausch zu erzeugen.
Nachdem die wirksamen Prinzipien in reiner Form zur Verfügung standen, konnten ihre Anwendungsmöglichkeiten in der Medizin geprüft werden. Sie erwiesen sich besonders nützlich als medikamentöse Hilfsmittel in der Psychoanalyse und Psychotherapie.
Mit der Isolierung, Strukturaufklärung und Synthese des Psilocybins und Psilocins waren die mexikanischen Zauberpilze entzaubert. Die Stoffe, deren Wirkungen auf den menschlichen Geist die Indianer über Jahrtausende glauben ließen, ein Gott wohne im Pilz, können im Glaskolben synthetisiert werden. Es ist aber zu bedenken, daß damit nur die bewußtseinsverändernde Kraft der Pilze auf die Wirkung von zwei kristallisierten Substanzen zurückgeführt wurde, deren Beeinflussung der menschlichen Psyche genauso unerklärlich und wunderbar ist wie die Kraft der Zauberpilze. Das gilt auch für die aktiven Elemente anderer »Pflanzen der Götter«, die in reiner Form dargestellt werden konnten. ...

Orale Dosen von wenigen Milligramm führen nach 20 bis 30 Minuten zu Wandlungen der psychischen Sphäre. Die psychischen Symptome, die von kleinen Dosen, das heißt bis zu vier Milligramm hervorgerufen werden, umfassen Einwirkungen auf die Gestimmtheit und den Kontakt mit dem Umfeld dahingehend, daß häufig die subjektiv angenehme Empfindung geistiger und körperlicher Entspanntheit und Abgelöstheit von der Umgebung verspürt wird. Nicht selten sind diese Effekte mit einem freudigen Gefühl außerordentlicher Leichtigkeit, eines körperlichen Schwebens, verknüpft. Bei höheren Dosen von 6 bis 20 mg treten tiefere seelische Wandlungen hervor, die mit der Veränderung der räumlichen und zeitlichen Wahrnehmung einhergehen, wozu sich noch Wandlungen im Erleben der eigenen Identität und des eigenen Körperbildes gesellen. Visuelle Überempfindsamkeit tritt auf und kann zu Vorspiegelungen und Halluzinationen führen. In diesem traumartigen Zustand werden oft seit langem verschüttete Erinnerungen, einige sogar aus frühester Kindheit, geweckt... Mystische oder religiöse Erlebnisse werden oft bei solcherlei Erwartungshaltungen berichtet. Und sie treten besonders dann auf, wenn diese Erwartungen mit einer hohen Dosis kombiniert werden.

Zur Akkumulation von Umweltgiften in Pilzen

von Jochen Gartz

Pilze können verschiedene Umweltgifte akkumulieren, die im wesentlichen in die Kategorien Schwermetalle, Insektizide und Herbizide sowie radioaktive Isotope unterteilt werden können.

In den letzten 20 Jahren erschienen sehr viele Arbeiten, in denen verschiedenste Pilzarten auf ihre Gehalte an verschiedenen Schwermetallen untersucht wurden. Davon sind Blei und Cadmium sowie Quecksilber von besonderer toxikologischer Bedeutung, so daß deren Akkumulation in Pilzen ausführlich studiert wurde.

So gibt es Pilzarten, die einige Metalle in geringerer Konzentration aufnehmen, als sie im Boden vorkommen. Andere reichern manche Elemente weitaus stärker an, als sie im Boden vorliegen. Letzteres kann zu bedenklichen Konzentrationen an Schwermetallen im Pilz führen. Blei gehört zu den Elementen, die in Pilzen praktisch nicht akkumuliert werden. Anders sieht es bei Cadmium und Quecksilber aus, die von einigen Arten, besonders von den als Speisepilze geschätzten, gilbenden Champignonarten z. T. in erheblichen Mengen im Pilz angereichert werden.

Dabei hängt es vom Schwermetallgehalt des Bodens ab, welche Mengen zur Anreicherung überhaupt zur Verfügung stehen. Enthält das Substrat zur Pilzzucht keine Schwermetalle, sind natürlich die resultierenden Pilze auch frei davon. Berichte über akute Vergiftungen, die eindeutig durch hohe Schwermetallkonzentrationen der Pilze induziert wurden, sind in der Literatur nicht beschrieben worden.

Neuere Untersuchungen scheinen auch darauf hinzudeuten, daß manche Schwermetalle so stark im Pilzgewebe chemisch gebunden sind, daß sie nur in geringem Umfang im menschlichen Darm abgelöst und resorbiert werden können.

Bei regelmäßigem(!) Verzehr von Wildpilzen sollten nach der Verzehrsempfehlung des Bundesgesundheitsamtes (BGA) von 1978 bzw. 1985 wegen der Schwermetalle nicht mehr als 250 g pro Woche gegessen werden. Diese Mengen zeigen, daß eine Akkumulation dieser Stoffe in psychoaktiven Pilzen toxikologisch völlig ohne Belang ist.

Die gleichen Mengenbetrachtungen treffen auch für die Einlagerung von Insektiziden und Herbiziden in Pilzen zu. Über deren Akkumulation in verschiedenen Arten existieren keine umfassenden Literaturdaten. Es ist aber anzumerken, daß die Pilze äußerst aktive Enzymsysteme besitzen, die möglicherweise diese organischen Verbindungen nach der Aufnahme chemisch verändern, auch im Sinne einer Entgiftung. So fanden wir in Fruchtkörpern des eßbaren Winterpilzes *Flammulina velutipes*, die auf Stümpfen des toxischen Goldregens gewachsen waren, keine Spuren des nikotinähnlichen Giftes *Cytisin* (GARTZ u. DREWITZ, unveröffentlicht).

Der schwere Reaktorunfall in Tschernobyl vom 26. April 1986 brachte auch die mögliche Akkumulation radioaktiver Isotope in Pilzen ins Rampenlicht. Daraufhin wurden zahlreiche Aktivitätsmessungen von Speisepilzen veröffentlicht, die hier nur summarisch berücksichtigt werden können. Dabei ist allein die Aktivität zweier Cäsiumisotope (Cs-137 und 134) von Belang, ersteres besitzt eine Halbwertszeit von 30 Jahren gegenüber 2 Jahren beim letzteren. Alle Untersuchungen zeigten, daß die Fähigkeit der Pilze, die radioaktiven Substanzen anstelle von Kalium aufzunehmen, weitgehend artspezifisch ist. Die meisten Pilze und vor allem die saprophytischen Arten enthielten sogar weniger Cäsium als der Boden, darunter nahe Verwandte der halluzinogenen *Panaeolus*-Arten wie der Schopftintling *Coprinus comatus*. Andere Speisepilze wie der Maronen-Röhrling speichern mehr Cäsium, als im Boden prozentual vorliegt. Vor allem die *Mykorrhiza*-Pilze, die in enger Symbiose mit Bäumen leben, können die radioaktiven Isotope in den Fruchtkörpern anreichern.

Rechnet man aber die nachgewiesenen Konzentrationen selbst in Maronen auf die Höchstmengen um, die als Aktivitätsgrenze für Lebensmittel in der EG gelten, dann werden sogar beim Verzehr von 1 kg Frischpilzen pro Person und Tag die Werte nur sehr selten erreicht. Eine Pilzmahlzeit besteht durchschnittlich nur aus 0,3 kg Frischpilzen, die ohnehin nur sporadisch im Herbst gegessen werden.

Auch hier trifft für die psychoaktiven Pilzarten zu, daß in den sehr geringen Mengen die Akkumulation der radioaktiven Isotope überhaupt keine Rolle spielt. Sehr wahrscheinlich werden die saprophytischen Arten bei der Aktivitätsmessung ohnehin nur geringe Werte erbringen, *Inocybe aeruginascens* könnte als *Mykorrhiza*-Pilz eventuell etwas mehr enthalten, wobei die applizierte Menge beim zitierten Selbstversuch des Mykologen gegenüber der Verzehrsempfehlung nur ein Hundertstel betrug.

LITERATUR

R. SEEGER: Dtsch. Apothekerztg. 122, 1835-44 (1982)
H. WETZEL: Mykol. Mitt.bl. 23, 1-14 (1979)
V. KELL: Giftpilze und Pilzgifte, Ziemsen Verlag Wittenberg (1991)
G. RITTER: Mykol. Mitt.bl. 34, 24-29 (1991)
R. SEEGER: Beitr. z. Kenntnis der Pilze Mitteleuropas 3, 289-298 (1987)

Der legendäre »Pilz-Stein« von Kat Harrison.

Fragen & Antworten

Sowohl Herrmann von Leistenfels, der Autor des inzwischen vergriffenen Buches »Pilze« (Der Grüne Zweig 65), wie auch ich in meiner Funktion als langzeitiger Drogenkolumnist der »taz« haben im Laufe der Zeit viele Briefe mit Fragen zum Thema »Pilze« erhalten. Die meisten werden in anderen Beiträgen in dem vorliegenden Buch beantwortet. Weitere Antworten folgen hier.
Da die meisten BriefautorInnen ungenannt bleiben wollen (?!?), verzichte ich gänzlich auf Namensnennungen.

Ich habe von der amerikanischen Zeitschrift HIGH TIMES gehört. Wo kann ich die beziehen?

Die HIGH TIMES war in den 70er Jahren ein sehr lebendiges, informatives Fachblatt, heute ist sie allerdings nur noch ein verkommerzialisierter Abklatsch ihrer selbst. Und in Europa meist überteuert angeboten. Vergiß sie.
Statt ihrer empfehle ich drei andere psychedelische Fachblätter, die zwar noch teurer, aber in bezug auf den Inhalt gesehen durchaus ihren Preis wert sind:
INTEGRATION, Zeitschrift für geistbewegende Pflanzen und Kultur. In vorwiegend deutscher Sprache. Mehr hierzu im Anzeigenteil dieses Buches. Bezug durch: bilwisverlag, d-8729 knetzgau, eschenau nr. 29. Bislang sind 3 Nummern erschienen.
PSYCHEDELIC MONOGRAPHS AND ESSAYS, papers from the sciences; religion; the arts; popular culture and the underground. The psychedelic experience in all it's wonders. Collected by Thomas Lyttle. Bunte Mischung unterschiedlichster Beiträge. Bisher sind 6 Ausgaben erschienen. Bezug durch PM&E Publishing Group, Box 4465, Boynton Beach, Florida 33424, USA.
MAPS ist eigentlich ein Verein, dem man für 30 US-Dollar pro Jahr oder mehr beitritt und dessen Vereinszeitschrift man dann bezieht. Diese ist die aktuellste Informationsquelle zum Thema Psychedelik in Forschung, Recht und Gesellschaft weltweit. Der Name steht als Abkürzung für »Multidisciplinary Association for Psychedelic Studies«.
Eine Pflichtlektüre für jeden, der nach mehr Informationen über Psychedelik in Papierform sucht. MAPS, 1801 Tippah Avenue, Charlotte, NC 358-9830, USA. Fax 001 704 358 1650.
Bitte beachten: all diese Angaben stammen vom März 1993.

In den vergangenen Jahren tauchten immer wieder Bezugsquellen für Pilz-Sporen aus den USA und England auf. Ich habe überall hingeschrieben, aber das war eine einzige Frustfalle: entweder die Sporen fruchteten hier nicht oder aber der Empfänger hat die beigelegten Dollars einfach eingesäckelt und nie geantwortet oder aber der Empfänger war unbekannt verzogen. Können Sie mir da Abhilfe schaffen?

ALRAUN ist ein Versand für ethnobotanische Produkte, Aphrodisiaka, Massageöle, Räucherwerk, Liköre und Accessoires. Und Pilzsporen. Gegen 2 DM in Briefmarken kann man sich den Katalog bestellen: ALRAUN, Samen & Sporen, Herbert Böttcher, Weiherwiese 16, 65510 Idstein, Fax 0 61 26 / 5 56 69.

Bei uns hat das organisierte Christentum dafür gesorgt, daß im Laufe der Jahrhunderte viele Naturdrogen aus dem Volksmedizinschatz »geraubt«, verboten und durch Alkohol ersetzt wurden. Gibt es dazu Parallelen in anderen Kulturen?

In dem Buch »Pflanzen der Götter« von Schultes/Hofmann fand ich folgenden Abschnitt, bei dem es sich speziell um Pilze handelt:
... Als die Spanier Mexiko eroberten, waren sie entsetzt über die Sitte der Eingeborenen, ihre Götter mit Hilfe von berauschenden Pflanzen zu verehren, mit Peyotl, Ololiuqui, Teonanacatl. Besonders die Pilze erregten den Unwillen der europäischen Geistlichkeit; sie setzte alles daran, ihre Verwendung bei religiösen Handlungen zu verhindern.
»Sie hatten eine andere Methode zur Berauschung, die ihre Grausamkeit verschärfte, denn wenn sie gewisse kleine Pilze einnahmen, konnten sie tausend Visionen – besonders von Schlangen – haben. Sie nannten diese Pilze in ihrer Sprache Teunamacatl, was ›Fleisch Gottes‹ heißt oder Fleisch des Teufels, den sie anbeten; und auf diese Weise wurden sie durch das bitter schmeckende Mittel zu ihrem grausamen Gott geführt.«
Im Jahre 1656 tadelte ein Handbuch für Missionare die Götzendienste der Indianer, darunter auch das Verspeisen der Pilze, und empfahl deren Ausrottung. Teonanacatl wird nicht nur in der Schrift verdammt, sondern auch in Illustrationen gebrandmarkt. Man stellte sich den Teufel dar, wie er einen Indianer verlockt, den Pilz zu essen.
Auf einem anderen Bild tanzt der Satan auf einem Pilz.

Bernardino de Sahagún, ein spanischer Mönch aus dem 16. Jahrhundert, brandmarkte den sakramentalen Gebrauch des Teonanacatl. Diese Abbildung aus Sahagúns berühmter Chronik, dem »Codex Florentino«, zeigt einen dämonischen Geist, der auf den flüchtig skizzierten Pilzen seinen Tanz aufführt.

Stimmt es, daß Pilze telepathische und seherische Fähigkeiten auch bei Nicht-Schamanen freilegen können?

Was verstehst du unter einem Nicht-Schamanen? Der Pilz-Freund Gordon Wasson berichtet aus Mexiko:
»Vielleicht ist ein Krankheitsfall in der Familie aufgetreten und der Pilz wird befragt, ob der Patient überleben oder sterben wird. Lautet der Spruch auf Tod, so wartet die Familie nicht länger, sondern schickt sich sofort an, die Bestattung vor-

zubereiten, worauf die kranke Person jeglichen Lebenswillen verliert und kurz darauf ihren Geist aufgibt. Lautet der Spruch auf Leben, so sagt der Pilz auch, was zur Gesundung des Patienten angezeigt ist. Ist ein Esel abhanden gekommen oder wurde Geld gestohlen, so wird ebenfalls der Pilz befragt und dieser gibt auch Antwort. Unter dieser schriftunkundigen Völkerschaft, die auch keine der großen Schriftsprachen spricht, gibt es oftmals keinerlei Nachricht von einem fernen Angehörigen, vielleicht von einem, der ›schwarz‹ in die USA gegangen ist. Hier bringt der Pilz als Postservice Neuigkeit vom Abwedenden, ob er lebt und wohlauf ist oder krank oder im Gefängnis, ob er wohlhabend oder arm oder verheiratet ist und Kinder hat.«

Wasson hatte spezielle Gründe, sich für solche Fragen zu interessieren. Maria Sabina hatte ihn gefragt, welche Frage er während der Zeremonie gern beantwortet hätte, und nachdem er lange hin und her überlegt hatte, wollte er über seinen Sohn in Cambridge, Mass. Bescheid wissen. Sie hatte nie zuvor von jenem Ort gehört. Später am Abend berichtete sie, sein Sohn befände sich nicht mehr in Cambridge, sondern zu Hause. Er hätte schweren seelischen Kummer wegen eines Mädchens und wolle zur Armee gehen. Obwohl Wasson damals nichts darüber wußte, stellte sich später alles als richtig heraus.

Stan Krippner, eine der Versuchspersonen des Harvard Psilocybin-Projekts, liefert ein weiteres Beispiel:

»... Ich fand mich, wie ich auf die Statue Lincolns starrte. Sie war total schwarz und ihr Kopf war gebeugt. Ein Gewehr befand sich am Sockel der Statue und jemand murmelte: ›Er wurde erschossen. Der Präsident wurde erschossen.‹ Ein Pulverwölkchen erhob sich in die Luft.

Lincolns Gesichtszüge welkten langsam dahin und jene von Kennedy traten an ihre Stelle. Das alles spielte sich noch immer in Washington D.C. ab. Das Gewehr befand sich noch immer am Sockel der Statue. Ein Pulverwölkchen trat aus dem Gewehrlauf und kringelte sich empor. Die Stimme wiederholte: ›Er wurde erschossen. Der Präsident wurde erschossen.‹ Meine Augen öffneten sich. Sie waren voller Tränen.«

Darüber schrieb er später: »1962, als ich meine erste Psilocybinerfahrung hatte, schenkte ich dieser Visualisierung Kennedys wenig Beachtung, da noch viele Eindrücke mich bedrängten. Er war jedoch der einzige gewesen, der Tränen in meine Augen gebracht hatte, sodaß ich diesen Eindruck auch ausführlich in meinem Bericht beschrieb, den ich an Harvard sandte. 19 Monate später, am 23. November 1963, kam mir diese Visualisierung zurück, als ich den Meuchelmord an Kennedy beklagte.«

Zauberpilze scheinen ein starkes morphogenetisches Feld aufzubauen. Als ich z.B. als Recherche für dieses Buch nächtens vom Pilz kostete und über dieses Thema ins Sinnieren geriet, spuckte das Fax-Gerät morgens um 3 Uhr plötzlich einen Brief von Terence McKenna aus, das erste Fax, das ich je von ihm erhalten habe.

In Indien sind Kühe heilig. Kann das damit zusammenhängen, daß Zauberpilze in ihrer Scheiße am besten gedeihen? Ihr Verleger W. Pieper hat doch das »Scheiß-Buch« geschrieben, vielleicht kennt der sich da aus?

Dem Herrn ist es gelungen, wonach die Alchemisten trachteten: er hat aus Scheiße Gold gemacht. Mit indischen Kühen kennt er sich allerdings nicht aus. Aber in der Tat bist Du da wohl auf einer heißen Spur, wie Terence McKenna bestätigt:
»Ich habe gehört, der für diese Pilze beste Dung sei der des Brahma-Rindes, und darin liege der Schlüssel zur Erklärung, warum diese Tiere in Indien als heilig verehrt werden. Soweit mir allerdings bekannt ist, wurde dies je weder belegt noch dementiert. Das Überleben dieser Pilzart in der Neuen Welt hing vor der Ankunft der Spanier offenbar vom Dung des Rotwildes ab, was erklären mag, warum diese Tiere von vielen Indianern als heilig angesehen worden sind. ... Da zwei der verbreitetsten Arten nur auf Kuhmist gedeihen, kann daraus der Hinweis entnommen werden, daß die spanischen Mykophoben mit dem Rind auch noch unabsichtlich für die gegenwärtige Verbreitung psilocybinischer Pilze in Mexiko gesorgt haben.«
Auch der Schweizer Brauch, Kühe für den Almabtrieb fürstlich zu schmücken, mag eine alte Sitte der Altvorderen sein, die als Dank für den pilzfördernden Schiß gegolten hat. Mehr über die Schweizer, ihre Kühe & Pilze an anderer Stelle.
Bis heute haben sich Zauberpilze auch als Naturliebhaber gezeigt: kunstgedüngt wollen (& können) sie nicht leben. Holy Shit!

Bei Leistenfels finden sich Angaben zur Chemie der Amanita-Arten, die nicht stimmen. Die wirksame Dosis bei Ibotensäure und Muscimol haut so nicht hin. Wer kennt sich da aus und kann das korrigieren?

Nun, ich nicht, aber Fachmann Jochen Gartz vermag uns da aufzuklären:
»Die Leserzuschrift hat natürlich recht mit der Umrechnung der Menge an Ibotensäure. Ich habe nachgeschlagen: im neuesten Werk steht: 45 mg/kg LD50 peroral (Ratte) für Muscimol, 4,5 i.V. für Ibotensäure 129 mg/kg peroral, 4,2 mg/kg i.V. Ich würde schreiben, daß man daraus nicht auf den Menschen schließen kann, sehr wahrscheinlich ist der Mensch bedeutend empfindlicher, wie bei vielen psychoaktiven Substanzen, die auf das Hirn wirken.«

In einem Buch über Giftpilze aus dem Kosmos-Verlag habe ich folgende Aussage über Psilocybinpilze gefunden: »... noch schlimmer: Die Geheimdienste haben wieder einmal etwas zur Perfektionierung ihrer künftigen Kriege gefunden.« Ist da was dran?

Die CIA hat schon in den 50er Jahren die Einsatzmöglichkeiten für LSD in Krisen & am Feind erforscht und verworfen. Ende der 80er Jahre fand ich aber folgende Meldung in der Zeitung: »Iranische Forscher sollen in Kanada und den Niederlanden vergeblich Pilze zu kaufen versucht haben, die auch für die Herstellung biologischer Waffen geeignet sind. Dies berichtete die ›New York Times‹.«
Die Kosmos-Kollegen scheinen überhaupt etwas paranoid zu sein, wie ich bei der Durchsicht ihres Textes erkennen konnte.

Wir haben in Goa ein Extrakt vom Zauberpilz zu uns genommen, das uns in der Tat verzaubert hat. Wirkt das Extrakt stärker als getrocknete Pilze, und wie stellt man sowas her?

Ein Leser schickte folgenden Tip:
»Extraktion der wesentlichen Inhaltsstoffe: mit Labor- oder Küchenhilfsmitteln. Zum Beispiel trockene und gemahlene Pilzsubstanz mit 70% Alkohol ansetzen, mehrere Tage/Wochen ziehen lassen, filtern, Pilze mit wenig abgekochtem und gefiltertem Wasser ausschütteln, filtern, Alkohol- und Wasserphase zusammenschütten, trinken. Vorteil: angenehmere Einnahmeform, gekühlt länger haltbar. Nachteil: Filtrat enthält noch ziemlich viel Wirkstoff, hohe Menge Alkohol (ca. 20-30 ml/g Pilz), Umweltgifte werden mit aufgenommen.«
Diese Auskunft erschien mir nicht korrekt genug, so fragte ich Fachmann Gartz:
»Zu den Pilzextrakten folgendes: die Alkaloide sind in der Pilzmasse stabiler als in Lösung (durch das Waser in letzterer). Natürlich sind auch die möglichen Schadstoffe die gleichen, vgl. auch meine Ausführungen über deren Unbedeutsamkeit. Besonders Psilocin zersetzt sich rascher. Warum dann extrahieren? Mit Orangensaft und Pilzpulver schmeckt man den intensiven Geschmack weniger, den nicht alle mögen. Weiterhin extrahiert die Fruchtssäure erschöpfend, im Magen. Auch fluten die Alkaloide aus der Lösung stärker an, kann zu Panik führen. Vor der Kombination mit Alkohol wird verschiedentlich gewarnt.«
Ein befreundeter Pilzfreund machte mich schließlich auf die wissenschaftlich fundierteste Quelle der Extraktionsverfahren aufmerksam. Es handelt sich dabei um eine Abhandlung von A. Hofmann, R. Heim und sechs weiteren Forschern mit dem Titel »Psilocybin und Psilocin, zwei psychotrope Wirkstoffe aus mexikanischen Rauschpilzen«, dokumentiert in dem Werk »Helvetica Chimica Acta«, Vol. XLII, Fasciculus V (1959), No. 167/168, Seite 1557-1572. Bevor Du dich jetzt in der nächstbesten Universitätsbibliothek auf die Suche nach dem Buch machst, glaube mir: wenn Du kein absoluter Fachmann/frau bist, verstehst Du kein Wort davon.

Ich habe auf einem Flohmarkt die LP »Der Jesuspilz« von Witthüser & Westrupp erstanden. Sie stammt aus den frühen 70er Jahren und ist unter dem »Pilz-Label« erschienen. Beim Abhören mußte ich allerdings feststellen, daß im Text keine Pilze auftauchen, sondern immer nur gebröselt wird. »Im Anfang war der Brösel und der Brösel war gut...« Warum heißt die Scheibe dann »Jesuspilz«?

Aus normalerweise gut unterrichteten Kreisen hörte ich, daß in der Zeit, als an der

LP gearbeitet wurde, gerade John Allegros Buch »The Sacred Mushroom and The Cross« erschien, in dem der damals renommierte Sprachforscher die Ergebnisse seiner Erforschung der geheimnisvollen Schriftrollen vom Toten Meer offenbarte. Für ihn ist die ganze biblische Geschichte eine einzige, vom Pabst etc. leider mißverstandene Pilz-Geschichte. Das Buch selber ist weitgehend wissenschaftliches Sprachwerk, aber über lange Strecken auch eine erbauliche Lektüre für Nichtfachleute. Es ist sowohl in englisch wie auch auf deutsch (im Molden Verlag) vergriffen. Das Exemplar der Universitätsbibliothek in Heidelberg ist zwar ausgewiesen, steht aber nicht mehr im Regal.
Hier ein kleiner Auszug: »Der Pilz hatte immer etwas Geheimnisvolles an sich. Die alten Völker verstanden nicht, wie er ohne Samen wachsen konnte, und sie staunten, wie schnell er nach einem Regen kam und wieder verschwand. Aus einer Volva oder einem ›Ei‹ geboren, gleicht er einem kleinen Penis, der sich wie das männliche Organ bei geschlechtlicher Erregung aufrichtet. Breitete er dann seinen Hut aus, glaubten die alten Botaniker einen Phallus zu erblicken, der die ›Last‹ eines weiblichen Schoßes trug. Jeder Aspekt des Pilzes war voll von sexueller Metaphorik, und in seiner phallischen Gestalt sah die Antike ein Symbol des Fruchtbarkeitsgottes selbst. Er war der ›Sohn Gottes‹, sein Gift stellte Gottes Samen in einer Reinheit dar, wie sie nirgends sonst in lebender Materie anzutreffen war. Er war in der Tat der auf Erden erschienene Gott selbst. Für den Mystiker bedeutete er ein Gottesgeschenk, das ihm den Eintritt in den Himmel erlaubte. Gott war Fleisch geworden, um selbst den Weg zu sich zu weisen.

Der Zauberpilz als Baum der Erkenntnis.

Ein so kostbares Gewächs zu pflücken, war in jeder Beziehung ein gefährliches Unterfangen. Die Stunde vor Sonnenaufgang, die Worte, die gesprochen werden mußten, und der Name des Schutzengels waren dabei von großer Wichtigkeit. Aber es bedurfte noch mehr: Eine Gegengabe war nötig, um die Erde, der man ihr Kind raubte, zu versöhnen. Das Wesen der sogenannten Heiligen Pflanze bedingte jedoch, daß nur Gott selbst dieses Opfer bringen konnte. Um den Sohn zu erlösen, mußte der Vater selbst das ›Lösegeld‹ bezahlen. Alle diese Worte werden in gleicher Weise für den Heiligen Pilz wie für den Jesus des Christentums gebraucht...
Im phallischen Pilz, dem ›Knaben‹, der aus dem ›jungfräulichen Schoß‹ geboren ist, erkennen wir das Urbild der Christusgestalt des Neuen Testaments. In gewisser Hinsicht stellt er auch die Eingeweihten des Kultes dar, die ›Christen‹ oder – nach dem Sinn ihres Namens – die ›mit Sperma Beschmierten‹. Indem sie den Pilz nachahmten, ihn aßen oder seinen Saft bzw. »Blut« aussogen, stellte sich der Christ unter den (die) Hut seines Gottes wie der Priester, der sich im Allerheiligsten mit dem – in den Säften und Harzen bestimmter Pflanzen und Bäume gefundenen – Samen des Gottes salbte. Wie der Priester dem Gott am Altar, dem symbolischen Schoß der göttlichen Schöpfung, »diente«, so verehrten die Christen und die ihrem Kult Nahestehenden ihren Gott und nahmen auf mystische Weise an dem Schöpfungsvorgang selbst teil. In der Sprache der Mysterienkulte strebten sie nach der »Wiedergeburt«, wenn sie, von vergangener Sünde aufs neue geläutert, den Gott in einer durch Drogen bewirkten Ekstase zu schauen vermochten.«

Stimmt es, daß Zauberpilze gerade von Frauen anderen Psychedelika vorgezogen werden? Gibt es dafür Belege?

Da scheint etwas dran zu sein. In dem Buch »Tänzerinnen zwischen Himmel & Hölle – Frauen erzählen ihre Rauscherfahrungen«, das ich mit Michael Horowitz und Cynthia Palmer zusammen herausgegeben habe, finden sich einige Pilz-Erlebnisse von Frauen, die ich teilweise für das vorliegende Buch übernommen habe. Aber auch der gerade eben zitierte John Allegro hat eine feste Meinung dazu:
»Um die Stellung der Frau im Pilzkult ganz zu verstehen, muß man an ihre Rolle im Schöpfungsprozeß selbst denken. Der Pilz war ein mikrokosmisches Abbild dessen, was die Frau innerhalb des Geburtenkreislaufs darstellte. ... Das hervorragendste Beispiel für die Beziehung zwischen Schlange und Pilz enthält natürlich die alttestamentarische Geschichte vom Garten Eden. Das listige Reptil redet Eva und Adam zu, von dem Baum zu essen, dessen Frucht ›sie zu Göttern macht, die das Gute und das Böse erkennen‹ (Genesis 3,5). Die ganze Paradiesgeschichte ist ein Pilzmythos, nicht zuletzt deshalb, weil der ›Baum‹, wie noch zu beweisen sein wird, nichts anderes ist als der Heilige Pilz. Noch im 13. Jahrhundert war eine Spur dieser alten Überlieferung lebendig, wie wir aus einem Fresko der Kirchenruine von Plaincourault in Frankreich schließen können, das einen prächtigen Fliegenpilz zeigt, um den sich eine Schlange windet, während Eva danebensteht und sich den Bauch hält.«
Eine andere Zuteilung der Pilze zu Frauen fand ich im Magazin »Mondo 2000«: »Im Nordwesten Mexikos, der Wüstenregion, nimmt man Peyote, und die meisten Scha-

Sporen des Psilocybe cubensis, unter dem Mikroskop 5000fach vergrößert.

manen sind Männer. In der von der Sonne dominierten Wüste schmeckt alles nach Scheiße. Wenn du mit Peyote trippst, mußt du kotzen. Im Südosten sind alle Schamanen Frauen, sie nehmen Zauberpilze zu sich, welche gut schmecken und sich bei Vollmond zeigen.«

Werden Pilze nur im Ritual für spirituelle und seherische Zwecke genutzt, oder sind sie auch ein Aphrodisiakum?

In seinem Buch »Pflanzen der Liebe« schreibt Christian Rätsch: »Von den botanisch niederen Pflanzen sind nur die Pilze in das Reich der menschlichen Erotik eingedrungen ... Weltweit läßt sich auch der Gebrauch von Fliegenpilzen als Aphrodisiakum nachweisen ... Fast überall, wo der Pilz wächst, dient er rituellen Handlungen, die mit der Erotik eng verbunden sind.«
Die Sex-Beratungstante vom Penthouse-Magazin, Xaviera Hollander, hat gar ein ganzes Buch mit dem Titel »Xaviera's Magic Mushrooms« verfaßt, das in Deutsch unter dem Titel »Xavieras Reisen in die Sinnlichkeit« bei Heyne und im Deutschen Bücherbund erschienen ist. In ihm beschreibt sie zwei, drei Pilztrips mit Lovern in Bali:
»Ungefähr eine Dreiviertelstunde, nachdem wir die Pilze gegessen hatten, begann ich ihre Wirkung zu spüren. Nicks Gesicht begann langsam die Farbe zu wechseln. Wir duschten uns gemeinsam und badeten unsere Körper im Licht der Kerzen, die ich mit ins Badezimmer gebracht hatte. Ich sah bereits alle möglichen Farben im flackernden Kerzenlicht, aber das verstärkte sich später im Bett, von dem aus man auf ein riesiges Gemälde von den Körpern von rund acht nackten Frauen schauen kann – fleischfarben, ineinander verstrickt, ohne Köpfe, nur von den Schultern bis zu den Knien sichtbar. Vor dem großen Bild steht eine eiförmige Lampe mit einer Birne, die mit Hilfe eines Schalters von Bernsteingelb bis Rot variieren kann. Sie erhellte nicht nur das Gemälde, sondern auch Nick, und stellte mit unseren beiden Gesichtern die tollsten Dinge an. Innerhalb einer Stunde waren er und ich aufs intensivste mit dem beschäftigt, was sich im Innern des anderen abspielte. Dieser Trip war so spirituell, er ging weit über das hinaus, was Hasch oder Marihuana mir bisher zu bieten hatten – abgesehen vielleicht von einem gelegentlichen Mescalin-Trip. Während der folgenden Stunden, in denen wir uns ansahen und miteinander redeten, entdeckte ich auf seinem Gesicht alle möglichen Linien. Einmal wurde Nick zu meinem weisen alten Guru, und die Röte des Lichts verlieh ihm eine Art Aura um den Kopf. Er war wenigstens dreißig Jahre älter. Dann sah ich ihn zu einem sehr jungen Knaben werden. Danach wurde er plötzlich ganz weiblich in seinen Bewegungen, und sein Gesicht war das einer Zigeunerfrau. Nick hatte behauptet, niemals irgendwelche homosexuellen Neigungen gehabt zu haben, aber in dieser Nacht wurde er eindeutig zu einer eindrucksvollen ›Queen‹. ...
Dies war der Augenblick, in dem mir klar wurde, daß ich ein ziemlich sinnloses Leben hinter mir hatte und daß es mir wirklich an etwas wie Stabilität mangelte – an etwas, das ich während der letzten anderthalb Jahre bei Dusan und seiner Familie in Paris gesucht hatte. Was würde mir nun bevorstehen? Wohin würde mich mein Leben führen? Mit zunehmendem Alter fand ich es immer schwieriger, den

richtigen Partner zu finden. Ich konnte nicht für alle Ewigkeit dem Image der ›Fröhlichen Nutte‹ entsprechen. Ich wollte mich nicht lächerlich machen und mich albern benehmen. Keineswegs wollte ich eine neue Mae West sein! Eines Tages würde es die Leute nicht mehr interessieren, mit wem ich gebumst hatte.«

Ich suche eine möglichst komplette Informations- und Quellenliste zum Thema psychoaktive Pilze. Wo kann ich die finden?

Da kann ich Dir zwei wunderbare Hinweise geben.
Martin Haseneiers Beitrag in diesem Buch, »Der Kahlkopf und das kollektive Unbewußte« ist im Original mit 192 Fußnoten versehen, für die in diesem Buch kein Platz mehr war. Die Erstveröffentlichung in der Zeitschrift »integration« dagegen ist komplett und nicht nur wegen der Fußnoten zu empfehlen. Die Doppelausgabe No. 2 & 3 ist vorwiegend dem Thema »Pilze« gewidmet, vor allem über den Fliegenpilz findet sich dort noch so mancher Fachartikel.
Die umfassendste Buchliste zum Thema »Zauberpilze« habe ich in dem Buch »Narrenschwämme« von Jochen Gartz gefunden, das 1993 bei Editions Heuwinkel erschienen ist.
Der Fliegenpilz kommt in diesem Buch etwas zu kurz, das hat zwei Gründe: Zum einen hat mir der Fliegenpilz bei Eigenversuchen in seiner Wirkung nicht zugesagt. Wir sind heute vielleicht verwöhnt und haben zu viele »bessere« psychoaktive Substanzen zu unserer Verfügung, so daß die Wirkung des Fliegenpilzes im Laufe der Menschheitsgeschichte sicherlich oftmals eine erstrebenswerte war, aber heute kann ich das niemandem empfehlen. Zum andern gibt es eine Wanderausstellung zum Thema, zu der auch ein wunderbares Buch mit dem Titel: »Der Fliegenpilz – ein kulturhistorisches Museum« (1992)erschienen ist, das man im Vertrieb des Verlags Medienexperimente beziehen kann.

Ich habe Ihre Pilzzuchtanleitung sehr gut gebrauchen können, meine Champignons sind von unserem Speiseplan nicht mehr wegzudenken. Nun würde ich aber auch gerne weitere Speisepilze züchten. Wo bekomme ich die nötigen Sporen bzw. Bruten her?

Weitere Anbautips finden sich z.B. in dem Buch »Waldpilze aus Haus und Garten« von Werner Dittmer, im Ravensburger Verlag erschienen, wie auch in der kostenlosen Bio-Fibel der Firma Neudorff, Postfach 1209, 3254 Emmerthal 1.
Anbaufachleute finden in der Zeitschrift für Pilzanbau, DER CHAMPIGNON, hrsg. vom Bund Deutscher Champignonzüchter, informative Beiträge und Hinweise zur zeitgemäßen Speisepilzzucht. Jährlicher Bezugspreis 140,– DM, Bezug durch »Der Champignon«, Godesberger Allee 142-148, 5300 Bonn 2.
Sporen und Pilzbruten verkaufen/versenden u.a. folgende Firmen:
- Schwarzwälder Pilzlabor, D-7746 Hornberg, Tel. 07833 - 6300
- Burbacher Pilzfarm Schöler, Blaukreuzheim Straße, D-5909 Burbach Holzhausen, Tel. 06474 - 8071
- Mangelsdorf Pilzbrut, Postfach 10 16 53, 4350 Recklinghausen, Tel. 02361 - 252 36

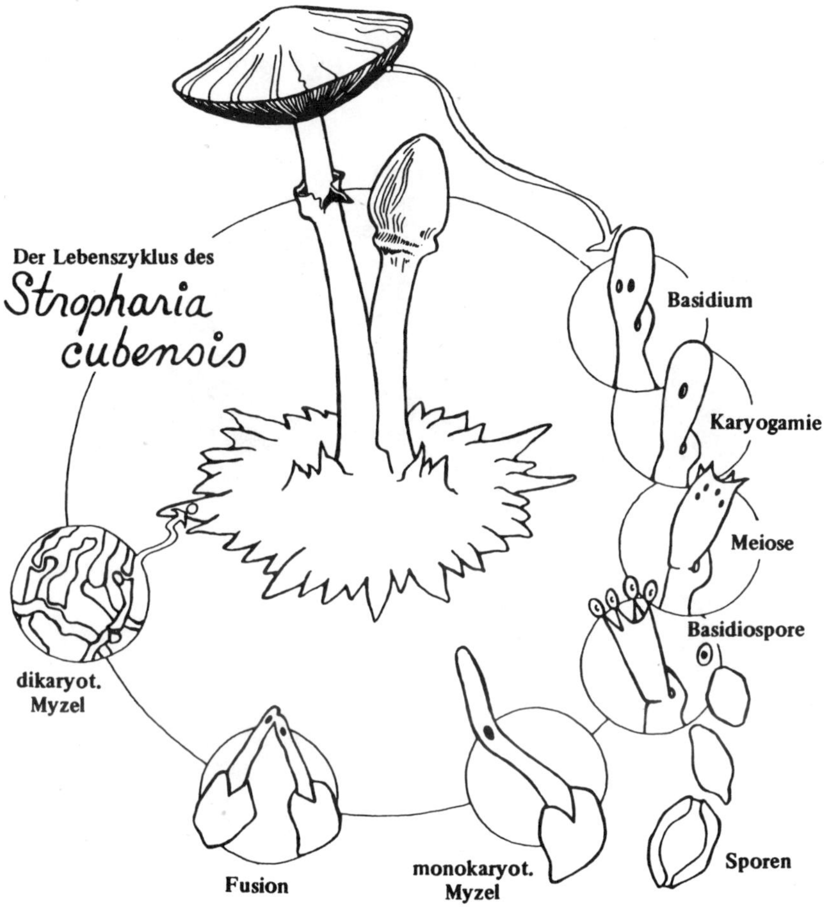
Der Lebenszyklus des
Stropharia cubensis
Basidium
Karyogamie
Meiose
Basidiospore
Sporen
monokaryot. Myzel
Fusion
dikaryot. Myzel

Steinzeichnungen vom Tassili-Plateau in der südlichen algerischen Sahara. Originale ca. 5500 Jahre alt, somit die ältesten menschlichen Pilzdokumente. Siehe auch *integration* 2/3. Von Kat Harrison abgezeichnet.

Sun Jiayin, achtjährige Akrobatin aus China als menschliches Mycel beim 13. Zirkus-Welt-Festival in Paris. Sie balanciert auf einem biegsamen Stab, den sie mit den Zähnen festhält. Gleichzeitig wirbelt sie vier bunte Teppiche so, daß sie als Pilzhüte erscheinen.

★ WHAMMLI

Links: Cover der Schweizer Hippie-Zeitung WHÄMMLI, 1971.
Oben: Der giftigste Pilz von allen. Staatsmonopolistische Züchtungen in mehreren Ländern der Erde. Eigenkonsum geächtet, Wirkungen strikt nur für den Export bestimmt.

Die Pilzköpfe, »erblühten« kurzfristig in den 60ern, durchdrangen Musik und Gesellschaft so intensiv, daß Auswirkungen heute noch genossen werden. Wirkung: Harmonisierend & rhythmisch.

Megalith in Kerala, Indien. Der riesige Pilzhut aus Stein ruht auf einem hohlen Stein, der schlitzartig geöffnet und innen hohl ist. Das Innere nennt man »garbba-gripa«, die »Gebärmutter-Kammer«.

Plakat des jährlichen Musikfestivals der Gruppe *Guru Guru* im Odenwald, dort, wo sich Pilz und Mensch treffen.

Oben: Anzeige aus US-Zeitschrift, 1967.
Unten: Emblem für ein Teehaus in Heidelberg, 1972, von Rainer Sieber

Märchen-Illustrationen.

Oben: Super Mario, der Nintendo-Held der JetztZeit, dopt sich permanent mit Pilzen und wird so zum, man staune, Magic Mario mit schier magischen Kräften. Vorgänger Pacman war noch pillensüchtig.
Rechts: Pilzähnliche Abbildungen aus Ernst Haeckels »Kunstformen der Natur«. 1904 wußte man noch nicht, ob diese Wesen nun Pflanzen oder Tiere seien. Wer weiß es heute?

Seite 106: Einzelbilder aus der Geschichte »Der Grüne Planet« von Mali und Werner.

Seite 107: Space Bastards aus dem gleichnamigen neuen Buch von Seyfried + Ziska, wird 1993 im Rotbuch Verlag erscheinen...

POP!
BAUZ!
PLOFF!
BOFF!
PLOPP!
POP!
FFWOOOSH!

Der WeltPilz, Ausschnitt aus einer Anzeige der Pilzindustrie im Fachblatt »Der Champignon«.

Meckie sieht mit Hilfe seiner Freunde und Pilze fern und hört zu.

HERMAN WIRTH
DIE HEILIGE
URSCHRIFT
DER MENSCHHEIT

In Praise of Magic Mushrooms.

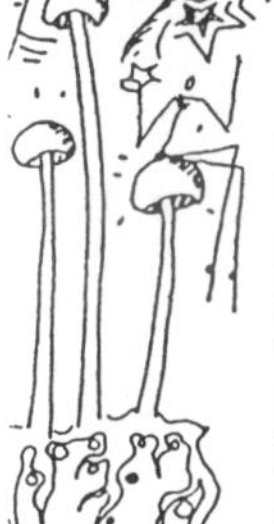

There are plenty of dire warnings about what happens if you take TOO MANY magic mushrooms. Of course, that advice isn't much use, as people don't give any advice about how many mushrooms to take to get **just exactly the right effect.**

Every autumn, when the magic mushrooms are in season, I spend one whole day completely on my own, strolling about some hill or other, enjoying the wonderful thoughts and feelings brought on by the mushroom. These are the tiny, pointed fairy-hat mushrooms; not the bigger red-and-white ones which are something completely different, and I eat twenty-three.

I don't know if eating the mushrooms slows down your circulation or something, but I always start feeling cold. Maybe it's just the effect of such a very leisurely walk, looking at the details of everything, and stopping quite often to sit down and think about things, in Scotland in October. I take a flask of coffee with me. I know that the real mushroom fanatics, who happily eat a hundred or more at a time, might not be impressed with me for prescribing such a modest number. I'm not claiming to have the **Perfect way.**

People take them at parties or in the town etc, although I've found that I don't like to do that myself. It's a bit of a shock suddenly seeing things as they really are. All the bitchiness and scheming and things that are quite easy to ignore normally, seem more important when I'm open to strange thoughts and impressions. There might even be a bit of autosuggestion in it.

Here's an experiment that you could try on me some day: You make some real-looking magic mushrooms out of papermaché with mushroom flavouring or something. Then you plant them in a field where I'm sure to find them. I have quite a lot of spacey thoughts anyway, without the help of any drug, so it might work with the fake mushrooms, just because I have gone out with this single-minded aim, 'Today I am going to eat some mushrooms and have some wonderful ideas'. Whether it's partly self-induced, or not, it certainly works and it can really make you more imaginative.

One time some of us were hanging around, after eating some mushrooms, and the idea came up -'Wouldn't it be great to make up a kid's book!'And we **did it** and got it printed and **sold them!** I've sometimes heard people scoffing that a drug can give you a fleeting vision of the Secret of the Universe, but that the picture fades before you've had time to memorise it properly.

Well, this was a lot more mundane than the Secret of the Universe, but that time, the magic mushrooms definitely encouraged us to do something that we probably wouldn't have done otherwise.

Jake Williams.

Links: Sonnenpilz auf dem Buchumschlag eines symbol-kulturellen Werkes.
Oben: Anzeige in der englischen Musikpresse, März '93.
Unten: Pilzinfos auf britischer Hippiezeitung der 90er Jahre, bzw. Zippy-Zeitschrift. Fraser Clark sei Dank. Auch der folgende Comic »Russell« stammt aus der Nr. 10 der Enzyclopaedia Psychedelica.

RUSSELL
B' PETE LOVEDAY
GOD! THAT WAS PRETTY ALARMING! OLD GANDALF! WHAT'S HAPPENING TO THE WORLD? IT'S REALLY WORRYING! WORRYING, SHIT! WHY CAN'T I GET OUT OF THIS WORRIED STATE? WHY CAN'T I RELAX? WHAT CAN I DO TO RELAX MYSELF?
WELL, OF COURSE! IT'S OBVIOUS! I NEED A JOINT!
PITY, I'M ON THE WRONG SIDE OF TOWN WITHOUT A PENNY..... HOWEVER I SEEM TO REMEMBER HARLEY CHARLIE LIVES DOWN THAT ROAD..... BIT OF A CHEEK BUMMING A SMOKE OFF THE GUY WHEN I HAVEN'T SEEN HIM FOR A YEAR.....STILL, CAN'T START WORRYING ABOUT THE SOCIAL NICETIES! .... I'VE GOT ENOUGH WORRIES ALREADY.....
ULLO – IT'S WOSSIZNAME – RUSSELL, INNIT? COME IN, CHUM!
HI THERE!
YOU KNOW STASH, MY OLD LADY, DONCHA? AND THIS IS PULCO, A BUSINESS ASSOCIATE OF MINE.....
HELLO RUSSELL, NICE TO SEE YOU AGAIN!
COURSE PULCO AIN'T HIS REAL NAME – IT'S JACK GOLD, A.K.A. PULCO GOLD, A.K.A. PULCO GOLD, GEDDIT, YER-HER-HER! LAUGH, EH? ANYWAY, WOTCHA BEEN DOING WITH YOURSELF, SQUIRE? BEEN HAVING A GOOD LAUGH, HAVE YOU? GOTTA SAY IT, YOU DON'T LOOK LIKE YOU BEEN DOING MUCH CHORTLING! WHAT BRINGS YOU OVER TO THIS NECK OF THE OLD WOODS?
ER-YEAH-WELL-THAT'S IT – I'M REALLY DOWN – JUST WONDERED IF I COULD BUM A SPLIFF OFF YOU – KNOW IT'S A BIT OF A CHEEK.....
BIT OF A CHEEK? BIT OF A CHEEK? YOU DON'T COME ROUND HERE IN BLOODY TWELVE BLOODY MONTHS AND YOU CALL IT A BIT OF A CHEEK! SHEER FUCKING BRASSNECK, MORE LIKE! NAH, GET ON WITH YOU, COURSE YOU CAN, HERE'S THE MAKINGS, MAKE YOURSELF USEFUL! MUST BE AT LEAST FIVE MINUTES SINCE ANYONE SKINNED UP – I'M DYING FOR A DOOBIE MESELF!
UNFORTUNATELY RUSSELL, ALREADY IN A DEPRESSED AND ANXIOUS STATE, AND NOW MADE MORE NERVOUS BY THE FEELING THAT HE HAS BEEN GUILTY OF AN UNCOOL BREACH OF ETIQUETTE, LOSES HIS CUSTOMARY DEXTERITY. WITHOUT REALISING WHAT HE HAS DONE, HE HAS MANAGED TO DROP A SIXTEENTH OF EXECUTIVE QUALITY LEB INTO THE BUSINESS END OF THE JOINT –
THE HOBS
– AND CONSUMES THIS POTENT NODULE IN 3 QUICK UNSUSPECTING DRAGS!
STREWTH! THAT'S SORTA HEAVY! WHAT KINDA DOPE IS THAT? I FEEL – I FEEL – WHAT'S THE WORD?.... I FEEL – SHIT! WHAT'S THE WORD FOR IT? I'VE FORGOTTEN!
FREE THE WEED
SHIT! WHAT IS THAT WORD? THIS IS RIDICULOUS? WELL, WHAT IS IT THAT I DON'T FEEL? I DON'T FEEL – I DON'T FEEL – AW, FUCK IT! IT'S GONE! I CAN'T REMEMBER THE WORDS! I CAN'T REMEMBER ANY WORDS! OH, SHIT! I'VE FORGOTTEN HOW TO SPEAK! I'VE FORGOTTEN THE ENGLISH LANGUAGE.....
THIS IS AWFUL – I HAD A HUGE VOCABULARY WHEN I CAME IN HERE! THOUSANDS OF WORDS! I CAN'T THINK OF THOUSANDS OF WORDS NOW! OH GOD! SOMEHOW I MUST HAVE SCRAMBLED MY SYNAPSES OR WHATEVER THEY ARE! THERE MUST HAVE BEEN SOMETHING IN THAT DOPE! SUPPOSING IT'S PERMANENT! I'LL BE SECTIONED, CERTIFIED, THROWN INTO AN INSTITUTION! OH, NO!
OH, HELL! AND I NEVER COULD ENTIRELY BELIEVE IT WHEN EVERYONE SAYS DOPE CAN'T DAMAGE YOUR BRAIN..... I MEAN ALL THE PEOPLE WHO SAY IT WANT TO BELIEVE ITS TRUE... DID ANYBODY EVER DO ANY SERIOUS RESEARCH? I MEAN YOU JUST CAN'T TELL BY ANALYSING VERY STONED PEOPLE – THEY COULD BE SO STONED THAT THEY COULD BE PERMANENTLY BRAIN-DAMAGED AND IT WOULD NEVER SHOW – YOU'D JUST THINK THEY WERE STONED..... NO, STOP IT, YOU'RE JUST GETTING PARANOID, BE PRACTICAL, ALL YOU GOTTA DO IS APPROACH THIS SYSTEMATICALLY RECALL YOUR KNOWLEDGE OF ENGLISH WORD BY WORD..... RIGHT, THINK OF TEN WORDS..... LANYARD, NINCOMPOOP, UNDERTAKER, GECKO, TRIPE, GASKET, NAUGHTYNESS – CHRIST, WHAT WAS THE FIRST ONE – L-L-LACKWIT – NO – LINTEL – LENTIL – LUNCHBOX – CHRIST! IT'S GONE – I'VE GOTTA VOCABULARY OF SIX WORDS!
SIX WORDS! SHIT, I'LL GET A LONG WAY WITH THAT, WON'T I?
GEKKO TRIPE GASKET, NINCOMPOOP NAUGHTYNESS UNDERTAKER!
?
TRIPE NAUGHTYNESS – UNDERTAKER GASKET NINCOMPOOP GECKO?
NO, NO, IT'S NOT THAT BAD! YOU CAN HANDLE IT – THAT WASN'T A REALLY SYSTEMATIC ATTEMPT, YOU GOTTA PUT SOME WORK INTO THIS – START AT 'A' AND WORK YOUR WAY THROUGH.....
RIGHT, HERE WE GO – AARDVARK
AARDVARK ABACK ABACUS ABAFT
ABACK ABACUS ABAFT ABALONE ABANDON
HOLD ON – FUCK! WHAT WAS THAT FIRST WORD? IT BEGAN WITH DOUBLE 'A' – WHAT THE HELL WAS IT? AA – AA – AB – AL – AA – OH, BALLS!
AARFLOP AARBUNGE AARDIGRADE AARD AARMIDUNGLE NO – NOO –
AARPELIGO AARMPOOT AARFLEEG AARFPAINT AARPH NO – NO – I'VE LOST IT! IT'S GONE! OH, HELL!
HERE, RUSSELL MATE – YOU'RE IN LUCK..... JUST BY ACCIDENT YOU HAPPENED TO TURN UP AT A REAL HISTORIC MOMENT..... SINCE YOU'RE HERE, YOU GET THE CHANCE TO JOIN US IN A UNIQUE EXPERIMENT – I TELL YOU – YOU WON'T GET A CHANCE LIKE THIS EVERY DAY OF THE WEEK!
AARMPOOT AARFLOP AARPH AARD AARMIDUNGLE!
FUNNY – I MUST BE REALLY OUT OF IT – I'M SURE I HEARD HIM SAY AARMPOOT AARFLOP AARPH AARD AARMIDUNGLE!
ER – I THINK I BETTER LET PULCO EXPLAIN – JUST GIVE ME BRAIN A REST FOR A SEC!

YEAH..... RIGHT..... HAVE I GOT SOMETHING SPECIAL HERE! MY CONTACT IN BRAZIL JUST SENT ME SOME MOST AMAZING FUNGI, TOTALLY UNKNOWN TO BOTANICAL SCIENCE, GATHERED IN THE AMAZON RAIN FOREST, AND NOW ON THE VERGE OF EXTINCTION DUE TO THE PROFLIGATE AND DESTRUCTIVE PRACTICES OF THE MULTINATIONALS.....
THESE CONTAIN THE PUREST HALLUCINOGEN ON THE PLANET! YOU ARE LOOKING AT A SPECIES OF MAGIC MUSHROOM USED BY THE SHAMANS OF A TRIBE OF INDIANS WHO'VE NEVER HAD ANY CONTACT WITH SO-CALLED CIVILIZATION! THEY SPEND THEIR LIVES IN COMMUNION WITH THE SPIRITS OF THE RAINFOREST..... THEY GIGGLE A LOT TOO..... JUST ONE OF THESE AND YOU'RE GUARANTEED TO MEET YOUR SPIRITUAL POWER ALLY AND GAIN EXTRAORDINARY INSIGHTS! SO WE'RE GONNA RUN A LITTLE-HEH-HEH-CONSUMER TEST ON 'EM! DO YOU WANNA JOIN US? JUST SAY 'NO' IF YOU'D RATHER NOT.....
I REALLY DON'T WANT ANYTHING TO DO WITH THIS.....
...ABSOLUTELY NOTHING WHATSOEVER TO DO WITH THIS SHIT! NOT AT ALL! SHIT! HOW DO I EXPRESS MY REFUSAL? HOW DO I SAY NO? CHRIST! I CAN'T REMEMBER THE WORD! WHAT'S THE WORD FOR NO? OH JESUS! I'VE FORGOTTEN IT! I DON'T KNOW HOW TO SAY IT!
I-I CAN'T SAY NO!
VERY WISE TOO! YOU'LL NEVER GET A SECOND CHANCE AT THIS! JUST TAKE ONE!
THIS I CRAZY! WHY AM I EATING THIS DAMN THING? I MEAN, EVEN THOUGH I COULDN'T REMEMBER HOW TO SAY 'NO' I COULD'VE SHOOK MY HEAD..... OR I COULD'VE JUST NOT PUT IT INTO MY MOUTH..... WISH I HADN'T GOT SO STONED..... I COULD'VE THOUGHT OF SIMPLE THINGS LIKE THAT IF I'D BEEN STRAIGHT..... I MEAN I COULD EVEN HAVE JUST STOPPED CHEWING.... YEAH-WHY NOT? AWW! TOO LATE..... SWALLOWED THE BUGGER.....
MUNCH! MUNCH!
I CAN'T MOVE A MUSCLE! I'M PARALYSED!
SOD THIS FOR A GAME OF WARRIORS! CAN'T SPEAK, CAN'T MOVE! I'M TRAPPED IN A USELESS HULK!
I'M NOT TOLERATING THIS INCARCERATION—I'M GETTING THE HELL OUT!
AND SO THE LITTLE FELLOW SETS OFF ON AN ASTRAL JOURNEY.....
PAUSING BRIEFLY AT A CROSSROADS ONLY TO DECIPHER THE SIGNPOST.....
AARFLEEG
AARPELIGO
AARMPOO
AARPH
THEN OFF ONCE MORE UPON A LONESOME ROAD...
THROUGH PRIMEVAL FORESTS.....
ACROSS STERILE DESERTS OF RUINED STONE.....
ACROSS NATURAL BRIDGES SPANNING BOTTOMLESS CHASMS.....
SOME TRIP.....
UNTIL.....
ER-AF'NOON-
WELL HI THERE, BUDDY! I'M YOUR FRIENDLY POWER ALLY AND I'M HERE TO SHOW YOU THERE AIN'T NUFFIN TO WORRY 'BOUT!

TO BE CONTINUED..... INEVITABLY.....

Die Pilzfamilie aus Pilzhausen vor Eigenheim und auf Schaukel. Von Oona gemalt, als sie 7 Jahre alt war.

Alice und die Raupe

von Lewis Carroll

»Ich muß unbedingt wieder wachsen – aber ich weiß immer noch nicht, wie ich das anfangen soll. Ganz sicher muß ich wieder etwas essen oder trinken. Nur frage ich mich – was?«
Das war die Preisfrage. Alice schaute sich nach allen Seiten um – da waren Blumen und Gras; aber irgendwie schienen sie ihr nicht das Richtige zu sein. Doch ganz in der Nähe stand auch ein Pilz, ein kleines Stückchen größer als sie selber. Nachdem sie sich drunter, links und rechts und dahinter umgeschaut hatte, fiel ihr ein, sie könnte auch nachsehen, was oben drauf war. Also stellte sie sich auf die Zehenspitzen und guckte über den Rand der Pilzkappe – einer großen blauen Raupe direkt ins Gesicht. Die Raupe saß mit verschränkten Armen da und rauchte genüßlich eine Wasserpfeife, als ginge sie alles um sie herum gar nichts an.

Die Raupe und Alice betrachteten sich stumm eine ganze Weile. Schließlich nahm die Raupe die Wasserpfeife aus dem Mund und fragte gelangweilt: »Und wer bist du?«
Das klang nicht sehr ermutigend, und Alice sagte etwas verlegen: »Bitte – ich – im Augenblick weiß ich es wirklich nicht. Ich weiß genau, wer ich heute morgen beim Aufstehen war, aber inzwischen bin ich dauernd etwas anderes geworden.«
»Was soll das heißen?« wollte die Raupe wissen. »Erkläre mir das!«
»Aber ich kann es Ihnen nicht erklären!« rief Alice. »Wirklich – weil ich nicht ich selber bin, verstehen Sie?«
»Nein«, sagte die Raupe.
»Es tut mir schrecklich leid«, Alice versuchte sehr höflich zu sein, »aber ich kann es nicht besser erklären, weil ich es selber nicht verstehe. Man kommt ganz durcheinander, wenn man immer wieder etwas anderes ist.«
»Keine Spur«, sagte die Raupe.
»Ihnen ist das vielleicht noch nicht passiert«, sagte Alice. »Aber wenn Sie sich eines Tages verpuppen – das bleibt nicht aus, wissen Sie – und sich in einen Schmetterling verwandeln, dann kommt Ihnen das sicher auch ein bißchen merkwürdig vor, oder?«

»Nicht die Bohne«, sagte die Raupe.

»Gut«, sagte Alice. »Ihnen kommt es vielleicht nicht so vor, aber ich finde es merkwürdig.«

»Ja du!« sagte die Raupe wegwerfend. »Und wer bist du?«

Damit waren sie wieder genau am Anfang ihrer Unterhaltung. Verärgert über die einsilbigen Antworten der Raupe, machte sich Alice so groß es ging und sagte etwas frostig: »Wenigstens könnten Sie mir sagen, wer Sie sind!«

»Warum?« sagte die Raupe.

Was sollte sie darauf antworten? Weil ihr nichts Passendes einfiel und sie ohnehin meinte, die Raupe sei mit dem linken Fuß zuerst aufgestanden, ging Alice einfach weg.

»Komm zurück!« rief die Raupe. »Ich muß dir etwas Wichtiges sagen.«

Das klang vielversprechend, also machte Alice kehrt und kam zurück.

»Eile mit Weile!« sagte die Raupe.

Alice schluckte, so gut es ging, ihren Zorn hinunter. »Ist das alles?«

»Nein«, sagte die Raupe.

Und weil sie nichts anderes vorhatte, dachte Alice, sie könnte ebensogut hier bleiben und warten, ob die Raupe tatsächlich etwas Wichtiges sagen wollte. Nachdem sie eine Weile wortlos weitergepafft hatte, nahm die Raupe gemächlich die Wasserpfeife aus dem Mund und sagte: »Du meinst also, du bist anders – wie?«

»Ich fürchte, ja«, sagte Alice. »An manches kann ich mich nicht mehr richtig erinnern – und dann werde ich ständig einmal groß und dann wieder klein!«

»An was kannst du dich nicht erinnern?« fragte die Raupe.

»Zum Beispiel habe ich versucht, ›Weißt du wieviel Sternlein stehen‹ aufzusagen, aber es ist ganz falsch herausgekommen«, sagte Alice geknickt.

»Also, dann sage einmal ›Es stand in alten Zeiten...‹ auf!« sagte die Raupe.

Alice faltete die Hände wie in der Schule und begann:

»Es stand in alten Zeiten ein Schloß so hohl und leer,
Die Räuber, die drin hausten, die froren alle sehr;
Und durch die kahlen Räume pfiff nur der Wind zum Tanz,
Drin war es feucht und zugig und keine Scheibe ganz...«

»Falsch«, sagte die Raupe.

»Nur ein bißchen«, wandte Alice schüchtern ein. »Ein paar Wörter sind irgendwie anders.«

»Das Ganze ist von A bis Z falsch!« sagte die Raupe entschieden. Und dann herrschte ein paar Minuten lang Schweigen.

Die Raupe sagte zuerst etwas.

»Wie groß möchtest du sein?« wollte sie wissen.

»Wie groß ist nicht so wichtig«, meinte Alice. »Ich möchte nur nicht dauernd einmal groß und einmal klein sein, verstehen Sie?«

»Nein«, sagte die Raupe.

Alice schwieg. Noch nie hatte ihr jemand so oft widersprochen, und sie merkte, wie es wieder in ihr kochte.

»Bist du jetzt zufrieden?« fragte die Raupe.
»Wenn es Ihnen nichts ausmacht«, sagte Alice, »ich wäre gern ein bißchen größer. Siebeneinhalb Zentimeter ist wirklich lächerlich klein.«
»Findest du?!« Die Raupe richtete sich empört in voller Länge auf. »Ich finde, es ist genau die richtige Größe!« (Sie war genau siebeneinhalb Zentimeter lang.)
»Aber ich – ich bin es eben nicht – gewöhnt!« stotterte die arme Alice verlegen und dachte: »Warum sind diese Tiere nur immer gleich beleidigt?«
»Mit der Zeit gewöhnst du dich dran«, sagte die Raupe, steckte die Wasserpfeife in den Mund und begann wieder zu paffen.
Diesmal wartete Alice geduldig, bis die Raupe von selber zu reden anfing. Nach einer Weile nahm sie die Wasserpfeife aus dem Mund, gähnte und streckte sich. Dann glitt sie vom Pilz herunter, und während sie gemächlich im Gras davonkroch, sagte sie: »Die eine Seite macht größer, die andere macht kleiner.«
»Welche Seite von was?« dachte Alice.
»Von dem Pilz«, sagte die Raupe, als könnte sie Gedanken lesen. Im nächsten Augenblick war sie verschwunden.
Alice blieb vor dem Pilz stehen und versuchte herauszufinden, welche Seite nun welche war – bei einer kreisrunden Pilzkappe ist das ziemlich schwierig. Schließlich griff sie, so weit ihre Arme reichten, um den Rand herum und brach mit jeder Hand ein Stückchen ab.
»So, welches ist nun welches?« fragte sie sich. Um das auszuprobieren, biß sie ein winziges Häppchen von dem rechten Stück ab. Im nächsten Augenblick traf sie etwas unterm Kinn – es waren ihre Füße!
Alice erschrak furchtbar. Es ging alles so entsetzlich schnell, und sie spürte, daß sie noch weiter schrumpfte. Also versuchte sie rasch, das linke Stückchen in den Mund zu stecken, doch mit dem Kinn auf den Füßen war das gar nicht so einfach. Zuletzt schaffte sie es aber und erwischte einen winzigen Bissen.
»Endlich habe ich den Kopf frei!« rief Alice selig. Doch im nächsten Augenblick war es mit ihrer Freude vorbei; denn sie entdeckte, daß sie keine Schultern mehr hatte. Sie schaute hinunter und fand sie nicht – da war nur ein unendlich langer Hals, der wie eine Fahnenstange aus einem grünen Blättermeer tief unten herausragte.
»Was ist das für ein grünes Zeug?« sagte Alice. »Und wo sind meine Schultern – und meine armen Hände? Wo steckt ihr bloß?« Während sie das sagte, bewegte sie die Arme, konnte sie aber nicht entdecken – nur in der Ferne ging ein leichtes Zittern durch das grüne Laub.
Weil sie ihre Arme offenbar nicht nach oben bringen konnte, versuchte sie mit dem Kopf ihre Arme zu erreichen; und dabei stellte sie begeistert fest, daß sich ihr langer Hals wie eine Schlange in jeder Richtung drehen und biegen ließ. In anmutigen Windungen schlängelte sie ihn hinunter und wollte gerade mit dem Kopf in die Wipfel der Bäume tauchen, unter denen sie eben noch herumspaziert war, da zog sie ihn erschrocken wieder zurück. Eine dicke Taube flog ihr fauchend ins Gesicht und schlug mit den Flügeln nach ihr.
»Schlange!« kreischte die Taube.
»Ich bin keine Schlange!« rief Alice wütend. »Laß mich in Ruhe!«
»Doch, du bist eine Schlange«, sagte die Taube, nur diesmal etwas leiser und fast

schluchzend. »Alles habe ich versucht, aber nichts kann man ihnen recht machen!«
»Wenn ich nur wüßte, wovon du redest?« sagte Alice.
(...)
»Ich bin keine Schlange!« rief Alice. »Ich bin – ich bin...«
»Na, was bist du?« fauchte die Taube. »Ich seh's dir an, du suchst bloß eine Ausrede!«
»Ich – ich bin nur ein kleines Mädchen«, sagte Alice ziemlich unsicher, weil ihr einfiel, wie oft sie sich an diesem Tag schon verwandelt hatte.
»Das klingt ja sehr überzeugend!« fauchte die Taube verächtlich. »Ich habe in meinem Leben schon jede Menge kleine Mädchen gesehen, aber so einen Hals hatte keines! Nein, nein – du bist eine Schlange! Und versuche gar nicht erst, es abzustreiten! Und behaupte ja nicht, du hättest noch nie ein Ei gegessen!«
»Natürlich habe ich schon Eier gegessen«, gab Alice ehrlich zu. »Aber weißt du, kleine Mädchen essen genauso viele Eier wie die Schlangen.«
»Das glaube ich nicht«, sagte die Taube. »Doch wenn das stimmt, dann sind sie eben auch so eine Art Schlange. Jedenfalls ist das meine Meinung!«
Diese Ansicht war für Alice so neu, daß sie eine Weile darüber nachdenken mußte; und darum konnte die Taube ungestört fortfahren: »Ich weiß genau, du suchst nur meine Eier! Also kann es mir egal sein, ob du ein kleines Mädchen bist oder eine Schlange!«
»Aber mir ist es nicht egal«, rief Alice dazwischen. »Ich suche zufällig keine Eier und deine schon gar nicht! Ich mag nämlich keine rohen Eier!«
»Los, dann verschwinde!« sagte die Taube gekränkt und setzte sich wieder auf ihr Nest.
Alice duckte sich unter die Bäume; nur war das nicht leicht, weil ihr langer Hals sich ständig um irgendwelche Äste wickelte und sie ihn wieder losmachen mußte. Doch schließlich fiel ihr ein, daß sie noch immer die beiden Pilzstückchen in den Händen hielt, und machte sich vorsichtig an die Arbeit: abwechselnd biß sie ein winziges Bißchen von dem einen und dann wieder von dem anderen. Einmal wurde sie größer und einmal schrumpfte sie, bis sie schließlich ihre eigene, richtige Größe wiederhatte.
Es war schon so lange her, seit sie auch nur annähernd so groß war, wie sie es sein sollte, daß es ihr anfangs ganz fremd vorkam. Doch sie gewöhnte sich bald daran und fing wieder an, sich mit sich selbst zu unterhalten: »Siehst du, die erste Hälfte von deinem Plan ist schon erreicht – auch wenn es ziemlich mühsam war! Jetzt zum zweiten Teil: Wie kommst du in den wunderbaren Garten? Kannst du mir das vielleicht verraten?« Als sie das sagte, kam sie plötzlich auf eine Lichtung, und dort stand ein kleines Haus, etwa so hoch wie ihre Schultern.
»Die Leute, die dort wohnen, erschrecken sicher furchtbar, wenn sie mich in meiner jetzigen Größe sehen«, dachte Alice. Also knabberte sie ein wenig von dem rechten Pilzstück ab und wartete, bis sie auf ungefähr fünfundzwanzig Zentimeter eingeschrumpft war.

María Sabina: »Der Heilige Pilz nimmt mich bei der Hand...«

Am 23. November 1985 starb in Oaxaca, etwa 600 km südöstlich von Mexiko City die wohl bekannteste Schamanin, María Sabina in einem Krankenhaus an Altersschwäche. Wie alt sie genau wurde, läßt sich nicht mehr ermitteln, Schätzungen schwankten zwischen 90 und 97 Jahren. Jedenfalls war sie ein lebender Beweis gegen die These, daß man durch Pilzgenuß früh altern würde. Ihr Urgroßvater, Vater und Großvater waren allesamt Schamanen des »teo-nanacatl«, dem »Fleisch aller Götter«, namentlich des heiligen Pilzes, der Visionen freisetzt und den »Genießer« in eine Welt versetzt, »in der es nur die Wahrheit gibt«. Diese Pilz-Kultur hat im Verborgenen vier Jahrhunderte überdauert, nachdem sie im 16. Jahrhundert von den spanischen Eroberern verboten worden war.

Mit vier Jahren aßen María Sabina und ihre Schwester zum ersten Mal von den Psilocybin-Pilzen, in der Nähe ihres Dorfes Huautla de Jiménez in Oaxaca. Sie trat daraufhin eine geistige Reise durch viele leuchtende Landschaften an, um mit kindähnlichen Göttern zu sprechen, die ihr Freundschaft und Schutz anboten.

Die Rolle einer teo-nanacatl-Priesterin wurde zu ihrem Schicksal; im Alter von acht Jahren hielt sie bereits ihre erste Heilungszeremonie ab, indem sie die Pilze einsetzte, um herauszufinden, wie sie ihrem sterbenden Onkel helfen könne. Teonanacatl ließ viele Arten von Heilung zu.

Wie Albert Hofmann erzählte, durfte sie während der Ehe nicht mit Pilzen arbeiten. So war sie zweimal verheiratet, brachte 12 Kinder zur Welt und setzte anschließend ihre Karriere als Heilerin fort. Dafür wurde sie einerseits beneidet, respektiert und verehrt, auf der anderen Seite wurde ihr aber auch tiefes Mißtrauen entgegengebracht.

Im Frühjahr 1955 lud die »Curandera« zum ersten Mal Angehörige einer fremden Kultur, den Ethnomykologen R. Gordon Wasson und den Fotografen Allan Richardson ein, dem Ritual der »wahrsagenden Pilze« beizuwohnen. Dieses Ereignis wurde später in der Zeitschrift *Life* veröffentlicht, worauf die »Wunderheilerin« in der westlichen Welt berühmt wurde. Tausende von Neugierigen, Hippies und anderen Suchenden pilgerten zu ihr, u. a. auch Bob Dylan, John Lennon und Mick Jagger. Auch Albert Hofmann besuchte sie, nachdem er den Wirkstoff Psilocybin aus den Pilzen synthetisiert hatte. Sie liebte das synthetische Produkt, mußte sie doch nun nicht mehr auf die Regenzeit warten, um ihre Zeremonien durchführen zu können.

Es folgt eine kurze Darstellung der Pilz-Zeremonie oder *Velada,* wie María Sabina sie in etwa mit einigen Familienmitgliedern und Freunden im Jahre 1956 durchführte.

Die *Velada* setzt sich aus den Elementen Dialog, Summen, Spaß machen, Ruhen, Beschwörungen und Gesang zusammen. Mit der ganzen Ausstrahlung ihrer Kultur

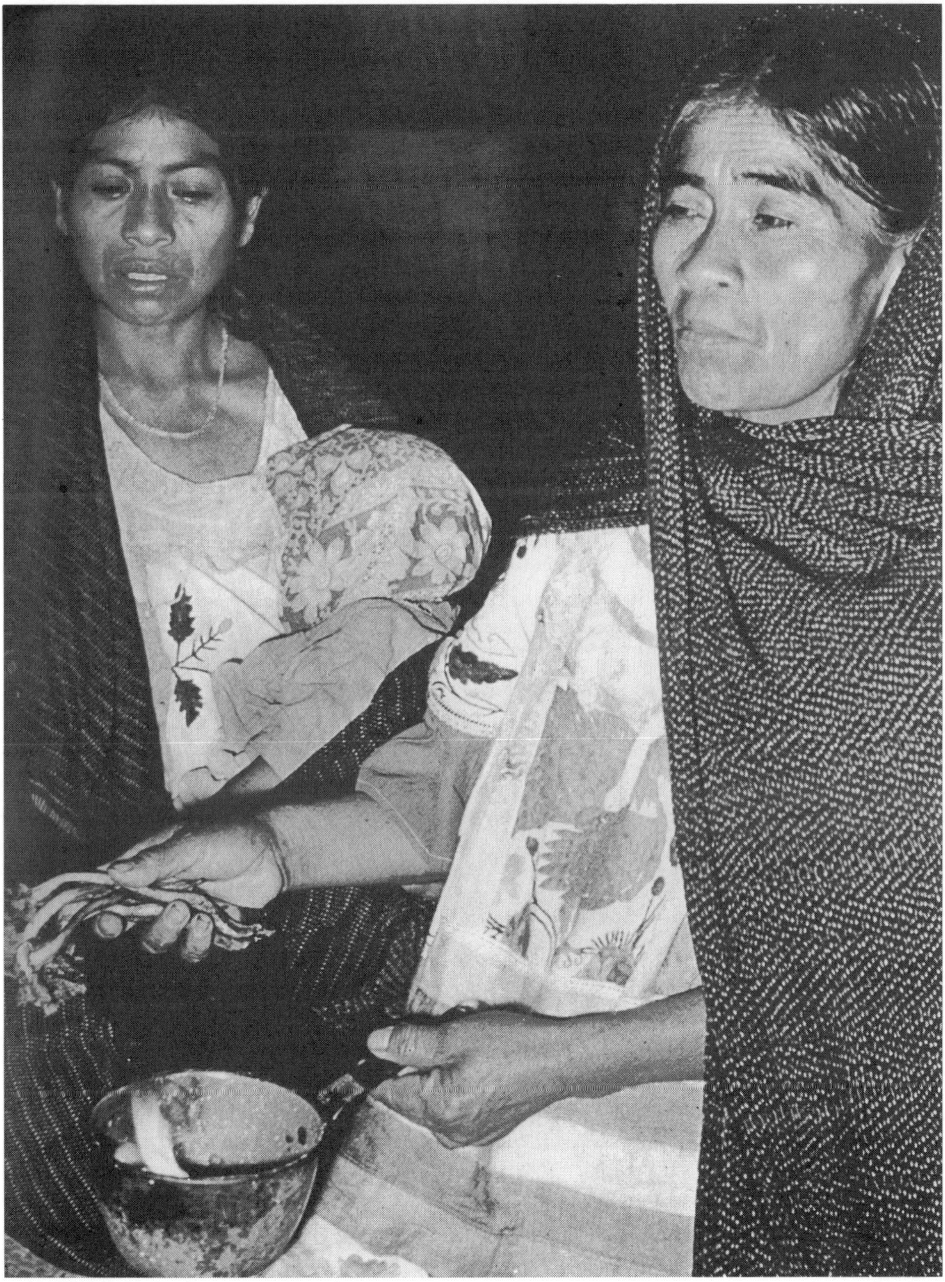

Die mazatekische Schamanin María Sabina beim Beweihräuchern der heiligen Pilze; im Verlaufe einer zeremoniellen Krankenheilung werden diese dann verzehrt.

als Hintergrund, leitet María Sabina die Sitzung und verwendet dabei viele verschiedene Stimmlagen, während der Pilz durch sie zu den Teilnehmern spricht. Die Kraft einer Velada ist die eines uralten Rituals, in dem eine Gruppe von Menschen gemeinsam in einem erweiterten Bewußtseinszustand durch eine Krise gehen; jeder Teilnehmer gibt freiwillig persönliche Differenzen auf, um mit den Pilzen zu kommunizieren und die Lösung eines Problems zu entdecken.

MAZATEC MAGIC
MUSHROOM RITUAL CHANT

I'm a saint woman
I'm a saint woman
I'm a spirit woman
I'm an atmosphere woman
I'm a day woman

I'm an atmosphere woman
I'm a day woman

Links: María Sabina schließt ihre Fürbitte mit einer segnenden Geste. Ihr ganzes Wesen ist durch die Einwirkung der Pilze verklärt – die Krankenheilung hat die ganze Nacht gedauert.

Rechts: Diese Fotoporträts von María Sabina drücken Überzeugung und absolutes Vertrauen in die Offenbarungskraft der Pilze aus; sie steht während der ganzen nächtlichen Zeremonie durch Gesänge und rhythmisches Taktschlagen in engster Verbindung mit der jenseitigen Welt, deren Besuch ihr die Pilze für kurze Zeit erlaubt haben.

I'm a waiting woman
I'm a trying woman
I'm a crying woman
I'm a speech woman
I'm a creator woman

I'm a doctor woman
I'm a wise in the way of plants woman

I'm the moon woman
I'm a doctor woman
I'm an interpreter woman

I'm a creater woman

I'm a clean woman
I'm a ready woman
I'm a Saint Peter woman

I'm a clean woman
I'm a ready woman
I'm a waiting woman

I'm an atmosphere woman

I'm a day woman
I'm a creator woman
I'm a doctor woman
I'm an interpreter woman
I'm a Christ woman

I'm the morning star woman
I'm the moon woman
I'm a heaven woman
I'm a doll woman

That's the way it looks when I go to heaven

They say it's like softness there
They say it's like land
They say it's like day
They say it's like dew

»Es gibt eine Welt über der unsrigen, eine ferne und doch nahe, unsichtbare Welt. Und dort lebt Gott, leben die Toten und die Heiligen – in der Welt, wo alles schon

geschehen ist und alles bekannt ist. Diese Welt erzählt. Sie spricht eine eigene Sprache. Ich berichte, was sie erzählt. Der heilige Pilz nimmt mich bei der Hand und führt mich in die Welt, wo alles bekannt ist. Sie, die heiligen Pilze, sind es, die in einer mir verständlichen Weise reden. Ich befrage sie, und sie antworten mir. Wenn ich von der Reise mit ihnen zurückkomme, berichte ich, was sie mir erzählt und gezeigt haben.«
So beschrieb die berühmte Mazateken-Schamanin María Sabina ehrfürchtig die göttlichen Kräfte der berauschenden Pilze, die sie in ihren von alters her überlieferten Zeremonien verwendet hat.

EINE NACHT MIT MARIA SABINA

Im Jahre 1967 beklagte Heim die unerwünschten (und auch unerwarteten) Folgen der wissenschaftlichen Publikationen über die »heiligen Pilze«: »Seit wir das Dörfchen Huautla de Jimenez auf die Weltkarte geschrieben haben, haben es Presse, Tourismus, Reklame und die Plagiate sensationslüsterner Journalisten, ferner Psychopathen, Abenteurer, Ausbeuter und Gammler in ein modernes Mekka verwandelt. María Sabina wurde überlaufen wie mancher indische Guru in den darauf folgenden Jahren. Daß es nicht nur Hippies waren, die als teils unsensible Privatpsychonauten Unruhe in María Sabinas Umfeld brachten, zeigen Auszüge aus dem Erfahrungsbericht von Sigrid Lechner-Knecht »Reise ins Zwischenreich«, einem Buch, das im Herder Verlag erschienen ist. Wenn man ihr auch guten Willen nicht absprechen kann, so liest sich ihre Schilderung doch sehr abschreckend:

Auf einer Studienreise zu einigen von der Zivilisation kaum berührten Indianerstämmen Mexikos und Guatemalas beschäftigte ich mich unter anderem mit deren magischen Praktiken. Ich mußte jedoch feststellen, daß man mit unserer abendländischen rational-kausalen Denkweise nur schwer zu der a-rationalen imaginativen Bewußtseinswelt der Naturvölker Zugang findet. Als ich zufällig von den wiederentdeckten Pilzriten erfuhr, scheute ich nicht Wagnis noch Mühe, um in einem der südmexikanischen Bergdörfer an einer solchen Zeremonie teilzunehmen, nicht aus Neugierde, sondern in der Absicht, mich durch den Pilzgenuß vorübergehend quasi auf dieselbe Stufe wie die Naturmenschen zu begeben und dadurch vielleicht Zugang zu ihrer Mentalität zu finden. Ich hatte bis zu diesem Zeitpunkt von den Wirkungen und Gefahren psychotroper Drogen kaum etwas gewußt. Ich war daher völlig unvoreingenommen und unternahm einen Spontanversuch. Ohne irgend jemandem etwas von meinem Vorhaben zu sagen, ohne ärztliche oder irgendeine freundschaftliche Betreuung begab ich mich als einzige Europäerin in die Gewalt einer indianischen Chiné, derselben Frau – sie ist inzwischen gestorben –, bei der auch die Wassons und Professor Heim waren.

... Sie waren etwa von der Größe unserer heimischen Schwefelpilze, schwärzlichgrau und selbstverständlich roh. Ich drängte den Gedanken zurück, daß sie von ungewaschenen Indianerhänden gepflückt und im Kopfhut der Frau in diese Hütte

getragen worden waren. Ich überwand mich und aß langsam meine Ration auf. ... Meine Augen wissen nicht, wohin sie zuerst schauen sollen. Die »Bühne« ist jetzt leuchtend blau, von roten und gelben Schleiern durchwogt. Wie im Faust, 1. Akt, Beschwörung des Erdgeistes. Hat Faust auch »heilige Pilze« gegessen? Unwillkürlich fallen mir Strophen ein: »Wie alles sich zum Ganzen webt ... welch Schauspiel, ach ein Schauspiel nur, wo fass' ich dich, unendliche Natur...«

Das Licht wird gelöscht. Ich knipse meine Taschenlampe an. Überall, wo der Focus hintrifft, tauchen Bilder auf, manchmal phantomhafte oder zart rosafarbene, weiße Gesichter. Einige sind eher Fratzen mit vier Augen, schiefen Nasen, runzligen Wangen, ohne Mund (er fehlt überall, oder ist nur schwach angedeutet). Lächelnde böse und gute Augen. Geister. Sind das die Geister der Spiritisten? Ich zitiere Faust: »die Geisterwelt ist nicht verschlossen« – Picasso – vier Augen, abstrakte Farbkompositionen – es sprudeln Gedanken und Bilder durcheinander. Das sollst du später alles niederschreiben! Unmöglich – viel zu viel, zu schnell, zu schön. Kann man gar nicht beschreiben. Wenn die Indianer solche schönen Visionen haben, brauchen sie wirklich kein Kino oder Fernsehen. Sind das nach außen projizierte Bilder meines Innern? (Immer wieder mache ich gedankliche Kommentierungen.) Was sieht jetzt die Zauberin? Sie lag in ihr dunkles Tuch gehüllt schweigend da. Als ich sie anleuchte, steigen über ihr farbige Gebilde hoch. Der ganze Raum ist von »Geistern« erfüllt, sofern ich mit der Lampe Licht gebe. Jegliche Zeitvorstellung fehlte. Und doch sah ich auf die Uhr und rechnete, wie lang ich schon hier sei: vier Stunden – es hätten auch vier Monate sein können. ...

Nun bin ich allein mit den fünf Indianern. Ungestört kann ich mich dem farbigen Schauspiel hingeben. Da sehe ich plötzlich den einen der Burschen sich aufrichten und mir winken.
Ich erschrecke und bin gleichzeitig furchtlos: Hier mußt du weg, die Burschen haben vielleicht keine Pilze gegessen! Ich erhebe mich und spüre große Schwäche. Ich reiße meine ganze Energie zusammen, packe meine Sachen und taste mich aus der Hütte.
Wie ich den Ausgang hinaus zur Hauptstraße fand, über eine glitschige Treppe, vorbei an Hühnern, Schweinen und bellenden Hunden, ist mir rätselhaft. Die Straße hat sich durch den Regen in Schlamm und Wasserlachen verwandelt. Eine Meute kläffender Köter umzingelt mich. Ich leuchte ihnen in die Augen. Feige ziehen sie sich zurück. Bald merke ich, daß ich die Orientierung verloren habe. Ich erkenne eine hockende weiße Gestalt. Ein Phantom? Oder ein Indio? Ich weiche zurück, lande im Schweinesuhl. Wieder Hundegebell. Es ist die Hölle. Meine Tasche lastet schwer. Die Zunge ist knochentrocken, ich beginne vor Aufregung zu schwitzen.
Es nieselt. Nur kein Wolkenbruch, denke ich und sehe im selben Moment meine Wohnung. Vorsichtig öffne ich das Vorhängeschloß. Im selben Augenblick setzt ein tropischer Platzregen ein, ich bin gottlob im Trockenen.

Valentina Wasson: »Ich aß die Heiligen Pilze«

Es ist Valentina Wasson (1901–1957) zu verdanken, daß ihr Mann Gordon Wasson ein Interesse für Pilze entwickelte und daraufhin im Jahr 1955 mit Hilfe von María Sabina jene Selbstversuche unternahm, die als die Stunde Null der westlichen Erfahrungen mit HalluziPilzen gelten. Valentina und ihre damals 18jährige Tochter Mascha waren die ersten Frauen einer ›fremden‹ Kultur, die an einer der magischen Pilzzeremonien der Mazatec-Indianer teilnahmen. Hier ihr Bericht:

» ... Ich lag in meinem Schlafsack, auf dem feuchten Erdboden einer Ziegelhütte, mein Gesicht einer bröckelnden Gipswand zugewandt. Einige Minuten zuvor hatte ich fünf Paar von den vermeintlich heiligen Pilzen gegessen. (Man spricht immer von Paaren.) Ich kämpfte darum, die Kontrolle über mich zu behalten. Doch wußte ich nur zu gut, daß ich mit jeder Minute tiefer in eine andere, mir vollkommen unbekannte Welt hineingezogen wurde. Ich war auf dem Wege, einen selbst herbeigeführten Anfall von Schizophrenie zu erleben.
Mir war kalt, obwohl mein Mann alle verfügbaren Decken auf mich gelegt hatte. Verträumt fragte ich mich, wie sie es geschafft hatten, von einem Moment zum anderen diese schöne Tapete an die Wand zu bringen, und das direkt vor meiner Nase. Ich bewunderte die silbrig grün schimmernde Farbe ihrer geometrischen Muster. Dann verschwand die Tapete, und ich sah wieder auf die schmutzige Gipswand. Plötzlich bekam ich Angst, doch es war zu spät, um zurückzukehren.
In den vergangenen Tagen hatten mein Mann und unser Fotograf Allan Richardson an der heiligen Pilz-Zeremonie teilgenommen, unter der Führung eines Schamanen aus der Umgebung. Es war eine Frau, eine Mischung aus Priesterin und Medizin-Frau, die den antiken Kult des Mixeteco-Volkes ausübte. Nachdem die beiden an den Riten teilgenommen und von den Pilzen gegessen hatten, hatten sie schwankende Visionen, alle in 3-D und herrlichem Technicolor. Sie schwelgten in Gefühlen höchsten Glücks und Gesundheit. Dies erklärte die jahrhundertealte Macht, die die ›heiligen Pilze‹ auf dieses entlegene und primitive Volk ausübten.
Alles, was wir nun wissen wollten, war folgendes: Sind die Pilze lediglich eine dramatisierte Kraft, wobei die lebhaften mentalen Bilder in Wirklichkeit durch bloße Autosuggestion oder andere psychologische Tricks hervorgerufen werden? Oder enthalten die Pilze selbst eine stark halluzinogene Droge, die der Wissenschaft bislang unentdeckt geblieben ist?
Selbst Ärztin, überlasse ich derartige Selbstversuche normalerweise anderen Forschern, die in größerem Maße zu Abenteuern neigen als ich.
Man muß schon vom Regen eingeschlossen sein, an einem Ort wie diesem indianischen Mexeteco-Dorf, um zu spüren, wie verzweifelt man sich nach einem Zeitvertreib sehnen kann. Unsere Tochter Mary (wir nennen sie Mascha) und ich waren vor

sechs Tagen angekommen, ein Besuch, der eigentlich nur 24 Stunden dauern sollte. Wir wollten Gordon und Allan dabei helfen, ihre ethnobotanischen Untersuchungen abzuwickeln.

Ein wackeliges, einmotoriges Flugzeug hatte uns auf einer winzigen Lichtung abgesetzt, und uns war versprochen worden, daß es am nächsten Tag wiederkäme. Kaum war das Flugzeug verschwunden, wurde es neblig, und es begann zu regnen. Die Pfade versanken in knöcheltiefem, klebrigem Schlamm. Wir wurden zu Verdammten in einer kleinen Ziegelhütte, eingepfercht mit einer großen Mixeteco-Familie. Die Indianer waren zwar nett und höflich, die Verständigung mit ihnen klappte aber nur in begrenztem Maße. Der Regen tropfte unaufhörlich durch das Strohdach. Der Boden war bedeckt mit Pfützen. Es gab keine Fenster. Nur die flackernde Kerosin-Laterne spendete etwas Licht. Wir waren durchnäßt, durchgefroren und fühlten uns hundsmiserabel. Die meiste Zeit verbrachten wir zusammengekauert in unseren Schlafsäcken. In dieser Situation, so beschlossen wir, wären einige Halluzinationen sicher eine große Hilfe. Warum sollten wir nicht einmal von den Pilzen probieren? Unsere Gastgeberin, eine Lehrerin, ist eine der wenigen gebildeten Dorfbewohner. Sie lehnt das Pilz-Ritual ab und hat Angst davor. Wir erzählten ihr nichts von unserem Vorhaben. Nach dem Mittagessen besorgte mein Mann uns neun Paar von den heiligen Pilzen, tat sie in eine Schüssel und reichte sie uns. Ich nahm fünf Paar, Mascha vier.

Es war ein abscheuliches Gericht. Die Pilze waren feucht, sahen grünlich aus und waren sehr schmutzig. Als ich in den ersten hineinbiß, mußte ich würgen. Er schmeckte nach ranzigem Fett. Langsam kauten wir den Rest und schluckten ihn nur mit argen Schwierigkeiten hinunter. Gordon nahm sein Notzibuch heraus und war bereit aufzuzeichnen, was immer wir sagen und tun würden.

Seltsamerweise hatte ich mich, aus irgendeinem eigensinnigen Grund heraus, dazu entschlossen, dieser verführerischen, fremdartigen Droge nicht so einfach nachzugeben. Ich lief energisch auf und ab und atmete kräftig durch. Die anfänglichen Symptome waren mild und überhaupt nicht unangenehm. Mascha klagte über Kopfschmerzen. Ich fühlte mich ein wenig unsicher auf den Beinen, so als hätte ich einen Schwips. Dann bekam ich einen regelrechten Gähn-Anfall.

Mascha erklärte plötzlich, sie sähe einige hellblaue Kästen, die in einer Ecke des Raumes aufgestapelt seien. Es gab dort natürlich keine. Ich betrachtete sie abschätzend. Nach einer halben Stunde fühlte ich meinen Puls. Er war schwach, aber regelmäßig. Ich legte mich auf den Rücken. Mascha meinte, Hühner und Küken zu sehen. Es stimmte, im Haus liefen Hühner herum, aber im Moment waren keine zu sehen.

Ich bemerkte, daß das rotkarierte Hemd meines Mannes von großer Farbintensität war. Ich starrte die rohen Holzmöbel an. Die Risse und Astlöcher im Holz schienen ihre Form zu verändern. Plötzlich schrie Mascha auf: »Ich bin ein Huhn!« Wir brachen beide in schallendes Gelächter aus. Diese Bemerkung war einfach zu komisch. Meine Augen halb geschlossen, drehte ich mich mit dem Gesicht zur Wand. Einen kurzen Augenblick hatte ich das Gefühl, eine wunderschöne Tapete zu sehen. Aber dann wichen die Wände zurück, und ich wurde fortgetragen – auf und davon – auf wogenden Wellen von hellem Türkis.

Ich weiß nicht, wie lange ich unterwegs gewesen bin. Ich kam an in Frankreich, in den Höhlen von Lascaux in der Dordogne. Wir waren schon einmal in Frankreich gewesen, und ich erkannte sofort das riesige Steingewölbe über mir, die wunderschönen, primitiven Gemälde der einstigen Höhlenbewohner, Pferde, Bisons und Hirsche an den Wänden. Die Malereien waren noch schöner als in Wirklichkeit. Sie schienen von kristallklarem Licht überzogen. Dennoch war ich enttäuscht. Ich bin in Rußland geboren und habe mein Heimatland seit 1918 nicht mehr gesehen. Ich hatte so gehofft, meine Visionen würden mich dorthin zurücktragen. Nun lag ich schlapp und warm in meinem Schlafsack. Mein Geist schwebte vor Glückseligkeit. Mir war, als schwinge sich meine Seele selbst auf, zu einem himmlischen Ort, ließe meine leere Körperhülle im Sumpf der Hütte zurück. Trotz allem war ich voll bei Bewußtsein. Jetzt wußte ich, was die Schamanen meinten, wenn sie sagten: »Der Pilz trägt dich zu einem göttlichen Ort.«

Ich verließ meine Visionen, indem ich mich hinsetzte, eine Zigarette rauchte und Gordon und Allan von meinen Erlebnissen erzählte. Danach kehrte ich voller Ungeduld zurück in das Land der heiligen Pilze.

Jetzt befand ich mich im Versailles des 18. Jahrhunderts, auf dem legendären Hof Ludwigs IV. Es fand gerade ein grandioser Ball statt. Hunderte von prachtvoll gekleideten Paaren, mit gepuderten Perücken, tanzten zur Musik Mozarts in langer Reihe ein Menuett. An der Decke glitzerten herrliche Kronleuchter. Aus Hunderten ihrer Prismen sprühten glühende Blitze aus grünem und blauem Licht. Erneut wurde ich überwältigt von der Schönheit und Intensität der Farben, alles war so überaus glitzernd. Niemals zuvor hatte ich mir eine derartige Schönheit vorstellen können. Auf einem Regal neben der Tür zum Ballsaal stand ein winziges Paar eleganter, chinesischer Miniaturen mit Ballkleidern aus dem 18. Jahrhundert. Bei näherem Hinsehen erkannte ich in ihnen meine Schwester und mich. Wir tanzten ebenfalls ein Menuett.

Aus der Ferne hörte ich meine Tochter Mascha, die ungeduldig sagte: ›Oh, Vater, ich habe jetzt keine Zeit, mit dir zu sprechen!‹ Ich selbst war weit weg, diesmal in einer prachtvollen spanischen Kirche. Das dunkle Holz der Kirche war kunstvoll geschnitzt, die bunten Glasfenster strahlten in hellem Licht. Vor mir stand ein hohes Kruzifix. Ich neigte meinen Kopf nach hinten, um die Spitze des Kreuzes sehen zu können, aber es reichte bis hoch in den Himmel. Es war so hoch, daß ich den oberen Teil der Figur auf dem Kreuz nicht mehr erkennen konnte. Mit lauter Stimme sagte ich: ›Bin ich unwürdig, Gott zu sehen?‹ Dennoch, ich hatte zu keinem Zeitpunkt Zweifel oder Angst. Alles war kristallklar und erlesen.

Um viertel vor fünf, anderthalb Stunden, nachdem ich die Pilze gegessen hatte, lag mein Puls bei 56, war aber regelmäßig. Meine Temperatur betrug 99,8 Fahrenheit. Obwohl ich keine Traurigkeit empfand, strömten Tränen aus meinen Augen. Mein Mann hatte notiert, daß meine Pupillen extrem geweitet gewesen waren und nicht auf das Licht seiner Taschenlampe reagierten.

Mascha und ich hörten beide den Ruf zum Abendessen, machten aber voller Ungeduld deutlich, daß wir nicht gestört werden wollten. Nun saß ich in einer prächtigen Loge der Metropolitan Oper und sah eine Aufführung des Balletts *Les Sylphides*. Am Ende der Vorstellung hob ich, gemeinsam mit einigen Tänzern, gen Himmel ab.

Daraufhin beugte ich mich über eine riesige blaue, chinesische Vase und beobachtete einige stattliche goldene Drachen, die auf ihrem Grund umherkrochen. Ich hatte keine Angst. Es war einfach viel zu weit entfernt. Ich richtete mich auf und berichtete Gordon von meinen Erlebnissen.
Danach befand ich mich in einem seltsamen Land. Malerische Kacheln tauchten vor mir auf. ›Holland!‹ rief ich. ›Welch ein Unsinn – ich will nach Rußland!‹
Doch ich war in Rußland. Die Kacheln waren Teile eines alten Bauernofens. Kinder, in bunten Trachten aus der Zeit vor dem ersten Weltkrieg, tanzten durch den Raum. Sie lachten, waren fröhlich und sangen alte Lieder.
Plötzlich war dieses Bild verschwunden. Ich sah ein wunderschönes Schmuckschränkchen. Es war ein großer, rechteckiger Kasten aus schwarzem chinesischem Lack. Auf seiner Oberfläche war deutlich eine Karte von China zu erkennen. Städte, Flüsse und Berge bestanden aus Rubinen, Saphiren und Smaragden. Es schien, als betrachtete ich das ganze durch eine starke Lupe hindurch. Es war atemberaubend schön. Aber auch diese Vision, wie all die anderen, ging vorüber.
Fast unmerklich waren die Stunden vergangen. Gegen acht Uhr abends hörten die Halluzinationen dann endgültig auf. Mascha und ich hatten Hunger. Dankbar nahmen wir den leckeren, heißen Kakao und die süßen Brötchen an, die unsere Gastgeberin uns anbot. Wir tauschten gegenseitig unsere Erfahrungen aus. Mascha berichtete, ihre Träume wären aus all den glücklichen Erinnerungen ihres Lebens zusammengesetzt gewesen. Sie hätten bei der Geburt angefangen und wären in rosaroter Reihenfolge weitergegangen bis zu ihrem heutigen Erstlingsjahr auf dem College. Außerdem wäre sie während der gesamten Zeit von guten Freunden, Verwandten und Lieblingsschauplätzen umgeben gewesen. ›Die Welt war klein und schön, und ich war ganz oben‹, so sagte sie. Und wir stellten beide fest, daß wir während dieser Zeit der unglaublichen Visionen beide hellwach waren.
Plötzlich hatte ich wieder so einen Gähn-Anfall, wie ich ihn zu Beginn meiner Unterwerfung unter die kraftvollen heiligen Pilze hatte. Ich schlief ein. Es wurde der tiefste, festeste und erfrischendste Schlaf meines Lebens.
Ich erwachte mit klarem Kopf, munter und glücklich, ohne eine Spur von Nachwirkungen. Es regnete, und es war bitterkalt. Das Dorf war noch immer von dichtem, grauen Nebel eingehüllt. Die Kinder der Indianer, fest in dünne Baumwolltücher gewickelt, versammelten sich an der Tür und betrachteten uns erstaunt. Ich machte mich daran, Notizen über meine seltsamen und wunderbaren Erlebnisse niederzuschreiben.«

Tim Learys Pilz-Experimente im Knast und in der Kirche

Im August 1960 aß Tim Leary in Mexiko sieben kleine Pilze. Er hatte dort ein Haus mit Pool gemietet. Zu seinen Nachbarn gehörten Erich Fromm wie auch Prof. David McClelland. Letzterer untersuchte gerade, warum Länder mit vorwiegend protestantischer Ethik reicher waren als katholische, moslemische und buddhistische Länder.

Nun, Leary probierte vom Fleisch der Götter und war sofort völlig bemushroomt. »Die folgenden fünf Stunden könnten in vielen extravaganten Sinnbildern beschrieben werden, doch ging alles über sie hinaus und war fraglos die tiefste religiöse Erfahrung meines Lebens.«

Zurück in den USA startete Leary schon ein halbes Jahr später mit mehreren Helfern, unter ihnen Richard Alpert und Ralph Metzner, Versuche mit abgeurteilten Straftätern. Die meisten dieser Kriminellen hatten vormals keine Drogenerfahrung, und nun bekamen sie mehrere Wochen zweimal wöchentlich eine Psilocybin-Dosis verpaßt. Hier Auszüge aus seinem Buch »High Priest« über jene Experimente:

»Es geschah am 27. März 1961 im Knast von Concord, Massachusetts, daß sich fünf Inhaftierte und drei Harvard-Psychologen zu gemeinsamen Trips trafen. Am Morgen wollte ich zusammen mit drei Insassen Psilocybin nehmen, und die anderen sollten als Beobachter dabei sein. Am Nachmittag waren dann die beiden anderen Insassen und die zwei Studenten, Gunther Weil und Ralph Metzner dran, während wir die Beobachterrolle einnehmen sollten. Wir hatten einen Plattenspieler, ein Tonbandgerät und ein paar Bücher mit klassischer Kunst mitgebracht. Ansonsten war der Raum recht kahl: vier Betten, ein großer Tisch und ein paar Stühle. Um 9.35 Uhr morgens wurde die Schale mit den Pillen mitten auf den Tisch gestellt. Ich war der erste, der zugriff, und damit begann das Gefängnis-Projekt. Ich nahm 14 mg Psilocybin. Dann händigte ich die Schale meinem Nachbarn aus, er nahm 20 mg, wie auch die anderen beiden Knastologen. Die Schale wurde wieder auf den Tisch gestellt, und wir lehnten uns zurück, gespannt auf das, was da kommen möge.

Diesen Morgen werde ich nie vergessen. Nach etwa einer halben Stunde spürte ich erste Wirkungen, eine Aufweichung der Alltagsrealität, das Gefühl eines summenden Drucks und eine Art Raumfahrt in meinem Kopf. Dazu eine scharfe, brillante, ja brutale Intensivierung meiner Sinne. All meine Zellen und Sinnesorgane vibrierten wie elektronisch aufgeladen. Ich fühlte mich fürchterlich. Was für ein Platz, um einen grauen Morgen zu verbringen! In einem winzigen Raum, in einem üblen Knast, out of my mind. Ich schaute mir den Mann zu meiner Seite an, einen Polen aus Massachusetts. Ich konnte ihn so klar sehen. Jede Pore seines Gesichts, jede Unebenheit der Haut, die Haare in seiner Nase, dieser unglaubliche grün-gelbe Belag auf seinen verrotteten Zähnen, das feuchte Glimmern seiner erschreckten Augen. Ich sah jedes Haar auf seinem Kopf in einer Deutlichkeit, als seien es dicke Bäume, jedes einzelne. Was für eine Konfrontation! Was mache ich hier, spaced out mit diesem eigenartigen mosaikzelligen Tier, diesem Gefängnisinsassen, diesem Kriminellen?

Ich fragte ihn mit einem schwachen Grinsen im Gesicht: »wie geht's dir?« Er schwieg eine Minute und fragte dann zurück: »wie geht's dir, Doc?« Ich wollte schon in meinem üblichen Psychologen-Ton versichern, daß es mir gut ginge, aber ich war unfähig dazu. Also sagte ich ihm, daß ich mich lausig fühle. John zog seine lila-pinkfarbigen Lippen über seine grün-gelben Zähne und meinte verlegen grinsend. »Was ist los, Doc? Warum fühlst du dich lausig?« Ich zoomte meine beiden mikroskopischen Retinalinsen in seine Augen. Ich konnte jede Linie sehen, gelbe Spinnweben, das rote Netzwerk der Venen schaute mich an. Ich sagte: »John, ich habe Angst vor dir.« Seine Augen wurden größer, und dann begann er zu lachen. Ich schaute in sein Maul, sah geschwollene rote Fleischmasse, den Gaumen, die Zunge, den Rachen. Ich war bereit, verschlungen zu werden. Aber dann hörte ich, wie seine Stimme sagte: »Na, das ist komisch, Doc, denn ich habe Angst vor dir.« Uns vorwärtsbeugend fingen wir beide an zu grinsen. Er fragte mich, warum ich denn Angst vor ihm habe, und ich sagte ihm, daß er doch ein Krimineller sei. Er nickte, und ich fragte ihn, warum er denn Angst vor mir habe, und er erwiderte, weil ich ein verrückter Wissenschaftler sei. Dann trafen sich unsere Retinas, und ich rutschte in seine Augen und konnte spüren, wie er wiederum in meinem Schädel herumspazierte, und wir begannen beide zu lachen. Da war er, dieser dunkle Moment der Angst und des Mißtrauens, welcher innerhalb von Sekundenbruchteilen alles in Angst und Schrecken verwandeln hätte können. Aber uns gelang es, eine Liebesbeziehung herzustellen. Ein Aufflackern in der Dunkelheit. Und plötzlich schien die Sonne in dem Raum und ich fühlte mich großartig und wußte, ihm ging es genauso. Wir hatten den Augenblick der Krise gemeistert, aber während die Minuten dahintickten, wurde uns die Ausweglosigkeit der Situation immer wieder klar, als würden wir uns unterm Mikroskop beobachten. Vier von uns waren angeturnt. Jede unserer Zellen pulsierte, das Wissen von zwei Milliarden Jahren in uns. Alle Sinne vibrierten, aber waren wir nicht machtlos in diesem Krankenhauszimmer inmitten eines Hochsicherheitstraktes eingeschlossen?

Dann erhielt ich eine der größten Lektionen meines psychedelischen Trainings. Einer der angeturnten Knasties war ein Schwarzer aus Texas, ein heroinsüchtiger Jazzsaxophonist. Seine weißen Augäpfel stachen weit hervor, als er zum Plattenspieler ging und eine Platte auflegte. Eine Sonny-Rollins-LP, um die er uns extra gebeten hatte. Er legte sich in seine Koje und schloß die Augen. Die metallenen Klänge des Saxophons hüpften durch den Raum. Dann war Ruhe, ein langes Schweigen. Wir hörten, wie Willy leise seufzte und sich unruhig hin und her bewegte. Ich drehte mich um und fragte: »Willy, alles ok?« In meiner Stimme klang wohl Besorgnis mit, denn alle drehten sich plötzlich um und schienen auf seine Antwort zu warten. Willy hob den Kopf, ließ uns sein breites Grinsen sehen und meinte: »Mann, ob es mir gut geht? Ich bin im Himmel und ich kann's nicht glauben! Hier bin ich im Himmel und stoned bis zum geht-nicht-mehr, und ich swinge wie nie zuvor und all das im Knast, und da fragst du mich, ob es mir OK geht. Hahaha!« Was für ein Spaß! Und dann lachten wir alle, und plötzlich fühlten wir uns alle wirklich high & happy und kicherten über die Situation. Musik und Liebe und Schönheit und Heiterkeit und Spaß und ein Lebenssame in diesem bedrückenden und abgefuckten Knast.

Nun, die Session ging weiter und immer weiter. Es kamen Höhepunkte, die von depressiven Phasen abgelöst wurden, Ekstase und Horror. Mein Freund John, der Pole, mußte kotzen. Wir alle wurden sehr nachdenklich. Warum gibt es Gefängnisse? Warum stecken Männer die warmen Körper ihrer Mitmenschen in kalte Metallkäfige? Was machen wir hier? Dann, einige Stunden später, waren Ralph und Gunther und die beiden anderen Häftlinge dran. Gunther spielte dummerweise den Hipster, Ralph dagegen legte sich auf ein Bett und erlebte Visionen Blakeschen Terrors. Zwei Häftlinge kümmerten sich um ihn, hielten ihm die Hände und halfen ihm durch diese Phase. (...)

Dann, um 17 Uhr, klopfte es an die Tür, und wir öffneten. Die Wächter kamen herein und meinten, die Zeit sei um. Zurück in die Zellen, Männer. Ralph, Gunther und ich begleiteten die Häftlinge in ihre Zelle, saßen noch mit ihnen, rauchten Zigaretten, sprachen über unsere Notizen und lachten und rekapitulierten, wo wir gewesen waren. (...)

Als ich später allein in meinem Wagen zurück nach Hause fuhr, ließ die Spannung etwas nach, und ich war in der Lage zurückzublicken und einzuschätzen, was geschehen war, was wir getan hatten. Im Knast gibt es keine Geheimnisse. Wir acht, die wir uns zusammengefunden hatten, um im Knast gemeinsam Drogen zu nehmen, standen unter mikroskopischer Überwachung eines jeden Mithäftlings und der Wächter. Innerhalb von Stunden würde die Information durch die unsichtbaren Kanäle des Gefängnisses gelaufen und sich in alle anderen Gefängnisse verbreitet haben. »Hast du schon gehört? So Harvard-Professoren haben ein paar Knackis in Concord 'ne neue Droge verabreicht. Sie hatten eine großartige Zeit. Es war überwältigend. Da passiert was neues. Hoffnung. Vielleicht. Hoffnung. Was neues. Wir brauchen mit Sicherheit was neues. Hoffnung.« (...)

Wir lernten dazu. Wir gestalteten den Raum. Räucherstäbchen. Kerzen. Die Knackis legten sich flach und sahen dem Flackern der Flamme zu. Durchs Fenster konnten sie die Gefängnismauern und die Wachtürme sehen. Drinnen sahen sie Kerzenlicht und ab und zu reflektiertes Sonnenlicht von den Knarren der Bewacher draußen.

Warum gibt es Gefängnisse, Doc? Was tun wir hier? Gesuchte Männer. Es ist verrückt, Doc. Wir spinnen alle. Wir Knackis, die Wärter, die Bullen. Wie ist es hierzu gekommen?

Jede Sitzung war ein kosmisches Drama. Verwirrung. Spaß. Viel Gelächter. Olympisches Multi-Gelächter. Einsamkeit. Tränen. Horror. Mißtrauen. Verdachtsmomente. Vertrauen.

Nach der dritten Sitzung wiederholten die Inhaftierten Persönlichkeitstests, die sie vor dem Versuch schon einmal durchgeführt hatten. Wir erklärten ihnen die Hintergründe der Tests. Keine Geheimnisse. Wir erklärten ihnen die Auswertungen und was das alles für einen Sinn hat.

Sie hatten sich verändert. Sie zeigten weniger Depressionen, Unfreundlichkeiten und antisoziales Verhalten. Sie zeigten mehr Energie, Verantwortungsbewußtsein und Kooperation. Die den Psychologen so herzenslieben Objektiva hatten sich dra-

matisch gewandelt. Es war eine deutliche Veränderung in Richtung eines gesunden menschlichen Verhaltens sichtbar.
Indem wir ihnen die Testresultate erklärten und ihnen die Gelegenheit gaben, selber an der Auswertung mitzuwirken, unterrichteten wir sie genauso wie unsere Studenten in Harvard. Psychodiagnose. Die Knackis wurden Psychologen.
Sie liebten es. Erregte Debatten über Persönlichkeitscharakteristiken. Psychiatrische Diagnosen ...

Nach Statistiken des Concord State Prison geht man davon aus, daß 64% der 32 Testpersonen innerhalb von 6 Monaten nach der Entlassung auf Bewährung wieder ins Gefängnis zurückkehren mußten. Nach diesem halben Jahr aber waren lediglich dreißig Prozent zurück, davon sechs Personen wegen formaler Verstöße gegen die Bewährungsauflagen und nur zwei wegen neuer Rechtsbrüche. Diese Resultate sind noch einschneidender, wenn man dies mit der Resozialisierungsliteratur vergleicht; wenige Kurzzeitprojekte mit Gefangenen sind überhaupt, und dann nur zu einem wesentlich geringeren Grad erfolgreich gewesen. Dazu zeigten die Testergebnisse hinsichtlich der Persönlichkeitsbilder einen meßbaren positiven Wandel, als die Resultate vor und nach der Psilocybinerfahrung verglichen wurden.
Obwohl keine Kontroll-Testpersonen in dieses Experiment eingebaut worden waren, gab es doch konkreten Anlaß zur Hoffnung. Es hätte deshalb weitere erfolgversprechende Testreihen unter denselben Rahmenbedingungen nach sich ziehen müssen – und zumindest eine großangelegte Kontrollstudie. Doch stattdessen unterbrach der Gefängnisdirektor Leary, als dieser über die Resultate der Studie berichten wollte und zeigte ihm die Pläne für neue Gefangenentrakte. Sie sollten dreimal so groß sein wie die alten und von einer doppelten Anzahl von Wärtern bewacht werden. Da merkte Leary, daß es den Verantwortlichen des Justizvollzugs gar nicht an einer Senkung der Rückfallquote gelegen war. Kurz darauf wurde das Psilocybinprojekt gestoppt.

Etwa drei Jahre später wurden die Langzeitergebnisse der Teilnehmer am Gefängniprojekt noch einmal gecheckt. 27 von ihnen waren entlassen und nur drei waren rückfällig geworden. Einige andere saßen wegen Verstößen gegen Bewährungsauflagen wieder ein, hatten sich beispielsweise vom Bewährungshelfer daheim beim Biertrinken erwischen lassen.
Learys Schlußfolgerungen des Projekts:

1. Psilocybin ist sicher. Bei 131 Trips von Inhaftierten kam es zu keiner Gewaltanwendung, dauerhaften Störungen oder negativen Nachwirkungen.
2. Alle Probanden hatten temporäre persönliche und spirituelle Offenbarungen und Einsichten.
3. Von den Häftlingen, die auch nach ihrer Entlassung im Kontakt mit den Psychologen blieben, kam es nur bei zweien zu einem Rückfall.

Spätere Daten gibt es keine mehr, denn Leary wurde kurz darauf aus Harvard gefeuert. Nun [1992] versucht Rick Doblin von der Harvard Kennedy School of Government, die Langzeitauswirkungen dieses Experiments nachzuprüfen. Dr. Leary hat sich zur Kooperation und Bereitstellung seiner Unterlagen von damals bereiterklärt. Die Ergebnisse werden in dem Informationsblatt MAPS (mehr darüber an anderer Stelle in diesem Buch) publiziert werden.

DAS KARFREITAGS-EXPERIMENT 1962

Ein Jahr nach dem Knast-Experiment kam es zu einem weiteren aufsehenerregenden Psilocybin-Versuch. Walter Pahnke, damals Doktorant in Harvard, wollte wissen, ob eine Ähnlichkeit zwischen natürlichen mystischen Erfahrungen und durch Psilocybin hervorgerufenen besteht. Der Princetown-Professor Dr. W. T. Stace hatte 9 Charakteristika aufgestellt, die »universell und nicht etwa auf eine besondere Kultur oder Religion beschränkt sind«:

Einheit, Transzendenz von Raum, tiefempfundene positive Stimmung, Empfänglichkeit für das Heilige, »Objektivität und Realität«, Paradoxheit, Entrücktheit, Eindringen in das Wesen der Dinge und bleibende positive Wandlungen in Verhalten und/oder Einstellung.

Am Karfreitag des Jahres 1962 nahmen zwanzig christliche Theologiestudenten an diesem Experiment teil, die vorher ausgiebig getestet und ausgewählt worden waren. Zehn von ihnen wurde 30 mg Psilocybin verabreicht, den anderen (einer in den Daten nahezu identischen Gruppe) 200 mg nikotinische Säure, ein Vitamin, das Hautkribbeln und andere Körperempfindungen auslöst und damit den psychedelischen Wirkungen ähnliche Symptome hervorbringt. Weder die Testpersonen noch ihre »Führer« wußten, welche Droge wem gegeben worden war.

Das Experiment wurde als »Das Wunder von Marsh Chapel« bekannt. In den folgenden sechs Monaten wurden ausführlich Daten gesammelt. Dazu gehörten Tonbandaufzeichnungen, Gruppendiskussionen, Folgeinterviews und ein 147-Punkte-Fragebogen zur Quantifizierung der Merkmale mystischen Erlebens. Das Reaktionsniveau lag bei der Psilocybingruppe hinsichtlich jeder der von Dr. Stace aufgestellten Rubriken bedeutend höher als bei der Kontrollgruppe. Neun von zehn, die das Psychedelikum genommen hatten, berichteten von religiösen Erfahrungen, welche sie als echt ansahen, während nur eine Versuchsperson der Kontrollgruppe behauptete, eine minimale spirituelle Erfahrung erlangt zu haben. Wichtiger als eine klassische Nachlese mystischer Erfahrung war ein Dauereffekt hinsichtlich des Verhaltens und der Einstellung. Pahnke resümierte diese Ergebnisse so:

»Bei der zugegebenermaßen mit nur sechs Monaten kurzzeitig danach durchgeführten Nachuntersuchung zeigten sich bei den Versuchspersonen beflügelnde und lebensbereichernde Wirkungen, welche dem von Mystikern behaupteten Erleben ähnelten. Dies konnte an ihren im Vergleich zu den Kontrollpersonen höheren Fragebogenpunkten abgelesen werden. Hinzu kommt, daß der Experimentator nach vierstündigem Folgeinterview mit jeder Versuchsperson den Eindruck gewann, daß die Psilocybin-Erfahrung bei acht von zehn Personen ein tiefes Betroffensein ausgelöst hatte (besonders hinsichtlich religiösen Empfindens und Denkens) ... die

Veränderungsrichtung wies auf authentischere, die eigene Persönlichkeit voll einbringende Einstellungen und Verhaltensweisen im täglichen Leben.«

Pahnkes Assistent bei diesem Versuch war übrigens wieder Tim Leary. 1991, also fast 30 Jahre später hat nun Rick Doblin in der Zeitschrift »The Journal of Transpersonal Psychology« (1991, Vol. 23, No. 1) die Ergebnisse seiner vierjährigen Detektivarbeit vorgelegt. In der Tat ist es ihm gelungen, 18 der ursprünglich 20 Probanden ausfindig zu machen (einer ist verstorben, einer verschwunden). Alle bis auf einen erklärten sich bereit, mit ihm über ihr damaliges Erlebnis und dessen Auswirkung auf ihr Leben zu reden. 10 der 18 von Doblin lokalisierten ehemaligen Studenten sind in der Tat Priester geworden. Sie alle berichteten übereinstimmend, daß der damalige Psilocybinversuch einen mehr oder weniger großen Einfluß auf ihr späteres Leben gehabt habe. Doblin: »Die Probanden erklärten einstimmig, daß ihre Psilocybinerfahrung damals eindeutig Elemente einer wahren mystischen Natur gehabt hätten, und alle beschrieben sie als einen Höhepunkt in ihrem spirituellen Leben.« Robert Kirven, der damals gerade an einer Arbeit über spirituelle Realität schrieb, erinnert sich: »Es war eine sehr lebendige Öffnung zu anderen Aspekten der Realität. Ich dachte vorher, worüber ich redete. Aber dann mußte ich einsehen, daß ich wie ein Reiseschriftsteller agierte, der endlich einmal an dem Ort war, über den er vorher nur geschrieben hatte.« Die mystischen Erfahrungen von damals waren noch so präsent, daß einer der Probanden Doblin gar eröffnete: »Ich hätte gerne, daß meine Kinder es nehmen würden.«
Angesichts dieser Ergebnisse fordert Doblin, der auch Präsident der Multidisciplinary Association for Psychedelic Studies (MAPS) ist, endlich den Forschungsbann für Psychedelica aufzuheben. Denn die Anti-Drogen-Hysterie wird nur von jenen geschürt, die selber keine Erfahrungen mit diesen Substanzen haben.
Und wer mag es Timothy Leary verübeln, wenn er nach den Experimenten an sich selbst, seinen Berufskollegen, mit Knastinsassen und erleuchteten Priestern anfing, von den Möglichkeiten dieser Substanzen zu schwärmen und ihren Einsatz auch auf anderen Gebieten propagierte? Wie konnte es den Medien gelingen, diesen Mann und seine wissenschaftliche Arbeit zu verteufeln, daß er nur wenige Jahre später als der meistgesuchte Verbrecher auf diesem Planeten vom FBI verfolgt wurde?

Wer sich für den Stand der Psychedelik-Forschung in den USA interessiert, dem sei das wiederholt zitierte Mitteilungsblatt von MAPS ans Herz gelegt: MAPS, 1801 Tippah Ave., Charlotte, NC 228205, USA. Die Mitgliedschaft für Europäer (schließt Infoblatt-Bezug ein) kostet 40 US-Dollar.

Ann Shulgin: Der Pilz als Pulver

Ann Shulgin über die praktische Umsetzung eines Vorschlags ihres Mannes, des Chemikers und Entdeckers vieler psychoaktiven Substanzen, Alexander Shulgin (ein Auszug aus dem gemeinsamen Buch der Shulgins, »PIHKAL, A Chemical Love Story«, Transform Press, 1991, Berkeley):

Nachdem wir die Tageszeitung gelesen hatten, lehnte er sich in seinem Stuhl zurück und fragte mich, während ich uns Kaffee nachgoß:
»Was würdest du davon halten, eine der großen psychedelischen Substanzen auszuprobieren?«
»An welchen Klassiker denkst du?«
»Jemals etwas von Psilocybin gehört? Dem magischen Pilz?«
»Aber ja doch. Ich erinnere mich an den wundervollen Artikel im LIFE MAGAZIN vor Jahren. Wasson? War das sein Name?«
»Gordon Wasson, jawohl. Du hast es nie ausprobiert, oder?«
»Nie, aber ich war schon immer sehr neugierig darauf.«
»Willst du es also versuchen?«
»Absolutely. Liebend gerne.«
»Ich habe allerdings keine Pilze, sondern nur den aktiven Wirkstoff, Psilocybin«, sagte er, »also mußt du nicht diese kleinen vertrockneten Dinger mampfen.«
»Bewirkt das Psilodybin die selbe Erfahrung? Ich meine, wirkt es so wie der eigentliche Pilz?«
»Nun, ich habe beides ausprobiert, sowohl den Pilz wie auch das weiße Pulver, und ich kann keinen Unterschied in der Wirkung feststellen. Obwohl es natürlich schon Menschen gibt, die darauf schwören, daß nur der echte Pilz die wahre, einmalige Erfahrung vermittelt. Ich finde das allerdings nicht.«

Shura mußte noch ein paar Examensarbeiten von Studenten korrigieren, also entschlossen wir uns, die Pilzwelt auf den Abend zu verschieben. Ich verbrachte den Tag im Wohnzimmer damit, längst überfällige Briefe zu tippen.
Um 19 Uhr, nachdem wir gebadet und uns bequeme Kleidung angezogen hatten, nahmen wir jeweils 15 Milligramm der glitzernden, sprudelnden kristallinen Substanz mit Fruchtsaft zu uns. Shura notierte sich, wie bei all unseren Experimenten, auf einem Zettel die Zeit der Einnahme. Wir gingen nochmals ins Labor, weil Shura ein paar chemische Versuche für diesen Tag abschließen wollte. Dabei umarmten wir uns zum Schutz gegen die Abendkühle und bereiteten das Labor für seine Nachtruhe vor.
Ich lehnte am Türbalken und sprach etwas an, das mir seit dem Morgen im Kopf rumspukte.
»Weißt du, heute früh sprachst du von Menschen, die daran glauben, daß man eine

psychedelische Pflanze auf natürliche Weise zu sich nehmen sollte und nicht nur die aktiven Substanzen als Chemikalie?«
»Ich kenne diesen sehr interessanten und außergewöhnlich erfreulichen Menschen, den du eines Tages unbedingt kennenlernen mußt. Er heißt Terence McKenna. Terence schreibt und hält Vorträge über Heilige Pflanzen und Pilze, das ist seine Spezialität. Er kann über dieses Thema absolut überzeugend reden.«
»Der Name kommt mir bekannt vor, ich kann mich allerdings nicht daran erinnern, wo ich ihm schon einmal begegnet bin.«
»Nun,« fuhr Shura fort, »er glaubt, und zwar ohne jegliche Zweifel, daß nur die Pflanze bzw. der Pilz die richtige Ausgewogenheit, ich denke, man könnte sagen, die spirituelle Essenz bietet, um zusammen mit dem chemischen Wirkstoff die wahre Erfahrung, welche die Pflanze bzw. der Pilz zu bieten hat, vermitteln kann. Er beharrt darauf, daß dir die Chemikalie allein nicht das einmalige Erlebnis bieten kann. Wir streiten uns schon seit vielen Jahren recht freundschaftlich.«
»Diese Ansicht ist mir in der Tat recht sympathisch. Ich würde dieser Frage gern einmal nachgehen.«
»Aber natürlich«, sagte der Alchemist in seinem braunen Gewand, nahm meinen Arm und löschte das Licht. »Sag mir, wie könnte ich dich von einem Fehler deiner Ansicht überzeugen, so lange ich diese Ansicht nicht kenne?«
Ich hielt kurz inne, um ihm einen leichten Tritt in den Hintern zu verpassen. Aber er duckte sich schnell weg, um mich dann wieder am Arm zu nehmen.
Ich sagte: »Ich weiß, das mag sich für einen Wissenschaftler vielleicht etwas lächerlich anhören, aber ich bin nun mal in dem Glauben groß geworden, daß alles, was wächst, wie soll ich das sagen, eine Art von Bewußtsein hat. Und daran glaube ich noch heute. Kein menschliches Bewußtsein, aber ein Pflanzenbewußtsein.«
Er hielt mir die Tür auf, während ich fortfuhr. »Erinnerst du dich an die Experimente, die bewiesen, oder zumindest wurde es so berichtet, daß Pflanzen auf menschliche Gedanken reagieren?«
»Nervenzusammenbrüche von Karotten, wenn sich ihnen jemand mit einem Topf kochendem Wasser näherte? Klar kann ich mich erinnern.«
»Und?«
»Und was?« Shura ging durchs Haus, schloß Fenster und Türen, und ich folgte ihm. »Du meinst, Pflanzen hätten ein Bewußtsein? Laß mich etwas zu dem sogenannten wissenschaftlichen Experiment sagen. Ich weiß keine Einzelheiten darüber, also kann ich nicht groß eine Meinung dazu äußern. Ich glaube, ich müßte selber in dem Labor anwesend sein, bevor ich die Ergebnisse akzeptieren könnte. Und selbst dann wäre ich noch skeptisch. Wissenschaftler können sich selbst genauso hinters Licht führen wie Nichtwissenschaftler. Vor allem, wenn sie in das zu erwartende Ergebnis eigene Emotionen investiert haben.«
Ich nickte. Shura kam näher.
»Bevor wir diese interessante Diskussion weiterführen, würde ich gerne checken, wie du dich fühlst?«
»Ich fröstele etwas, ab und an.«
»Andere Wirkungen?«
Ich besann mich eine Weile und berichtete: »In der Tat fühle ich mich etwas anders

als sonst. Etwas abgehoben, *off baseline*, wie der Amerikaner sagt. Sanft, aber definitiv anders.«

Shura grinste.

»Und wie geht es dir?« fragte ich zurück. Ich sah, daß seine Augen, wie immer, wenn er ›drauf‹ war, leuchteten. »Ähnlich wie dir, nur fröstelt es mich nicht.«

Ich lächelte ihn an. »Du strahlst, weißt du?«

Er lachte und drückte meinen Arm. »Laß mich noch kurz in meinem Büro das Chaos etwas ordnen. Da sieht es fürchterlich aus. Ist es OK, wenn ich dich für ein paar Minuten allein lasse?«

Ich sagte ihm, daß mir das schon recht wäre. »In der Tat wäre ich jetzt gerne etwas für mich allein, um mich besser auf das, was mit mir geschieht, konzentrieren zu können.«

Ich setzte mich bequem auf die Couch, vor mir auf dem Tisch ein Glas Saft.

Die Lampe am Bücherregal strahlte ein sanftes Licht, und aus der Stereoanlage nebenan klang leise Musik. Ich hatte Brahms 2. Klavierkonzert aufgelegt, das ich auswendig kenne. Durch die Fenster konnte ich in der Entfernung die beiden Lichter, rot und weiß, sehen, die die Spitze des Mount Diablo markieren. Ich fühlte mich sowohl friedlich wie auch aufgeregt und wartete auf die Veränderung der Welt. Ich schaute mir einige Kunstbücher an, die ich mir während des Tages zurechtgelegt hatte. Ich hatte grade den großen Band mit Goyas gesammelten Werken im Schoß, als mir bewußt wurde, daß ich gerade in einen dieser Zustände geslippt war, die ich bei Psychedelika-Erlebnissen so schätze. Dieser unendliche Moment, dieser Bewußtseinszustand, der am einfachsten und akkuratesten mit »Jetzt« bezeichnet wird.

Zeit gibt es nicht, nur den ruhigen Zustand der Existenz hier. Ich halte dieses Buch, sitze mit gekreuzten Beinen auf der Couch, bin die Person, die ich bin, mit der anderen Person, die Shura ist, diesem komplexen und außergewöhnlichen menschlichen Wesen, mit dem ich mich für kurz oder lang, verbunden habe. Er ist zwar in einem anderen Raum, aber trotzdem bei mir.

Ich schaute aus dem Buch auf und fand mich in einem völlig transformierten Raum wieder. Ich saß an einer Seite des Zimmers, von dem ich wußte, daß es durch ein Buchregal in zwei Räume getrennt war. Doch jetzt kam es mir vor, als sei ich in einer Eingeborenenhütte, die durch eine außergewöhnliche Wand in zwei Räume geteilt sei. Vertraute Gegenstände, auf Grund derer ich diesen Raum normalerweise sofort als Shuras Platz identifiziert hätte, wurden vom Schatten verschluckt. Der Stuhl stand links, wo ich ihn eben hingestellt hatte. Darüber lag, im sanften Licht farbig glühend, der Schal aus Guatemala. Ich gaffte diese gelben und hellgrünen Streifen, diese Muster aus rot und schwarz mit offenem Mund an und fragte mich, ob es wohl der Schal war, der mir dieses Gefühl eines Aufenthalts in einer Eingeborenenhütte in einem fremden Land vermittelte. Ich schaute mich um und konnte im Hintergrund, fast vom Schatten verschluckt, im Regal die chinesische Vase erkennen. Auf der anderen Seite der Trennwand erkannte ich das klobige Klavier und die Buchregale unter den Fenstern. Alles war da, wo es auch sonst war. Aber ich konnte mich des Eindrucks nicht erwehren, auf erdigem Fußboden in einer Eingeborenenhütte irgendwo in Zentral- oder Mittelamerika zu hocken. Ich erwartete geradezu über einem offenen Feuer einen eisernen Suppentopf zu erblicken und überall Pfefferschoten hängen zu sehen.

Die Welt hat sich verändert. Wirklich. Oh ja! Wie außergewöhnlich. Als ob dieser Platz eine völlig neue Dimension angenommen hätte.

Ich sah mich weiter um und erlaubte mir, diesen Wechsel vom familiären zum unfaßbar anderen, die totale Fremdheit mir eigentlich bekannter Gegenstände zu akzeptieren. Ich fing an, Teile dieser Wandlung zu verstehen. Ich sah den Raum so, als ob ich ihn zum ersten Mal betreten würde, als sei ich nie zuvor hier gewesen. Ich saß jetzt als Fremder erstmalig auf dieser Couch und entdeckte in dem relativ dunklen Raum alles neu für mich.
Der Teppich, das offene Feuer, die Schatten an der Decke, die Spiegelungen der Fenster gesehen durch die Augen einer Fremden. Als hätte jedes Objekt in diesem ›neuen‹ Platz genausoviel Bedeutung wie das andere, als wüßte ich nicht um die unterschiedlichen Stellenwerte der verschiedenen Objekte im täglichen Leben.

Nur wenn man in einem Raum lebt, nehmen die unterschiedlichen Dinge unbewußt ihren eigenen Stellenwert ein und man erhält eine eigene, neue Perspektive.

Je familiärer ein Raum wird, um so mehr selektiert das Unterbewußtsein einzelne Dinge, Möbelstücke und ignoriert andere. Man läuft an diesem Stuhl oder Tisch vorbei, ohne ihn bewußt wahrzunehmen, nur seine Abwesenheit würde einem auffallen. Man bemerkt nur jene Dinge im Raum, die man gerade benutzt oder braucht.

Den kleinen Tisch neben der Tür bemerken wir immer, weil Shura und ich täglich jene Dinge darauf ablegen, die beim nächsten Verlassen des Hauses mitgenommen werden müssen – Briefe oder Pakete oder Bücher, die zurück in die Bibliothek müssen. Das Piano und das Buchregal bekommen nicht so viel bewußte Aufmerksamkeit geschenkt. Sie sind einfach da, und wir ignorieren sie im täglichen Leben meistens.

Ich beschloß, meiner ersten Empfindung, daß nämlich der guatematekische Schal meinen Eindruck von einer Eingeborenenhütte ausgelöst habe, recht zu geben. Mein Unterbewußtsein hatte mich mit all den anderen ergänzenden Eindrücken versorgt und so dafür gesorgt, daß mir der Raum wie ein fremdes Territorium erschien.
Als Shura in der Tür erschien, stand ich auf, ging zu ihm und erzählte, was ich gesehen hatte. Wir gingen ins Schlafzimmer, und Shura schloß die Tür hinter uns, damit es warm bliebe.
Als ich ihm meine Meinung, nämlich daß der Schal die Assoziation der Eingeborenenhütte ausgelöst hätte, erzählte, sagte er: »Das kann schon sein. Aber bedenke, daß du auch etwas über die Geschichte der Heiligen Pilze weißt. Vielleicht war deine Ansicht des Raumes von den Assoziationen des Psilocybin mit Mexiko pro-

grammiert? Immerhin hast du damals den Bericht von Wassons erstem Pilzerlebnis gelesen, und das geschah in einem Raum, wie du ihn eben gesehen hast, oder?«
Ich überlegte kurz und mußte zugeben: »Da hast du wahrscheinlich recht.«
Wir lagen einander zugewandt, aber immer noch bekleidet im Bett. Ich schaute auf den Wecker und sah, daß seit der Einnahme des weißen Pulvers erst ca. 40 Minuten vergangen waren. Mir erschien es wie einige Stunden, und ich sagte Shura, daß diese Substanz wohl eine Verlangsamung der Zeit verursache.
»Ja, das habe ich auch bemerkt«, sagte er und fragte: »Dir geht es gut dabei?«
»Oh ja, aber gewiß doch. Obwohl es ganz schön stark wirkt. Haben wir jetzt den Höhepunkt erreicht oder nimmt die Wirkung noch weiter zu?«
»Oh, ich denke, daß wir noch nicht ganz oben sind. So 15 oder 20 Minuten wird sich das noch intensivieren.«
Ich schaute mir die freundlichen Rosen auf der Tapete an und bemerkte, wie sie sich sanft bewegten. Die Bücher im Regal neben dem Bett erschienen wie staubige, juwelenfarbige Schätze, die uns etwas mitteilen oder auch nur bemerkt werden wollten. Das Gesicht des weißhaarigen Jungen neben mir strahlte aus tiefsten Tiefen Leben und Humor aus, und die Liebe schien die Leere, die ich manchmal in mir fühlte, auszufüllen.
Ich erinnerte mich an unser Gespräch.
»Okay«, sagte ich, »zurück zum Natürlichen und Synthetischen. Auch wenn du nichts von diesen Experimenten hältst, in denen andere eine Art Pflanzen-Bewußtsein festgestellt haben wollen – erscheint es dir als völlig abwegig, daß Pflanzen eine andere Dimension haben? Irgendeine Energieform oder wie man es auch nennen mag?«
»Natürlich ist sowas nicht auszuschließen. Alles, was existiert, nicht nur Pflanzen, auch Steine, Tiere; alles was wir sehen und alles, was wir nicht einmal sehen können, ist eine Form der Energie. Und natürlich gibt es zwischen Energiefeldern einen Austausch. Aber bis zum Zuordnen einer Art Persönlichkeit zu einer Pflanze oder der Fähigkeit der Pflanzen, Gedanken von Menschen telepathisch aufnehmen zu können, ist es doch ein ganz schön großer Schritt. Dafür gibt es sicherlich keine gesicherten wissenschaftlichen Grundlagen.«
Ich erhob Einspruch: »Ich rede gar nicht von wissenschaftlichen Beweisen. Ich überlege nur, ob Pflanzen ein bestimmtes individuelles Energiefeld besitzen könnten. Etwas, das auch als, nun, du weißt, manche Menschen sehen etwas, das sie Geister oder Elfen oder Wichtel nennen. Ist es deiner Meinung nach möglich, daß...« Ich kam ins Stottern, wußte nicht mehr so recht, was ich eigentlich fragen wollte, dann fiel mir meine ursprüngliche Überlegung wieder ein. Ich machte ein Handzeichen, daß ich am Überlegen wäre.
Shura blieb ruhig und beobachtete mich nur mit einem Hauch der Belustigung in seinem Gesicht.
»OK, laß mich einfach ein Statement abgeben«, sagte ich, setzte mich im Yogasitz aufs Bett und versuchte meine wachsende Begeisterung für die Rosen auf der Tapete zu unterdrücken. »Ich weiß ja nicht, was dein Freund Terence genau glaubt, aber ich weiß, daß es in dieser Welt eine Menge Leute gibt, die überzeugt davon sind, daß Pflanzen eine Art von, ich glaube man kann Wesen dazu sagen, sind. Wenn du also

eine Pflanze ißt, nimmst du dieses Ding, wenn du willst, diese spirituelle Dimension, zusammen mit der physikalischen Masse in dich auf. Und wahrscheinlich glauben sie, daß eine synthetisierte Droge eben diese Dimension nicht haben kann. Es ist, als würde man nur den physikalischen Teil, den chemischen Extrakt, zu sich nehmen, der nicht aus der Erde kam und auch keine Verbindung zur Erde hat. Also fehlt ihm auch jene Wesenheit, die zu einer Pflanze gehört. Verstehst du, was ich sagen will? Diese Leute meinen wohl, daß eine synthetische Chemikalie keine Seele hat, wenn man das so sagen kann.«

Shura lag auf seinem Kissen und schaute eine Weile zur Decke. Dann stützte er sich auf einen Ellbogen. »Laß mich dir etwas erzählen, das dich interessieren könnte.«

Ich nickte, und ein ganzer Raum voller Prismen nickte mit mir.

»Ich kann nicht für andere Chemiker reden. Aber wenn ich im Labor an einer neuen Substanz arbeite, dann sehe ich sie mir nicht nur von unten nach oben und von oben nach unten und innerlich auch in drei Dimensionen an, sondern ich habe das Gefühl, daß sich da noch etwas anderes entwickelt. Du könntest sagen, eine Art Persönlichkeit, oder, wie du es ausgedrückt hast, eine Wesenheit nimmt Form an, während ich daran arbeite. Ich versuche, eine Beziehung zu entwickeln, herauszufinden, ob die Substanz freundlich ist, ob sie in der Lage sein wird, diesen oder jenen Teil meines Bewußtseins zu öffnen. Hat sie eine dunkle Natur, was bedeuten könnte, daß ich aufpassen muß, daß sie mein Nervensystem nicht überfordert? Oder wird sie andere Schwierigkeiten in sich tragen, die ich nicht voraussehen kann? Wenn eine neue Substanz fix und fertig zum Probieren ist, hat sie für mich eine Persönlichkeit. Ich kenne diese zwar noch nicht, da ich erst mit ihr interagieren, bzw. mein Nervensystem mit ihr interagieren muß, da diese neue Substanz noch keine Möglichkeit hatte, eine Beziehung aufzunehmen. Aber auch wenn ich diese spezifische Persönlichkeit noch nicht kennengelernt habe, weiß ich, daß sie vorhanden ist. Wenn ich dann diese Substanz auf ihre Aktivität hin ausprobiert habe, dann ist mir deren Natur sehr klar. Die ›Wesenheit‹ hat dann einige meiner Inputs zu ihrer Entwicklung und Entstehung akzeptiert. Ich kann ohne Einschränkung behaupten, daß jede Substanz, die ich entdeckt und ausprobiert habe, ihren eigenen Charakter hat, genauso wie alles, was mit einer wachsenden Pflanze zusammenhängen mag.«

Ich saß da und sah ihn erstaunt an. Dann beugte ich mich vor, um ihm zu sagen: »Das ist das erste Mal, daß ich so etwas gehört habe. Ich hatte keine Ahnung, daß es so etwas auch in einem Labor geben kann. Das wirft für mich ein völlig neues Licht auf die Dinge. Hast du das schon einmal deinem Freund Terence erzählt?«

»Nein. Das habe ich vorher noch niemandem erzählt. Es ist nicht etwas, das man bei einer Vorlesung an der New Yorker Akademie der Wissenschaften von sich gibt, weißt du.«

Ich lachte. Dann fragte ich ihn, ob er nicht auch der Meinung sei, daß die Tapeten ungewöhnlich aktiv seien, mehr als sonst.

»Jetzt, wo ich genau hinschaue, fällt mir das auch auf. Wie geht's dir? Körper und Seele noch zusammen?«

Ich sagte ihm, daß ich mich gut fühle. »Es fühlt sich sehr stark, sehr intensiv an. Vielleicht habe ich nicht darauf geachtet, als ich am Reden war. Aber jetzt merke ich es um so mehr.

»Ich auch. Es scheint nochmal einen Sprung gemacht zu haben, seitdem wir zum letztenmal darüber geredet haben.«

Großer Gott, das ist wirklich machtvoll! Alles bewegt sich, verwebt sich und sendet bedeutsame Botschaften aus.

Meine Zähne klackten aufeinander, als mich ein plötzlicher körperlicher Schauder überkam. »Wie wäre es, jetzt unter die Bettdecke zu kriechen?«
Shura schwang seine Beine vom Bett und zog sein Gewand aus. Die Haut seiner linken Hüfte zuckte etwas, als würden elektrische Stromstöße hindurchfließen. Ich schaute mir den langen, muskulösen Rücken an und seinen reizvollen, kleinen runden Po. Ich ließ meinen Umhang auf den Boden fallen und kuschelte mich schnell unter die Decke. Ich nahm Shuras Hand in meine und beobachtete die rotierenden Regenbogen an der Zimmerdecke.
Ich schloß meine Augen und hielt voller Erstaunen vor den unglaublich farbigen Bildern, die sich mir auftaten, den Atem an. Ich stand am Eingang einer Moschee, schaute mir die in Gold gemalten Bögen an. Ich merkte, wie Shura die Bettdecken entfernte.
Wir beide wurden Teil eines Lichtnetzes, das die Erde umspannt. Wir brachten uns, unsere Emotionen und Gedanken, unsere Erfahrungen mit des anderen Gerüchen und Geschmäckern mit ein, um so das Ganze anzureichern. In der verlangsamten Zeit wurde jede Berührung der Hand und des Mundes zu einem Akt der Schönheit, eine Gabe an unsere eigene Leibhaftigkeit und zur Macht der Bestätigung. Wir sagten JA zueinander, zu uns selbst, zum Lebendigsein, und das JA pulsierte zu uns zurück.

Wie lernen wir zu lieben? Woher wissen wir, wie man mit den Fingern auf des Geliebten Haut Brokat-Muster zieht? Wie man mit einem Streicheln der Hüfte »Ich will« sagt? Wie man die Schönheit der Rundungen und Knochen mit Hand und Mund ehrt? Es ist die Körpersprache, und wenn die Liebe des Herzens und des Geistes geöffnet wird, fängt sie an zu kommunizieren. Man kann das nicht erklären. Man lernt es während der Berührung von selbst.

Als Shura aufschrie, spielte im Radio de Falla's »Nächte in den Gärten Spaniens«. Nach einer Weile wandte er sich mir zu. Ich sah in der Ferne einen klaren Edelstein – er sah wie ein blasser Aquamarin aus –, aus dem eine weiß-blaue Spirale aufstieg. Sie veränderte ihre Farben, wurde malvenfarbig, dann violett, während sie sich spaltete und an beiden Seiten meines Kopfes vorbeihuschte. Ich fühlte die Aura des Grals, dann überrollte mich eine Flut der Exquisitheit, und ich schwebte in einem Meer sanften blauen Lichts.
Ich bedankte mich flüsternd und lag mit geschlossenem Augen neben ihm. Mein Atem ging gleichmäßig.
Plötzlich war Shura neben mir, im Bett aufgerichtet, und wir ventilierten zur Zimmerdecke und durch sie hindurch. Unsere Köpfe kamen an der anderen Seite wieder heraus. Weiter ging es nicht. Wir waren von brauner Erde umgeben. Nur wenige

Meter entfernt sah ich eine kleine Hütte, war mir aber nicht sicher, ob das Strohdach mehr als nur einen Raum beherbergte. In einem Licht ähnlich dem einer Morgendämmerung erkannte ich um uns herum eine Vielfalt von Blumen und Blättern. Die Luft war warm. Hinter uns schlängelten sich wunderschöne große gelbe Lilien, mit braunen Tupfern und winzigen scharlachroten Blüten an einem dicken Stamm. Von überhängenden Bäumen sah man große dunkelgrüne Trauben breitblättriger Pflanzen. Ich erblickte einen vom Hüttendach hängenden Korb voller in Pink und Weiß strahlender Blumen. Ein strahlender Duft von fruchtbarer Erde und wachsenden Pflanzen schien allgegenwärtig.
Shura und ich waren Kinder, denen es vergönnt war, ihre Köpfe für einen kurzen Augenblick in die Welt der Erwachsenen zu stecken. Meine Augen wurden von einer großen Figur links vom Strohdach angezogen. Ruhig wie ein Stein sah ich die Umrisse dreier großer Köpfe als Silhouette gegen den langsam heller werdenden Himmel. Ich wußte, daß ich drei riesige Körper sah, die dort nebeneinander hockten und uns beobachteten. Ich war ganz baff vor ihrer Macht, dieser überwältigenden Majestät: ich fühlte mich wie ein ertapptes Kind, das beim Betreten eines verbotenen Raumes erwischt wurde.
Die Großen schauten mit einer Mischung aus verhaltenem Amüsement und liebevoller Geduld auf unsere Köpfe herab, zumindest empfand ich es so. Ihre Botschaft lautete: »Das reicht nun, ihr Kleinen. Ihr seid weit genug vorgedrungen. Nun werdet ihr wieder dahin zurückkehren, wo ihr hingehört.«
Ich fand mich, Shuras Hand umklammernd, im Bett wieder.
»Hast du das auch gesehen?«
»Was gesehen?«
»Die drei Buddhas oder Götter oder was auch immer sie waren. Du warst mit mir, direkt neben mir.«
»Erzähl mir, was du gesehen hast.«
Ich erzählte es ihm. Es war mir gleich, daß meine Stimme von Tränenflüssen geschüttelt wurde.
Als ich mit Erzählen fertig war, zog er mich an sich, und wir lagen eine Weile ruhig nebeneinander. Plötzlich wechselte die Musik im Radio, und Wagnerklänge ertönten. Zeitgleich stießen wir ein ungläubiges »Oh nein!« aus und fingen an zu lachen. Shura beugte sich vor, um einen anderen Sender einzustellen...

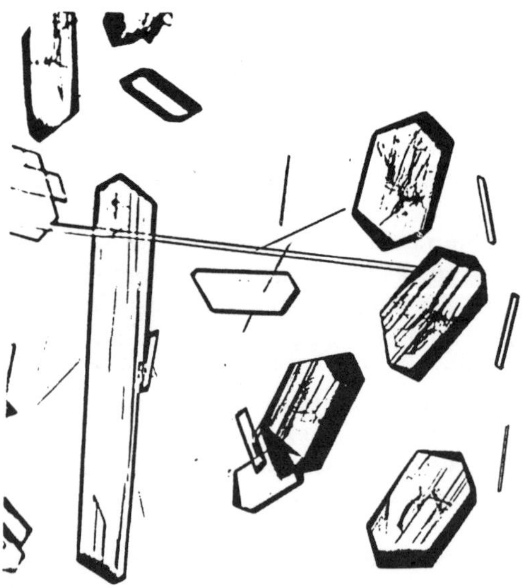

Psilocybin (kristallisiert aus Methanol).

Tim Leary und der Heilige Pilz

Gläser klirren, ein Kuchen wird sternförmit zerschnitten, Gelächter. Der angenehm kühle Abendwind streicht mir nach einem heissen Sommertag durchs Haar. Es fägt, der Plausch! Rund um den langen Tisch, unter dem rosa Abendhimmel, sitzen bunte Freaks und mitten unter ihnen der lustige Onorio, ein Bergbauer, der mit seinen gut 50 Jahren das Leben immer mehr zu geniessen weiss. Wenn ich in sein mit allen Runzeln und Furchen lachendes Gesicht schaue, meine ich ein neugeborenes Baby vor mir zu sehen. Er ist unser Freund und beehrt uns mit seinem Besuch.
Erzählen - trinken - essen - erzählen - trinken ... wir überbieten einander stundenlang mit wahren verrückten Geschichten.

"Meine Kinder, hört gut her", trompetete nun der geschätzte Vater Onorio in die Runde, "ratet mal!" - und er singt:

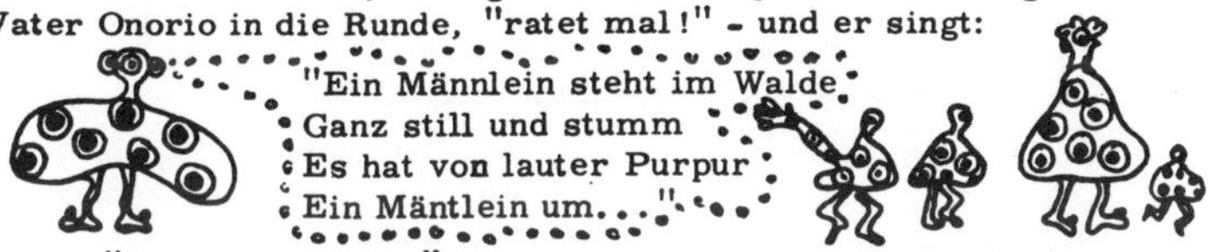

"Ein Männlein steht im Walde
Ganz still und stumm
Es hat von lauter Purpur
Ein Mäntlein um..."

"Der Fliegenpilz!" tönt es von allen Seiten. Und Onorio hebt zu erzählen an:

"Bis vor einem Jahr stand ich im Unglauben, das kleinste Stückchen amanita muscaria lasse einen tot umfallen - bis mich ein angesehener amerikanischer Professor des besseren belehrte. Er war in einem Nachbarhause mit seinem Gefolge zu Gast, alles junge, bärtige Männer samt ausgesprochen hübschen Frauen. Er besuchte mich einmal, um sich meine Kupfer-und Pfannenflickwerkstatt anzuschauen. Da ich neben der Bauerei noch mit Antiquitäten, Alabastereiern und sonst noch so Krimskrams handle, führte ich ihn ins Haus, um ihm diese Waren zu zeigen. Unter der Türe bleibt Professor Leary wie angenagelt stehen und betrachtet den leuchtenden Fliegenpilz im Glas. Er steht auf einem Regal zwischen Giftschlangen, die ich ebenfalls in eine Konservierungsflüssigkeit gelegt habe und als demonstrative Musterexempel zur Schau stelle. Der Amerikaner freute sich ungemein über den Pilz, und wir beschlossen, nach dem nächsten Regen zusammen Pilze sammeln zu gehen. Bald war es soweit. Der Professor schickte seine jungen Freunde, und so zogen wir mit meiner ganzen Familie und allen auffindbaren Körben in den Wald, um einen guten Wintervorrat an bekömmlichen Speisepilzen zu sammeln.

Wie staunte ich, als die Studenten des Doktor Leary ob den hunderten von Fliegenpilzen in Verzückung gerieten und wie verrückt unter Tanzen und Johlen korbweise den giftigen Pilz sammelten. Gegen meine Einwendungen antworteten sie geheimnisvoll: "Du wirst noch sehen!"

bitte wenden..

In den heiligen Schriften der Himalaya-Völker - den Veden - heisst es immer wieder ziemlich wörtlich: Soma, der Lebenstrank der Götter, ergiesst sich aus dem Mond auf die Berge, gelangt in die starken Kräuter, wird mit diesen von den darum heiligen Kühen aufgenommen, und wird zur Milch, der Unsterblichen Mondtrank, der dem Körper Fruchtbarkeit und Jugend und dem Geist das Weisse Licht der Erkenntnis verleiht.

Schweizer Freunden der Stärnelüt und des Frii-Stärneblettli ist noch in guter Erinnerung, was Prof. Dr. Timothy Leary während seines Aufenthalts 1971-72, wenn er über die Alpen wanderte, uns so mitgab:

"Die Chemie zerstörte die natürliche Umwelt, und es ist nur die karmische Folge davon, dass sie in Basel zur Erforschung des Psilicibin und des LSD kamen, die einsichtsvollen Menschen die Möglichkeit zur Ueberwindung gerade dieser materialistischen Wissenschaft aufzeigt. Mit dem LSD geht der moderne Mensch wieder aus der Sackgasse hinaus, in die ihn die Chemie hineinbrachte. Am Ende werden wir wieder auf den Alpweiden sitzen und dort als Gegebenheit wieder haben, was wir in den Jahrhunderten vor der technologischen Entwicklung aufgaben."

Befreundete Star-People aus den Staaten teilen uns mit: "Unsere Laboratorien haben ergeben, dass aus den Ausscheidungen der Kühe, freilich nur derjenigen, die in der vollständig natürlichen Umgebung der Landkommunen aufwachsen und auch mit entsprechender Liebe und Achtung behandelt werden, sich Pilze bilden, die ganz und gar denen entsprechen, die als mexikanische Götterpilze (s. Leary's Trip von 1960 in Mexico) am Anfang unserer ganzen Hippie-Bewegung stehen." Dieses Hippie-Laboratorium von Kalifornien behauptet glaubwürdig, dass natürliche Spuren von Psilicibin durch die geheimnisvolle Pilzchemie im Kuhleib durch die Milch auch zu deren Geniessern in Form von Milch, Käse, Butter, Yoghurt oder Kefir gelangen. Gehirnwellenmessungen und Orgonbestimmung von Versuchspersonen, die sich einen Monat lang der vorwiegenden Milchnahrung (selbstverständlich von freiweidenden Kühen in natürlicher Umwelt, ohne Silofutter und Chemikalien) bedienten, erreichten durchschnittlich die Frequenz von erfahrenen Haschischrauchern während der höchsten Stufe des High-Zustandes.

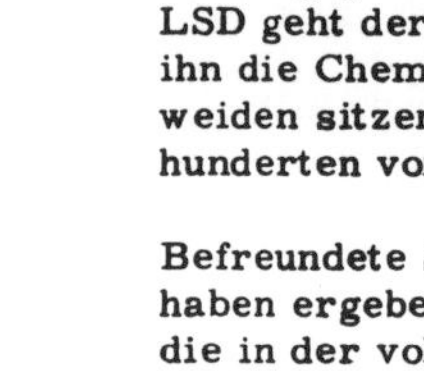

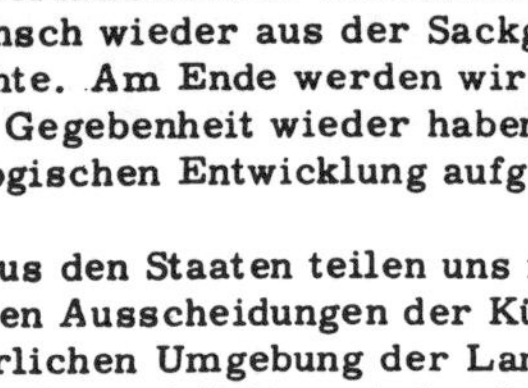

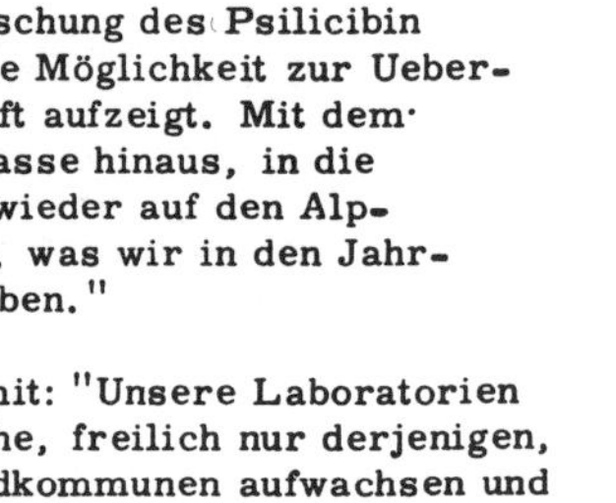

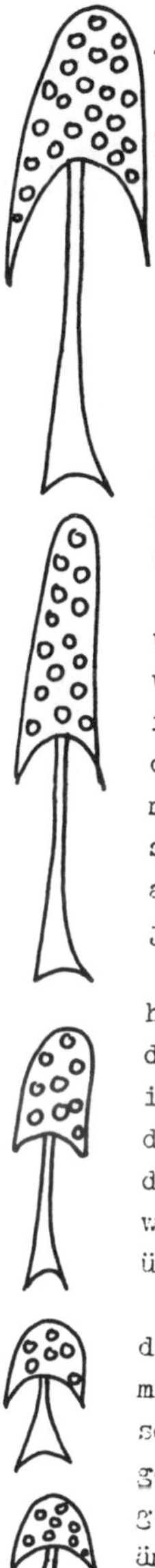

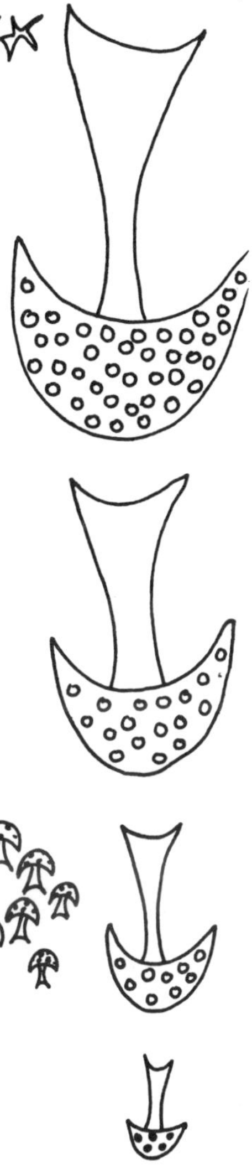

i ha einisch chrütli gsuächt im wald

lied aus den tessinerbergen

i ha einisch chrütlät im wald,
äs het viel eschä und birkä gha.
i ha n'äs chrütli gsuächt,wo mi ds läbä lang
schön und gsund und glücklich macht.
äs het mi uf nä sunnägi liächtig zogä,
dr guggär het grüäft.
gu gu gu gu .....

u da ghöri plötzlich diä liäblächschti musig,
wo n'äs uf ärdä git.
i luägä mi umä,was gseh n'ig de da???
ds pi[illegible]kli het äs grossüs fescht [illegible]ha.
mit ihrnä rotä,wisstupfätä chäppi,
si sie um n'ä pilz tanzät,wo grössär isch gsi
als diä höchschti tannä.
juhuiii,juhuuuu....

hei si gsungä,u hei mir gwunkä.
da het mir ä schönä jüngling äs gricht bracht
ihrä guldigä schalä.
d'pilzlütli si um mi umä ghockät u hei gseit:
das isch dä heilig pilz.
wo so tüpflät isch wiä üsi huätli.
üüüääää,üüüü,ääää,.....

das mahl isch köschtlich gsi,
mir si umä riesäpilz umä tanzät.
so lang und schnäll bis mir gflogä si.
geng höchär und höchär,bis mir uf üm höchschtä pilz
g'standä si.
üm dach vor wält........

diä värgangnigä zytaltär ig a üs värbi zoga,
jedä stärn isch ä wält für sich gsi.
und de bi n'ig id's türkisblauä all inä gumpät.
all la la la ,all la la .....

tuusig christall hei gfunklät,
millionä sunnä hei glüäht,
milliardä stärnä hei gleissät.

nach langä,langä zytä
bi n'ig uf ärä taunassä waldliächtig ärwachät.
där feschtplatz isch värlassä gsi.
keni lütli u ke riesäpilz.
usäm grüänä gras hets zündrot glüchtät.
i bi ufpgschrungä u ha gschtunät.
ohhh oho,ohh ohh oho....

das ganzä mätteli isch mit rot wysstupfätä pilzä übärwach-
sä gsi.
ds mitts drin gseh n'ig mis chörbli,
ghuffät voll mit denä pilzä.

d'sunnä isch ufgangä,
und ig bi wytär zogä.

uschlä

Wassons literarische Vorgänger

von Terence McKenna

Es bestehen keine Zweifel, daß das Zeitalter der Ethnomykologie mit der Arbeit von Gordon und Valentina Wasson begonnen hat. Der verstorbene Wasson kann als der Abraham eines wiedergeborenen Bewußtseins für die Präsenz eines schamanistischen Vermächtnisses des Pilzes im Westen angesehen werden. Wie alle innovativen Denker, so hatten auch die Wassons ihre Vorgänger. Vor ihnen waren sich schon andere des visionären Potentials von Pilzen bewußt geworden, obwohl ihre Einsichten dann kein »cause celèbre« wurden oder gar eine akademische Disziplin. Viele entschieden sich einfach, ihre Entdeckungen geheimzuhalten, angesichts der langandauernden Vorurteile der westlichen Gesellschaft Pilzen gegenüber durchaus verständlich. Immer wieder haben angsterregende Berichte über »Pilzvergiftungen« für Verunsicherung gesorgt, in denen nie etwas über positive Wirkungen der Fungi geschrieben wurde. Als gutes Beispiel läßt sich A. E. Merrill anführen, der 1914 in einer Ausgabe des SCIENTIST eine versehentliche Einnahme eines *Panaeolus papilionaceus** in Oxford, Maine beschrieb. Dieser Bericht wurde 1960 von Robert Graves wiederentdeckt.

Herr W. sammelte etwa ein Pfund der Panaeolus-papicionaceus-Pilze und briet sie für sich und seine Nichte in Butter. Die unmittelbare Wirkung war, daß sie sich beide etwas benommen fühlten, und schon bald schien ihre Umgebung leuchtende Farben anzunehmen, wobei ein lebendiges Grün dominierte. Danach verspürten sie einen unbändigen Drang, auf und ab zu springen, was sie zu ihrem großen Vergnügen und unter fast hysterischem Gelächter auch taten. Das Lachen bezog sich dabei auf ihre schlagfertigen Bemerkungen, die sie austauschten. Als sie das Haus verließen, um einen Spaziergang zu unternehmen, verloren sie jegliches Zeitgefühl. Eine lange Phase erschien ihnen kurz und umgekehrt. Ähnlich war ihre Einschätzung von Entfernungen. (...) Tapetenmuster schienen zu kriechen und zu krabbeln. Zuerst geschah dies nur zweidimensional, doch dann bewegten sie sich unheimlich aus der Wand heraus auf ihn zu. Er betrachtete einen Rosenstrauß auf dem Tisch, einen anderen auf dem Schreibtisch, alle Rosen von der selben Art. Plötzlich schien der ganze Raum von Rosen in verschiedenen Rottönen angefüllt zu sein; in unterschiedlichen Größen, in Sträußen, Girlanden und Kränzen.
Als ihn ein Gefühl überkam, als ob ihm das Blut in den Kopf schösse, legte er sich hin. Es folgten Illusionen ungezählter Gesichter aller Arten. Aus nah und fern grinsten ihn gruselige Grimassen in allen Farben von Feuerwerkskörpern, also intensiv rot, lila, grün und gelblich entgegen.

* Dieser Pilz mag falsch identifiziert worden sein, aber seine Wirkungen entsprechen arg denen von Psilocybin.

In der Tat wäre es für freiwillige Nutzer halluzinogener Pilze schwer gewesen, solche Wirkungen öffentlich als erstrebenswert oder als künstlerische Inspiration zu verteidigen. Im Gegenteil, es erschien den Pilzkennern als weise, zu schweigen.
Doch einigen von ihnen gelang es anscheinend, ihre persönlichen Erfahrungen mit psychoaktiven Pilzen auf sicherem Wege zu publizieren. Sie verkleideten ihre Berichte in Romanform. Wir können heute in einer Zeit, in der die Ethnomykologie einen größeren intellektuellen Diskussionsrahmen gewonnen hat, diese mutigen Futuristen untersuchen. Ihre Arbeiten implizieren, was Gordon Wasson später verdeutlichte: die Anwesenheit einer ehrfurchterregenden spirituellen Macht in diesen visionären Pilzen.
Einige dieser »literarischen Vorgänger« wurden von den Wassons in ihrem Werk »Mushrooms, Russia and History« anerkannt. Einer von ihnen war Lewis Carroll. Sein Meisterwerk aus dem Jahr 1865, »Alice im Wunderland«, enthält einen Passus, in dem Alice, die Protagonistin, ein Stück von einem Pilz ißt, woraufhin sie abwechselnd schrumpft und wächst. Die Wassons bemerkten dazu:

Jede von Alices folgenden Verzerrungen, so sehr sie auch durch die liebevolle Ironie von Lewis Carrolls Imagination abgeschwächt waren, enthielten einen Geschmack pilziger Halluzinationen. Ist die Einfügung dieses Pilzes in Alices Geschichte nicht etwas unheimlich? Was brachte diesen ruhigen Gelehrten aus Oxford dazu, so ein berauschendes Stück zu schreiben? Für den initiierten Leser muß es unheimlich gewesen sein, wie er das Mädel auf seinen Weg brachte. Schöpfte er diese neugierige Gestalt wundersamer und auch furchteinflößender Herkunft aus dem einen tiefen Brunnen halb-bewußter Volksüberlieferungen?

Die Möglichkeit, daß Carroll sich dabei auf Selbsterfahrungen mit psychoaktiven Pilzen gestützt haben könnte, wird von den Wassons übersehen. Statt dessen entwickeln sie ihre eigene These, daß er seine Inspiration aus einer anderen Quelle bezog: Mordecai Cooke's »A Plain and Easy Account of British Fungi« (1862). Dieses Buch enthält, in den Worten Wassons, »erschreckende Berichte der Fliegenpilz essenden Korjaks« aus Sibirien, welche nach Einnahme dieses Pilzes *(Amanita muscaria)* neben anderen psychoaktiven Wirkungen »irreführende Eindrücke von Größen und Entfernungen« erlebten.
Interessanterweise ignorierten die Wassons ein wichtiges Beweisstück, das ihre These stark untermauert. Man findet es am Anfang jener Szene, in der Alice mit dem magischen Pilz Bekanntschaft macht:

Nicht weit von ihr wuchs ein großer Pilz, ungefähr so groß wie sie selbst; und als sie ihn von unten, von hinten und von beiden Seiten betrachtet hatte, fiel ihr ein, daß sie ebensogut einmal nachsehen könnte, was obendrauf war.
Sie stellte sich auf die Zehenspitzen und spähte über den Rand, und alsbald traf ihr Blick den einer großen blauen Raupe, die mit verschränkten Armen dort oben saß und ruhig aus einer langen Wasserpfeife schmauchte, ohne von ihr oder von irgend etwas anderem auch nur die geringste Notiz zu nehmen.

Zu der Zeit, als die Wassons »Mushrooms, Russia and History« verfaßten, war ihnen ein wichtigeres Buch von Mordecai Cooke, »The Seven Sisters of Sleep« (1860) unbekannt. In ihm werden sieben Hauptvariationen psychoaktiver Substanzen beschrieben. Zu ihnen gehören sowohl der *Amanita muscaria* wie auch Cannabis, die beide von Carroll in einem überzeugenden Bild der pfeiferauchenden Raupe auf einem Pilz mit magischen Eigenschaften trefflich vereint wurden.
Ebenfalls in »Mushrroms, Russia and History« erwähnen die Wassons die interessante Geschichte eines psychoaktiven Pilzes, die H. G. Wells im späten 19. Jahrhundert geschrieben hatte. »The Purple Pileus« erzählt die wahrscheinlich fiktive Geschichte eines Herrn Coombes, eines sanftmütigen, unter dem Pantoffel seiner Frau lebenden Mannes, der versucht, sich mit Pilzen aus dem Wald, die er für giftig hält, zu töten. Diese Pilze, so Wells, »waren von einer merkwürdigen, giftig aussehenden Lilafärbung – schleimig, schimmernd und einen sauren Duft abgebend.« Als Coombes sich ein Stück abbrach, verwandelte sich das cremig weiße Pilzfleisch »wie magisch innerhalb von zehn Sekunden in eine gelblich-grüne Farbe.« Der Geschmack ist so ekelerregend, daß er den Bissen fast wieder ausspeit. Innerhalb von Minuten fängt sein Puls an zu rasen, und er verspürt ein Kribbeln in Fingerspitzen und Zehen. Bevor er noch einen weiteren Pilz aus einer Gruppe, die er in der Entfernung wahrnimmt, zu sich nehmen kann, wird er von der vollen Wirkung des Pilzes überwältigt. Für mehrere Stunden wird seine Psyche einer machtvollen Veränderung ausgesetzt. Sie transformiert ihn in einen lebhaften Löwen. Fröhlich singend und tanzend eilt er nach Hause und stellt sich seiner Frau. Seine Augen werden als »unnatürlich groß und strahlend« beschrieben, als er das Haus betritt. Nachdem er den Liebhaber seiner Frau vertrieben und sich ihren ewigen Respekt verschafft hat, fällt er in einen »tiefen Heilschlaf«.
In der Analyse der Geschichte Wells stellen die Wassons klar, daß sie nicht daran glauben, daß Coombes einen *Amanita muscaria* gegessen habe. Statt dessen vermuten sie, Wells habe »aus Gründen des Plots der Geschichte einen hierfür benötigten Pilz erfunden«. Weder erwähnen sie, noch haben sie wohl daran gedacht, daß es sich bei dem lila Pilz von Wells um einen leicht verkleideten Psilocybinpilz gehandelt haben könnte. Auch der Psilocybinpilz ändert seine Farbe, wenn man das Fruchtfleisch bricht. Sowohl die Geschmacksbeschreibung paßt, wie auch das gruppenweise Wachstum. Er erregt sehr schnell psychologische und somatische Wirkungen, darunter das Weiten der Pupillen. Er zieht als Nacheffekt immer einen tiefen Schlaf nach sich. Außerdem ist noch erwähnenswert, daß Wasson in seinem späteren Werk 1978 »The Road to Eleusis: Unveilling the Secrets of the Mysteries«, das er zusammen mit Albert Hofmann und Carl A. P. Ruck verfaßt hat, über die lila Farbe eines psychoaktiven Pilzes schreibt. Die Verfasser argumentieren hier sehr überzeugend, daß der Heilige Trank, der in Eleusis gereicht wurde, den psychoaktiven Pilz *Claviceps purpurea* enthielt. Ihrer Meinung nach hatte auch die purpurne Farbe der Kleidung der Priester ihren Ursprung in diesem Pilz, welcher überall in Europa wächst. Könnte Wells mit den Wirkungen des Psilocybinpilzes oder des Claviceps oder einer anderen Art halluzinogener Pilze persönlich vertraut gewesen sein? Mit Sicherheit beinhalten andere seiner Geschichten Einsichten, die er durchaus durch solche Experimente gewonnen haben könnte. In der »Plattner Story« zum Beispiel findet

sich der Hauptcharakter plötzlich durch die Auswirkungen einer chemischen Explosion in einer fremdartigen, halluzinatorischen »anderen Welt« mit einer grünen Sonne wieder, in der seine linke und rechte Körperhälfte vertauscht sind. Das grüne Licht ähnelt dem schon erwähnten beim Herrn W. Die Transposition von Plattners Körper erinnert sowohl an Alices Abenteuer »Hinter den Spiegeln« (denn im Spiegelbild sieht man sich ebenso seitenverkehrt), wie auch an moderne Theorien vom Hemisphären-Shift des Gehirns unter Einfluß von Halluzinogenen. »Es kann durchaus möglich sein«, so Wells, »daß Menschen mit guten Augen manchmal einen Schimmer dieser fremden anderen Welt sehen können.«

In einer anderen Geschichte, »The New Accelerator«, erzählt Wells von einem Mann, der Drogen nimmt. Sie beschleunigen seinen Metabolismus so extrem, daß die Welt um ihn herum stillzustehen scheint. Der Eindruck des »die Welt anhaltens« ist ein weiteres Merkmal, welches unter dem Einfluß von Halluzinogenen nicht ungewöhnlich ist, auch wenn es Wells hier dem Einfluß von Lachgas zuschreibt: »Du kennst diese leere Nicht-Existenz, in die man fällt, wenn man Lachgas genommen hat«, sagt sein Protagonist, »für einen unendlichen Zeitraum war es ebenso.«

Die Vermutung, daß Wells Erfahrungen mit psychoaktiven Substanzen hatte, drängt sich also auf. Noch wahrscheinlicher erscheint dies bei Wells Zeitgenossen John Uri Lloyd, dem mit an Sicherheit grenzender Wahrscheinlichkeit die psychoaktive Wirkung von Psilocybin enthaltenden Pilzen bewußt war. Im Jahr 1895, ganze 60 Jahre vor Gordon Wassons Trip nach Huautla, erschien erstmalig seine verschlüsselte Darstellung von einem Psilocybin-Erlebnis, »Etidorpha«.

Die Beweise, daß Lloyd die Wirkungen von Psilocybin am eigenen Körper erlebt hat, sind überwältigend. Lloyd war ein Fin-de-siècle-Charakter, sowohl ein komptenter Pharmazeut, wie auch ein Mann mit einer Leidenschaft für okkulte Literatur und Spekulationen. Neal Wilgas zufolge, der die Einleitungen zu späteren Ausgaben von »Etidorpha« (1966, 1976) geschireben hat, wurde Lloyd am 19.4.1849 als ältester Sohn eines Ingenieurs und Nachfahren von Gouverneur John Webster in West Bloomfield, New York, geboren. Seine Familie zog über Kentucky nach Cincinnati. Dort erlernte John Uri Lloyd im Alter von 15 Jahren den Drogenhandel. Er arbeitete als Labormanager und später als Partner in einer Drogenfirma. Zusammen mit seinem Bruder publizierte er eine Vierteljahresschrift, »Drugs and Medicines of North America«. Später wurde er Teilhaber der Lloyd Bibliothek für Botanik und Pharmazie. Noch heute legt das Magazin »Lloydia« Zeugnis ab von der Leidenschaft der Gebrüder für die Pharmakologie und artverwandte Gebiete.

John Uris Bruder Curtis Gates Lloyd galt als einer der führenden Pilz-Botaniker seiner Zeit in der Welt. C. G. Loyd verschaffte sich sehr umfangreiche Pilzsammlungen, darunter aus der Gegend des mexikanischen Golfs wie auch der Südstaaten. Es können kaum Zweifel bestehen, daß ihm dabei die Spezie *Stropharia cubensis* bekannt war und zu seiner Sammlung gehörte. Seine in die Tausende gehende Sammlung wurde später vom Smithsonian Institute übernommen. Vielleicht würde man bei einer umfassenden Prüfung jener Sammlung auf Notizen über psychoaktive Pilze stoßen.

Jedenfalls scheint es klar, daß John Uri Lloyds bizarre Hohlweltnovelle »Etidorpha«

Umschlag des Pilz-Klassikers ETIDORPHA mit deutlichen Lesespuren.

eine Art Labyrinth war, in dem er seine Apotheosis persönlicher Erfahrungen aus der Pilzwelt unterbringen konnte. In ihr beschreibt er nicht nur seine Begegnung mit der anagrammatisch verschlüsselten Mutter-Göttin Etidorpha (Aphrodite rückwärts buchstabiert), sondern auch eine Zeittheorie, die den unzweifelhaften Einfluß der Pilz-Philosophie enthält. Am Ende von sieben Kapiteln, die einer klassischen psychopompischen Initiation durch visionäre Pilze entsprechen, bringt er eine Fußnote an, die die Katze aus dem Sack läßt:

Wenn ein Chemiker durch Experimente auf eine chemische Substanz stieße, deren Wirkung seinen Geist beeinflussen und seinen Stift zur Niederschreibung ähnlich extravaganter Ideen brächte, wie sie in den hier beschriebenen Halluzinationen zu finden sind, oder ungewöhnliche Sätze bilden würde, die über seine normalen Fähigkeiten hinausgehen, obwohl er die Spätwirkungen einer solchen Droge nicht abzuschätzen vermag, wäre es nicht seine Pflicht, selbige Entdeckung von anderen zu verbergen? Müßte er nicht die Existenz einer solch schädlichen Frucht der Kunst des Chemikers oder Pharmazeuten der Menschheit vorenthalten? Ein, zwei Schlucke von solch einem potenten Mittel zu nehmen und dann in der Lage zu sein, Sätze zu schreiben, die die Geschichte seiner Macht beschreiben, mögen einem wachen Menschen auf der Hut keinen Schaden antun, aber der Menschheit als solcher muß eine so durchdringende Essenz vorenthalten werden. Mache so eine Substanz allgemein zugänglich, und sie wird im Menschenblut fermentieren, sie mag von Seele zu Seele wandern, bis die Welt plötzlich, bevor sie darauf gefaßt ist, der zunehmenden Potenz des Mittels ausgeliefert ist, die unsere Zivilisation aus den Angeln heben oder zerstören wird und die Menschheit ausrotten.

Was hat es nun mit diesen extravaganten Ideen und Halluzinationen, von denen John Uri Lloyd sprechen möchte, auf sich? Am Ende des Kapitels XXXIII wird dem Helden der Geschichte befohlen, er solle den Saft eines »bestimmten Pilzes« trinken. Der Führer des Helden verliert nicht viele Worte: »Er sagte nur ›Trink!‹, und ich tat, wie mir befohlen ward.« Die folgenden drei Kapitel dokumentieren einen künstlichen Monolog über die Methoden eines Rausches, wie sie der Menschheit weltweit durch die Geschichte bekannt sind. Die Schrecken des Suffs und der Sucht werden bildlich beschrieben und erreichen in Kapitel XXXIX ihren Höhepunkt: »Unter den Trunkenbolden«. Wenn in diesem Kapitel die obligatorischen Höllenerfahrungen von Drogensucht im 19. Jahrhundert beschrieben werden, so schildert Kapitel XL die entsprechende paradiesische Götterwelt. Dieses Kapitel, in dem der Held auf Etidorpha trifft, ist auch der Höhepunkt des Buches. Ihre Erscheinung setzt eine wasserfallartige, blumige (und psychedelisch anmutende) Prosa in Gang:

Könnte irgendein Mann auf Grund der Daten meiner vergangenen Erlebnisse solch eine Szene vorausgesagt haben? Nie zuvor erschien mir das Antlitz solch einer Frau. Nie zuvor gab es einen Hinweis, daß in diesen stillen Höhlen das edle Geschlecht existiert. Nun wechselte ich plötzlich von den grotesken Figuren und den schrecklichen Schreien früherer Bewohner der gleichen Höhle in eine Szenerie des schönsten, künstlerischsten wie auch poetischsten Geistes. Es entwickelte sich

ein außergewöhnlicher Traum in einem Höhlenland, einem Höhlenmärchenland. Ich schaute auf. Die nackten Felsen waren verschwunden. Die große Halle war in brillanten Farben ausgeschmückt. Der Dom der großen Bögen, der bis in unmeßbare Höhen reichte, war in allen Farben des Regenbogens dekoriert. Flaggen und Banner flatterten in einem Lufthauch, der die anderen Stoffe der Engelsscharen über mir bewegte, auch wenn ich sie nicht sehen konnte.
Die Gruppe der Geister oder Elfen kam bis zum Felsen mir zu Füßen, auch wenn ich keine Ahnung hatte, wieviel Zeit sie dafür brauchten. Es mag eine Sekunde gewesen sein, vielleicht auch eine Ewigkeit. Es kümmerte mich nicht. Ein einziger Augenblick der Existenz, wie ich sie hier erfuhr, schien den Wert jeder anderen Freude des Lebens, wie lang sie auch andauern mochte, zu übersteigen.

Der Erscheinung der Göttin folgt kurz darauf wieder das Thema des Leidens und Horrors. Der Held glaubt sich verloren. Tagelang wandert er durch trostloses Ödland, zuerst von der Sonne gequält, anschließend ob ihrer Abwesenheit frierend. Als dann die Halluzinationen nachlassen...

...löste sich die eisige Szene auf. Die von Kälte umhüllte Form meines Körpers verschwand außer Sichtweite. Der Sand schrumpfte ins Nichts zurück. Ich fand mich bzw. meinen natürlichen Körper im normalen Zustand in der Erdhöhle kniend wieder. Neben mir der merkwürdige Pilz, dessen Frucht ich, brav den Anweisungen meines Führers folgend, gekostet hatte.

Zu Beginn des Kapitels XLII diskutiert der Held die Erfahrungen, die er gerade gemacht hatte, mit seinem Führer. Der Psychopomp spricht zuerst:

»Du hast von dem narkotischen Pilz gegessen, du warst berauscht.«
»Das habe ich nicht«, erwiderte ich, »ich bin durch deine verfluchten Höhlen in die Hölle und noch weiter gewandert. Die ewige Verdammnis hat mich während der Reise übermannt. Ich habe sowohl den Himmel der Freuden erlebt, wie auch eine Ewigkeit des Elends.«
»Im Gegenteil. Die Zeit, die vergangen ist, seit du von dem Pilz getrunken hast, reichte nur aus, um auf die Knie zu fallen. Als ich dir die Muschelschale gab, nahmst du einen Schluck des Trankes, dann fielst du auf die Knie und wachtest sofort wieder auf. Sieh nur«, sagte er, »die Bestätigung meiner Aussage. Aus der Muschel, die ich dir zu trinken gab, tropfen immer noch die Reste, die du nicht verbraucht hast. Die Zeit wurde aufgehoben. Unter dem Einfluß dieses starken Erd-Brot-Narkotik-Rauschmittels begann dein Traum innerhalb der Ewigkeit, du bist nicht erst hineingeglitten.«

Diese Auszüge sollten den vorurteilsfreien Leser davon überzeugen, daß John Uri Lloyd, Gelehrter des 19. Jahrhunderts, Pharmazeut, Okkultist und Autor, die bewußtseinserweiternden Agenten des Psilocybinpilzes entdeckt und ausprobiert hat, um anschließend seine Entdeckung geheim zu halten. Warum er dies tat, leuchtet weniger ein. Vielleicht fürchtete er die öffentliche Meinung. Vielleicht begegnete er den visionären Zuständen mit ambivalenten Gefühlen. Als Beweis dafür könnte sein Plädoyer gegen Rauschmittel gelten. Eine andere Möglichkeit ist, daß Lloyd Elitist war. Vielleicht war er, wie später auch Huxley, der Meinung, daß nur »bessere« Menschen Halluzinogene benutzen sollten? Von dieser Perspektive würde »Etidorpha« zweierlei Zwecken dienen: Die Geschichte teilt das Geheimnis des Pilzes mit den »Durchblickern«, die über ausreichende Kenntnisse oder Phantasie verfügen, um die wahre Bedeutung dieser scheinbaren Phantasie zu durchschauen. Und es schreckte jene »Unwürdigen« ab, die nicht unter die Oberfläche tauchen konnten und akzeptierten, daß »die Allgemeinheit nie über solch eine durchdringende Essenz verfügen sollte.«

Wassons Interesse an Lloyd ist belegt, auch wenn er meines Wissens in seinen Büchern nie über ihn geschrieben hat. In der ethnomykologischen Sammlung des Botanischen Museums in Harvard befindet sich ein Ordner der Wassons mit allerlei aufbewahrten Zeitungsausschnitten , Briefen, Notizen und anderen Informationen für eine zweite Edition von »Mushrooms, Russia and History«, die allerdings nie fertig wurde. In diesem Ordner fand ich einen Brief von Herrn Bernard Lentz vom 16. Mai 1957, in dem dieser Wasson empfiehlt, »Etidorpha« zu lesen. Es liegt auch eine Kopie der Anwort Wassons vom 4. Juni 1957 bei, in der er schreibt: »Ich werde mich darum kümmern, sobald ich Zeit habe. John Uri Lloyd – ein wohlbekannter Name.« Jahre später schrieb Wasson dann in einem Vorwort eines Buchkataloges:

Ein Band in diesem Katalog ist für mich von besonderem Interesse: »Etidorpha« (Aphrodite rückwärts buchstabiert), von J. U. Lloyd, ein merkwürdiger Roman oder beser eine Phantasie, die zuerst 1895 erschienen ist. Zu Recht behauptet Michael Horowitz (der Herausgeber des Katalogs), daß es sich dabei um eine Geschichte über einen psychoaktiven Pilz handelt. Woher kamen Lloyds Ideen? Er muß sehr sorgsam in Captain John G. Bourkes Buch »Scatologic Rites of All Nations«, erschienen 1891, gelesen haben, dieser umfangreichen und verblüffenden Sammlung scatologischen Materials (Auszüge des Buches sind 1992 im Eichborn Verlag publiziert worden, eine vollständige Übersetzung erschien 1910 in Leipzig, Anm.d.Ü.). *Lloyds Pilz war mit Sicherheit kein A. muscaria. Besaß er gar eine Kopie der seltensten aller entheogenischen Schriften des berühmten englischen Mykologen M. C. Cooke, den ›Seven Sisters of Sleep‹, einer Schrift, auf die selbst Cooke nie in eigenen Büchern Bezug nahm? Hier haben wir eine fast 120 Jahre alte Anleitung zum Gebrauch psychaktiver Drogen. Sie war nicht einmal in der Bibliografie seiner Schriften, die nach seinem Tode erstellt wurde, enthalten. Wie ist Lloyd auf diese Pilzphantasien gestoßen? Gab es gar eine latente Erinnerung an Pilzgebrauch vor langer, langer Zeit in unserer Gesellschaft? Eine sublime Erinnerung, die nun sowohl bei Lloyd wie auch bei »Alice im Wunderland« wieder aufgetaucht ist? Diese suggestiven Formen und delikat wechselnden Farben der Pilze, ihr plötzliches Erscheinen und Verschwinden, die endlose Vielfalt ihrer Gerüche, für jede Spezie einen – all das wird von einer Pilz-Mythologie bestätigt, die, wenn man sich auskennt, durch die überwältigende Kraft, die ihnen innewohnt, zum Vorschein kommt.*

Wie schon zuvor bei Carroll und Wells unterschlägt Wasson die Möglichkeit, daß Lloyds Einsichten auf eigenen Erfahrungen basieren könnten. Aber er schloß dies auch nicht aus. So bleibt die Lösung dieses Falls kommenden Generationen von Ethnomykologen oder literarischen Archäologen vorbehalten.

Schließlich widmen wir uns einem Werk des 20. Jahrhunderts, das die Wassons übersehen haben. In der Ausgabe des »Irish Ecclesiastical Record« vom Mai 1915 erschien ein Beitrag von A. Newman mit dem Titel »Monsieur Among the Mushrooms«. Es handelte sich um Erinnerungen an eine dem Autor offensichtlich bekannte Person. Die selbe Geschichte wurde 1917 in einem Buch »Unknown Immortals – In the Northern City of Success«, einer Sammlung von Herbert Moore Pim, nachgedruckt. Pim war als Essayist und Journalist seiner Zeit kein unbekannter Name. In seinem Vorwort dankt Pim den Herausgebern des »Irish Ecclesiastical Record« für die Erlaubnis »Monsieur« nachdrucken zu dürfen. Dies können wir als Hinweis interpretieren, daß Pim selber A. Newman war, oder vice-versa.

Während die in »Monsieur« beschriebenen Pilze nicht unbedingt psychoaktiv wirken (höchstens als Fetisch), hat die Story für unsere Diskussion doch eine nicht zu unterschätzende Bedeutung. Zum einen wird in ihr ein Mensch beschrieben, der sich auf einer recht kosmischen Ebene mit Pilzen befaßt, und zum anderen ist es die erste unbekannte Erwähnung eines modernen Pilzgenießer-Kults. Pim schreibt in seinem Vorwort:

Das Vorbild von »Monsieur Among the Mushrooms« lebt, und es geht ihm sehr gut. Er ist eine absolut begeisternde Persönlichkeit. Dieser wohlhabende Mann ist meines Wissens wiederholt in psychiatrische Anstalten eingewiesen worden. Tagsüber betreibt er ein erfolgreiches Geschäft, aber man mag ihn morgens um vier Uhr erwischen, wenn ein Strom von Brillanz aus seinem Mund strömt und er dabei Menschen auf der kalten Straße gegen ihren Willen aufhält. Sein Gehirn arbeitet so schnell, daß er eine eigene Sprache entwickelt hat. Dabei versteht der Zuhörer nur den absolut wichtigsten Kern der Aussagen. Ich habe ansonsten ruhige Männer erlebt, die in der Hitze des Wortgefechts mit ihm durch seine Argumente plötzlich den Boden unter ihren Füßen verloren und sich wütend dagegen zu wehren versuchten.

In »Monsieur« beschreibe ich ihn bis auf sein Äußeres so realistisch wie möglich. Von seinem Aussehen abgesehen, habe ich in der Geschichte nichts übertrieben. Die Debatte zwischen ihm und den Mitgliedern des Parlaments ist so wortgetreu wie mir nur möglich wiedergegeben. Dort kann man mein »Modell« und seine Methoden realistisch wiedererkennen. (Pim, 1915, 1917).

In der Geschichte von »Monsieur Among the Mushrooms« lesen wir über einen erstaunlichen, ja besessenen Menschen, eine Persönlichkeit, die wegen ihrer ungewöhnlichen Gedanken und Ideen zum Thema »Pilze« in ein Heim eingewiesen wurde. In der Geschichte versucht »Monsieur« das Entlassungsgremium des Asyls von seiner Geistesgesundheit zu überzeugen.

Zuerst jedoch beschreibt Pim die merkwürdige Philosophie und Geschichte seines »Modells«, wie er »Monsieur« nennt:

Hier also lernte Monsieur, wie man den Pilz zum Wachsen brachte, und hier verbrachte er, immer in angemessenes Schwarz gekleidet, seine Zeit leichtherzig. In jenen frühen, frischen, aktiven Tagen fand er Zeit, als Arzt seine Theorien anderen aufzudrängen. So kam es, daß er nach einer Weile eine kleine Schar von Gläubigen um sich scharen konnte.
»Wie großartig«, so würde er ausrufen, »ist dieser Pilz! Er hat unsere Umwelt zu seiner Heimat auserkoren. Selbst wenn der Mensch Städte aus Stein erbaut, so fordert der Pilz doch auch seinen Platz inmitten der Städte, um sich dort in aller Stille auszubreiten.«
Aber es galt auch die Umwelt zu beachten. Sie versuche ihre Krallen in ihren Magen zu schlagen, dorthin, wo Monsieur und seine Anhänger ihre Weisheit verdauten. Sie waren an der ästhetischen Anerkennung einer Sache interessiert, die für andere nur kommerzielle Gesichtspunkte hatte.

Überflüssig zu erwähnen, daß die Folgen seiner Anhörung vorhersehbar waren.

Wer kann dieses überhebliche Lächeln auf den Gesichtern seiner Juroren vergessen? Der Pilz war doch die große Ausnahme! Wer könne denn daran zweifeln? Man müsse jenen, die daran glauben, doch entsprechende Möglichkeiten verschaffen.
»Wie soll ich denn«, so der aufgeregte Monsieur, »meine Untersuchungen fortführen?«
Er wurde in aller Höflichkeit darauf hingewiesen, daß, obwohl er in ›extra muros‹ eingewiesen war, doch alle Möglichkeiten habe, weiterzuforschen. Außerdem bestehe doch Hoffnung, daß es ihm bald wieder besser gehe.
»Aber zu welchem Zwecke?« unterbrach er.
»Damit Sie wieder in Harmonie mit der Menschheit leben können«, wurde ihm erklärt.
»Aber die Mehrheit gehört den Pilzen! Der Mensch ist nur ihr Spielzeug und ohne sie nichts. Er ist doch ›extra muros‹!

Als eine Art Gefängnisinsasse verbringt Monsieur seine Tage mit Kontemplationen über die Ironie seiner Lage, und er heckt einen Fluchtplan aus. Während seines Heimaufenthalts kreisen seine wirren Gedanken nur um eines:

Sein Wissen um den Pilz verlieh ihm unbändige Macht. Hinter jenem Material steckte eine außergewöhnliche Geistesenergie, die vorantrieb und führte, überwältigte und eroberte. Und im Pilz selber steckte eine Einheit ohne Berührung. Bei dem Pilz handelte es sich wirklich um einen riesigen Körper, der über die ganze Erde ausgebreitet war. Im Haar waren Pilze, die schon auf Grund ihrer Form auf die Existenz des Gehirns hinwiesen. Eine andere Form zeigte, daß das Ei der Ursprung von allem war. Es war eine Manifestation des Ursprungs schlechthin. Da gab es ein Wachsen und ein sich Absetzen von niederen Tieren. Nebenbei gab es noch viele vom Pilz beeinflußte Dinge: die Sternengleichheit der Augen, aus denen die Sonne und der Mond ihre Strahlen empfangen; die große Masse der Glieder und Körper, die Finger und Gesichtszüge, der verschlingende Mund; die Andeutung der zellulären Struktur des menschlichen Körpers. Die Wirklichkeit aller lebendigen Dinge. Und all dies war unkalkulierbar stark. Und all dies war untrennbar miteinander vereint.

Schließlich gelingt Monsieur eine verwegene, vom Pilz unterstützte Flucht. Uns wird in einer Fußnote mitgeteilt:

Eine zeitlang lebte er unter dem Schutz des Inhabers einer Pflanzenschule, der ein enthusiastischer Pilzanhänger geworden war. Er bestrich seine Glashäuser mit einer das ultraviolette Licht abweisenden Lösung, um in ihnen voller Ehrfurcht Pilze zu züchten. Als Monsieur zu seinen Anhängern zurückkehrte, wurde ein einfaches Pilzritual entwickelt. Ich habe Grund zur Annahme, daß er diese Entwicklung unterstützte und das Ritual selber modifizierte. Aber die Welt mischte sich wieder ein. Ich habe eine Art Tagebuch vorliegen, das von mehreren Angriffen auf die Glashäuser berichtet. Es kam zu Durchsuchungen. Es war mir möglich, Unterlagen über den Kauf eines Schiffes durch den Pflanzenhändler aufzuspüren. Ebenso gibt es Hinweise über eine Einschiffung von Monsieur und seinen Anhängern. Die Planken des Schiffes waren mit Pilzsporen geimpft. Danach tauchen keine zuverlässigen Hinweise mehr auf.

Abgesehen von dem frühen Datum seiner Publikation wird die Geschichte von »Monsieur Among the Mushrooms« so interessant durch die Tatsache, daß in ihr von einer Menschengruppe berichtet wird, die durch die transformatorische Macht des Pilzes vereint wird. Sie scharen sich um einen Anführer und üben Gruppenrituale aus. Es erscheint unwahrscheinlich, daß Pim dem Pilz eine solche zentrale philosophische Rolle unterstellt hätte, wenn er nicht der visionären Erfahrungen, die Psilocybin enthaltende Spezies vermitteln können, bewußt gewesen wäre.*

Zu guter Letzt – es sei denn, Pim habe seine Geschichte ohne Ansprüche auf Wahrhaftigkeit präsentiert – bleiben uns eine Anzahl unbeantworteter Fragen. Wer war dieser mysteriöse Monsieur? Wo und wie entdeckte er die psychoaktiven Eigenschaften der Pilze? Handelte es sich bei Monsieur um Pim selber?** Gibt es weitere Aufzeichnungen über Monsieurs außergewöhnliche Karriere? In welches Heim wurde er eingewiesen? Woher bekam Pim Hinweise über die Attacken auf die Glashäuser von Moniseurs Beschützer? Und schließlich: was wurde aus Monsieur, seinen Anhängern und seinen Unterlagen?

All dies sind in der Tat sehr interessante Fragen, deren Beantwortung Licht in den Status von Psilocybin in der Zeit vor Wasson bringen würde.

---

* Vielleicht hat Pim »Etidorpha« gelesen. Das Buch war zu seiner Zeit sehr populär und beeinflußte u.a. Howard Phillips Lovecraft, den Erfinder der »kosmischen Horror-Science-Fiction« und des Cthulhu-Mythos. Lovecraft bezieht sich im Material seiner »Selected Letters« und in »Marginalia« auf »Etidorpha«. So schreibt er von seinem Besuch der »Endless Caverns« in Virginia, »Vor allem erinnern sie mich an die eigentümliche alte Novelle »Etidorpha«, die in unserem Kreis in Leicombe die Runde machte...«

** Ein literarischer Vorgänger war William James, der eine Beschreibung eigener Melancholieanfälle jemand anderem zuschreibt, siehe »The Varieties of Religious Experience«, 1902.

***

Ich habe in die Bibliographie zu meinem Beitrag alle mir bekannten Ausgaben von Lloyds »Etidorpha« aufgenommen. Die Einleitung von Neal Wilgas findet sich nur in den beiden späteren Ausgaben. Unter dem Titel »The Pharmaceutical Alchemist« befaßt sich diese wissenschaftliche Abhandlung sehr informativ und eingehend mit den psychedelischen Interessen von John Uri Lloyd. Beide Ausgaben sind schwer erhältlich. In der Ausgabe von 1915 finden sich ausführliche Fußnoten, die in der Ausgabe von 1917 fehlen.

Ganz besonderen Dank an Michael Horowitz von Flashback Books, Petaluma (906 Samuel Drive, California 94952, USA), der mich auf die Arbeit von Herbert Moore Pim aufmerksam machte.

QUELLEN

CARROLL, Lewis: »The Annotated Alice: Alice's Adventures in Wonderland« & »Through the Looking Glass«, 1960; dt. »Alice im Wunderland & Alice im Spiegelreich«.

GRAVES, R.: »Food for Centaurs«; New York, Doubleday & Co. 1960.

LLOYD, J. U.: »Etidorpha or The End of Earth«; im Selbstverlag des Autoren 1895 und bei Pocket Books, New York, 1978.

NEWMAN, E. (wahrscheinlich das Pseudonym für Mr. Pim): »Irish Ecclestical Review«, Record, Jan.-June 1915, 5: 586-603.

Pim, H. M.: »Monsieur among the Mushrooms«; Reprint in »Unknown Immortals«, Dublin; The Talbot Press Ltd. 1917.

WASSON, V. P. und R. G. WASSON: »Mushrooms, Russia and History«. New York, Pantheon Books, 1957.

WASSON, R. G., Albert HOFMANN und C. A. P. RUCK: »Das Geheimnis der Mysterien«; Suhrkamp 1990.

WASSON, R. G.: Vorwort in »Phantastica: Rare and Important Psychoactive Drug Literature from 1700 to the Present«; im Selbstverlag herausgegeben von William und Victoria Dailey Antiquarian Books and Fine Prints (8216 Melrose Avenue, Los Angeles, California 90046), 1979.

WELLS, H. G.: »Best Science Fiction Stories of H. G. Wells«, New York: Dover Publications Inc., 1966.

»Ein einziger Augenblick der Existenz, wie ich sie hier erfuhr, schien den Wert jeder anderen Freude des Lebens, wie lang sie auch andauern mochte, zu übersteigen.« – Der Held in ETIDORPHA beißt zu.

Der Pilz im Film

Die Umschreibung »halluzinogene Pilze« beinhaltet schon die visuellen Kapazitäten der psilocybinhaltigen Pilze. Die farbigen »Filme«, die der Genießer dort nicht nur sieht, sondern erlebt, sind allerdings so nicht auf Zelluloid bzw. Video zu bannen.

Der Einfluß, den Halluzinogene auf Filmer und damit auch auf Filme haben und gehabt haben, läßt sich kaum dokumentieren, aber die Auswirkungen lassen sich erahnen, wenn man sich einmal die Videoclips auf MTV anschaut.

Michael Starks hat sich der Mühe unterzogen, ein Compendium von Drogenfilmen zusammenzustellen: »Cocaine Fiends and Reefer Madness, an illustrated History of Drugs in the Movies«, Cornwall Books, London 1982.

Leider ist dieses Buch vergriffen. Von den Hunderten von Opium-, LSD- und Fixerfilmen, die dort aufgelistet und teilweise beschrieben sind, soll hier nicht die Rede sein. Uns geht es hier um den Pilz im Film, und der ist ausgesprochen rar.

In dem TV-Programm »One Step Beyond« wurde im Jahr 1963 eine Episode gezeigt, in der der Moderator der Sendung nach Mexiko fuhr, um dort eine Pilzzeremonie zu filmen. Wahrscheinlich geschah dies auf Grund von Wassons Artikel im LIFE MAGAZIN. Moderator John Newland aß einige der Pilze im Haus von Viktor Reko, dem Verfasser des Buchs »Magische Gifte« (erschienen 1949). Es wurde eine bezaubernde Situation gezeigt, in der sich Newland und Reko über Farben und Muster unterhalten, während ein Strobelight eingeschaltet war.

In dem japanischen Film **Matango** aus dem Jahr 1963 spielen Pilze eine wahrhaft riesige Rolle. In den USA kam dieses Machwerk unter dem Titel »Attack of the Mushroom People« in die Kinos. Eine Yacht wird an das Ufer einer Insel gespült, auf der Riesenpilze wachsen. Die Überlebenden finden ein weiteres verlassenes Schiff, an dem sie Chemikalien und Unterlagen finden, die auf Pilzversuche und Strahlenexperimente hinweisen. Der Hunger treibt die Schiffbrüchigen dazu, von jenen Pilzen, die nach Regenfällen bis zu 2 Meter groß wuchern, zu essen. Während der Mahlzeit fallen Kommentare wie: »Ich habe vor langer Zeit in einem Buch gelesen, daß die Mexikaner solche Pilze aßen, um ihre Wahrnehmungen zu verstärken« und: »Es gibt japanische Legenden, die davon handeln, daß Menschen durch ›happy mushrooms‹ in Kontakt mit der Unendlichkeit treten.« Dann beginnen die Pilzkonsumenten zu lachen, sehen Lichter und haben Visionen. Die filmischen Effekte sind zwar arg dünn, aber die Schauspieler flippen ganz schön aus. Unfähig, die Wirkung der Pilze zu stoppen, verwandeln sie sich schließlich selber in riesige lachende Pilze, auf denen wiederum Hunderte von kleinen Pilzen wuchern. So erleiden sie das Schicksal ihrer Vorgänger. Nur ein Mann weigert sich, von den Pilzen zu kosten. Als es ihm gelingt, nach Tokio zurückzukehren, wird er dort in ein Irrenhaus gesperrt, als er seine Geschichte erzählt. Während seine Augen über die hektische Stadt wandern, bedauert er: »Wenn ich sie wirklich geliebt hätte, hätte auch ich von

Noch schaudern sie ängstlich, aber bald werden sie den Pilz gekostet haben und hemmungslos lachen... Aus dem Film MTANGO, Japan 1963.

den Pilzen gegessen und wäre bei ihr geblieben. Auf der Insel war es auch nicht schlimmer als hier.« Kein 4-Sterne-Film, aber sicherlich seiner Zeit voraus.

1966 erlebte die Premiere von Conrad Rooks **Chappaqua**, der einige Bewußtseinsebenen über seinem Vorgänger anzusiedeln ist. Er kann zu Recht als der erste abendfüllende Klassiker des psychedelischen Kinos bezeichnet werden. Conrad Rooks, ein Millionär und Ex-Junkie, finanzierte und schrieb diesen Film, führte Regie und spielte die Hauptrolle. Es handelt sich um keinen ausgesprochenen Pilz-Film, aber er sei hier doch erwähnt, denn wie kein anderer Film zuvor zeigt er überzeugende Bilder von Flashbacks, Träumen und Halluzinationen. Es geht um einen Heroinentzug in Paris, und man sieht nicht nur die Schmerzen, Phantasien und Ängste, die Euphorie, Folterqualen und Halluzinationen während des Entzugs, sondern auf der anderen Seite auch psychedelische Reisen. Auch die Mitspieler sind erwähnenswert: der wunderschöne Soundtrack stammt von Ravi Shankar und anderen. Zu den »Schauspielern« zählen Allen Ginsberg (als Messias), Ravi Shankar (als Sonnengott), der blinde Musiker Moondog (als Prophet), Swami Satchidananda (als Guru), der Jazzmusiker Ornett coleman (als Peyoteesser), die Fugs (als The Fugs) und William Burroughs (als übler Pusher unter dem Namen Opium Jones).

Ein weiterer bemerkenswerter und erfreulicher Film wurde 1968 in England gedreht. **Work is a Four Lettered Word** zeigte David Warner als Amateur-Mykologen in einer automatisierten Welt von morgen. Völlig von halluzinogenen Pilzen überzeugt, nimmt er einen Job als Nachtwächter in einem Kraftwerk an, da er glaubt, daß man dort ungehindert und unter perfekten klimatischen Bedingungen Pilze züchten kann. Um dieses Ziel zu verwirklichen, verändert er die Funktionen des Kraftwerks. Als die Autoritäten ihm bzw. den riesigen mexikanischen Pilzen auf die Spur kommen, fängt eine Verfolgungsjagd an, doch zu spät: im gesamten Kraftwerk wuchern 1,50 Meter große Pilze, und niemand kann der Versuchung widerstehen, von ihnen zu kosten. Bald sind alle Leute absolut stoned, bekommen hysterische Lachanfälle und mampfen weitere Pilze, rote, braune und grüne. »Es ist nicht die Wirkung, die ich so mag, sondern der Geschmack«, sagt Val, während Explosionen das Kraftwerk zerstören und die Lichter der Stadt erlöschen. Die dunkle Stadt hinter sich lassend, ziehen Val und seine neue Braut mit einem Kinderwagen voller Pilze in den Wald...

Mag man Cocteau den Schutzheiligen des unabhängigen, drogeninspirierten Films nennen, so muß man Kenneth Anger als Vater desselben anerkennen. Schon mit 17 Jahren drehte er 1947 **Fireworks**. 1954 vollendete er **Inauguration of the Pleasure Dome**, den er 1966 in einer »Pilz-Fassung« neu überarbeitete. Diese Neufassung war speziell zum Genuß unter psychedelischem Drogeneinfluß vorgesehen. Von Aleister Crowleys magischen Ritualen inspiriert, zeigt er Charaktere aus der klassischen Mythologie, wie sie einen psychedelischen Hexentrank zu sich nehmen und sich zusehends in Psyche und Aussehen verändern. Schnelle Schnitte und Überblendungen unterstützen dies visuell, zumal er auf drei Leinwänden zeitgleich gezeigt

Der Kreis im Kraftwerk nascht vom Pilz, und gleich geht's in die Wälder... aus dem Film LOVE IS A FOUR LETTERED WORD, England 1968

wurde. Mit dem Untertitel »Lord Shiva's Dream« zeigt er The Great Beast (Aleister Crowley), wie dieser dem Scarlett Woman einen Joint anzündet. Später trinkt Pan einen Trunk, den Shiva mit einem in seinem Ring verborgenen Aphrodisiakum angereichert hat.

Bruce Connors drehte von 1961–1967 an seinem Film **Looking for Mushrooms**, in dem es vor allem um Peyote und/oder magische Pilze geht. Connor: »...eine berühmte Dokumentation voller Informationen, Kaffeedosen, Lichtern, Landkarten, Codewörtern, unsichtbaren Fingern, flambiertem Apfelgelee, schimmernden Ellbogen, auf dem Kopf stehenden Bildern etc. Spezialeffekte von Isauro Nava, Rancho Del Cura, Huatla De Jiminez, Mexiko.«

An anderer Stelle wurde bereits wiederholt über den Einfluß von Comics auf die Drogenszene hingewiesen. Nicht nur Asterix und Obelix nehmen einen magischen Trank zu sich, auch bei Walt Disney wird reichlich getript. So in dem teuren Technicolor-Film **Mickey Garden** aus dem Jahr 1935: Ein Insektenspray schickt Mickey auf einen unglaublichen Trip, wie er erst in den Acid-inspirierten 60ern wiederholt wurde (naja, mit der möglichen Ausnahme von »Fantasia«). Alles in der berauschenden Landschaft verändert die Formen, vor allem die bekannten rot/weißen Pilze, die Amanita muscaria...

Von einem weiteren Film fehlt mir leider der Titel. Fraser Clark von der englischen Zeitschrift »Enzyclopaedia Psychedelica« erzählte mir von einem Streifen, in dem Cilla Black die Hauptrolle spielte – bevor sie mit »Anyone who has a heart« einen Hit landete, in den frühen 60er Jahren. In dem Film geht es um Riesenpilze und eine Pilzkultur, die die Welt übernimmt. Wer kennt den Titel?

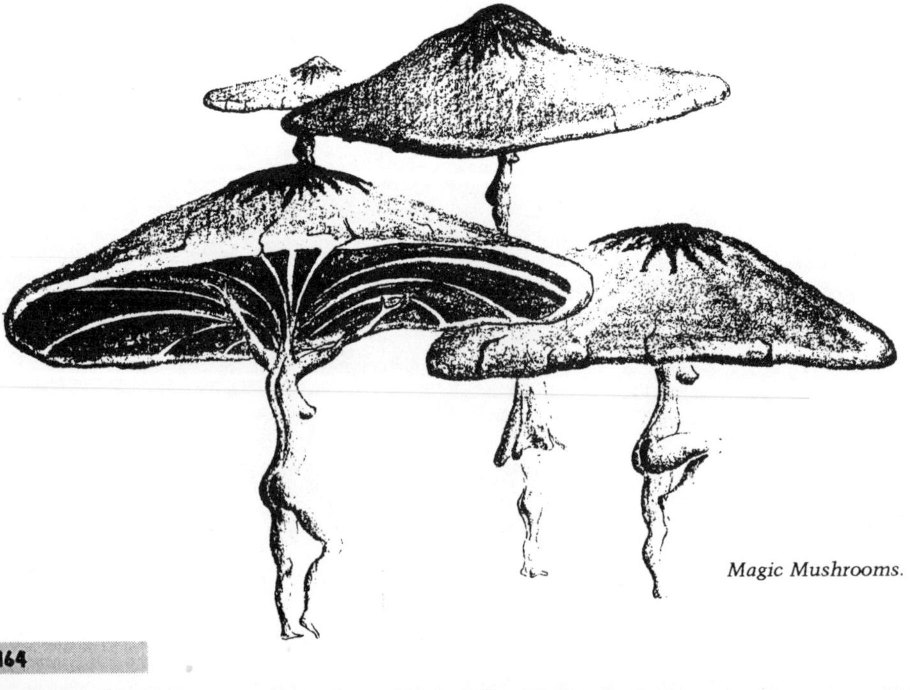

Magic Mushrooms.

Die Affen, Götterspeisung & wir

von Micky Remann

Der Duden weist uns nur die halbe Strecke des Weges. Er verrät, daß Risiko auf das italienische *risco* zurückgeht, welches eine Klippe bedeutet, die es zu umschiffen gilt. *Risco* ist über das Vulgärlateinische aus dem Griechischen *rhíza* = Wurzel hervorgegangen, und es läßt sich mit etwas Vorstellungsvermögen unschwer nachvollziehen, warum halbverdecktes Wurzelwerk an meerumspülte Klippen erinnern kann. Der Fuß, der im Zypressenhain über eine Wurzel zu stolpern riskiert, verhält sich – etymologisch analog zu dem Schiff, das in rauher See gegen einen Felsvorsprung zu prallen droht.

So weit so gut, dachte Dr. Walpur, doch diese Überlegungen halfen ihm nicht viel weiter an jenem Novembermorgen, als er zur Sitzung der Planungskommission ins renommierte Institut für Primatenstudien ging, um dort für sein neues Forschungsvorhaben zu werben. Es sei denn, sinnierte er in einer Fußnote, man hielte es für erwähnenswert, daß sich aus *rhíza* ebenfalls der Begriff *Rhizom,* für Pilzgeflecht, entwickelt hat.

»Meine Damen und Herren«, begann Dr. Walpur und schaute forsch in die Runde, »ich weiß so gut wie Sie, daß der Vorschlag, den ich Ihnen unterbreiten werden, riskant ist. Aber seien wir ehrlich: alle Sicherheiten, auf die wir uns heute stützen, basieren darauf, daß irgendjemand irgendwann ein Risiko eingegangen ist. Es war riskant für Galileo Galilei, zu behaupten, die Erde drehe sich um die Sonne, wenn doch alle Welt mit eigenen und Gottes Augen wußte, daß das Gegenteil zutraf. Es war riskant für die Astronomen, von Meteoriten zu sprechen, wo doch die französische Akademie der Wissenschaften 1772 eine Denkschrift mit dem Titel *Das Fallen von Steinen vom Himmel ist physikalisch unmöglich* herausgebracht hatte. Es war riskant für George Stephenson zu behaupten, daß seine Dampflokomotive sich auf den Schienen tatsächlich vorwärts bewegen würde, wo ihm doch die besten Mathematiker vorgerechnet hatten, daß die Räder nur auf der Stelle rotieren würden. Nun, im nachhinein wissen wir es besser, fühlen uns der vergangenen Ignoranz überlegen, und vergessen gerne, daß heute noch genauso wie damals das Axiom gilt: ›Wer morgen Sicherheit will, muß heute ein Risiko eingehen‹, bzw.: ›Je größer das Risiko, das Du jetzt zu konfrontieren bereit bist, desto größer die Sicherheit, in der Du Dich später wiegen darfst.‹

In diesem Sinne, meine Damen und Herren, möchte ich vorschlagen, hier im Institut für Primatenforschung einer Gruppe von Schimpansen den Pilz *Stropharia cubensis* anzubieten. Das Ziel: mit empirischen Mitteln Aufschluß darüber zu gewinnen, ob und auf welche Weise der im Pilz enthaltene halluzinogene Wirkstoff Psilocybin die Entwicklung der Sprachfähigkeit bei Primaten beeinflußt. Sie fragen, auf welchem Hintergrund ich ein solches Forschungsprojekt für sinnvoll halte?«

Dr. Walpur nahm einen Schluck Wasser, ehe er fortfuhr. »Nun, wie manche von Ihnen wissen, vertritt der Schamanismusforscher Terence McKenna in seinem jüngst erschienenen Buch *Food of the Gods* die aufrüttelnde These, daß der spezifische Unterschied, der dazu führte, daß sich einige Primatenstämme zu Menschen entwickelten, während andere Affen blieben, der Verzehr psychedelischer, psilocybinhaltiger Pilze war, die wie evolutionäre Enzyme auf die noch etwas verschlafenen Gehirnzellen unserer frühsten Vorfahren wirkten. Wenn ich McKenna kurz zitieren darf:

›Wenn Halluzinogene als Botenstoffe zwischen den Arten funktionieren, dann entspricht die Dynamik der Beziehung zwischen Primaten und pflanzlichen Halluzinogenen dem Informationstransfer von einer Lebensform zur anderen. Psilocybin, jenes einzigartige Pilzhalluzinogen, ist dabei ein besonders effektives Werkzeug zur Herausbildung höherer Bewußtseinszustände. Seine synergistische Wirkung bezieht sich vorrangig auf den Bereich der Sprache: es regt Stimmäußerungen an, es fördert die Artikulation, es verwandelt Sprache in etwas Sichtbares, es öffnet den Blick auf das Transzendente. Psilocybin mag von ausschlaggebender Bedeutung für die Sprach- und Bewußtseinsentwicklung der frühen Menschen gewesen sein. Wo solche Halluzinogene nicht auftraten, verlief die Evolution vergleichsweise stockend, in ihrer Gegenwart jedoch konnte sich eine Kultur sehr rasch mit neuen Informationen, Sinneseindrücken und Verhaltensvairablen bereichern, und sich so auf immer höhere Stadien der Selbstreflexion zubewegen.‹

Folgt man dieser Argumentation, dann geschah in der Geburtsphase der Menschheit vor ca. 100 000 Jahren folgendes: Nachdem unsere Ahnen aufgrund ökologischer Veränderungen zum Verlassen ihrer afrikanischen Baumhabitate gezwungen waren, mußten sie, um in den Steppen und Savannen überleben zu können, neue Ernährungsstrategien entwickeln. Ihre allesfresserische Veranlagung kam ihnen dabei zugute, das heißt, sie probierten sämtliche Nahrungsmittel der neuen Umgebung aus, behielten, was ihnen zuträglich war, und erbrachen alles Unbekömmliche; also eine klassische *trial and error* Situation, von keinerlei Vorurteilen belastet, denn die stellten sich erst mit der Herausbildung limitierender kultureller und ideologischer Werte ein. Es konnte nicht ausbleiben, daß die frühen Hominiden dabei auch auf Pilze stießen, die schon wegen ihrer ungewöhnlichen Form Aufsehen erregen mußten. Nun gedeiht auf dem Dung grasender Huftiere der uns hier besonders interessierende, weil einen hohen Psilocybinanteil aufweisende Pilz *Stropharia cubensis.* In geringen Dosen genossen erhöht sein Wirkstoff die Sehschärfe, wie Roland Fischer bereits in Untersuchungen Ende der sechziger Jahre nachgewiesen hat. Eine etwas höhere Dosis regt die Sexualität und das zentrale Nervensystem an, und in noch höheren Dosen werden jene exaltierten neuronalen Verbindungen im Gehirn aktiviert, die für Sprache, Bewußtsein und Religiosität notwendig und kennzeichnend sind. Jede der vorgenannten Eigenschaften war einzeln und zusammen für die Entwicklung von *homo sapiens* von eminenter Bedeutung, weshalb der Schluß naheliegt, daß diejenigen unter den umherschweifenden Hominiden der Urzeit, die den psilocybinhaltigen *Stropharia*-Pilz in ihre Diät einbezogen, sich klare evolutionäre Vorteile verschafften gegenüber denjenigen, die sich in ihren Ernährungsgewohnheiten auf eher nüchterne Nüsse und Wurzeln beschränkten.

Daß bei dieser Ausgangssituation nur die einen zu Menschen wurden und die anderen nicht, ist eine unorthodoxe Hypothese, gewiß. Sie könnte aber, sollte sie sich bestätigen lassen, ein schlagartiges Licht auf unsere Entstehungsgeschichte werfen. Daß die herkömmlichen Evolutionsmodelle allesamt auf äußerst unsicherem Boden stehen, wissen Sie selber nur zu gut. McKennas These weist im Gegensatz zu den anderen, bislang ebenfalls unbewiesenen Spekulationen jedoch einen entscheidenden Vorteil auf: sie läßt sich empirisch überprüfen.

Damit kommen wir nun zu dem vorgeschlagenen Projekt. Meine zentrale Forschungsfrage lautet: Wenn halluzinogene Pilze vor 100 000 Jahren einen dramatischen Evolutionsschub auslösten, der aus Affen Menschen machte – warum denn nicht auch heute?

Konkret: Was geschieht, wenn wir einer Gruppe von Schimpansen in unserem Institut große Mengen *Stropharia cubensis* offerieren? Werden sich die höheren Funktionen ihres Nervensystems schneller entwickeln als bei einer Kontrollgruppe von psilocybinfreien Affen? Werden Lerngeschwindigkeit, zeichen- und symbolverarbeitende Fähigkeiten, die wir mit Standardmethoden testen und dokumentieren können, meßbar gesteigert? Lassen sich langfristig Verhaltensänderungen beobachten, die Rückschlüsse auf unsere eigene evolutionäre Vergangenheit erlauben? Werden diese Affen, dank der neuronalen Stimulation durch die Pilze, Formen von Sprache und Selbstbewußtsein entwickeln, die unseren ähnlich sind?

Ich will nicht verhehlen – und Sie werden es womöglich selbst schon gespürt haben –, daß ein solches Forschungsziel erhebliche Unwägbarkeiten und Kontroversen birgt. Das einzige, worüber wir uns bei dieser Fragestellung und bei unserer derzeitigen sozialen und intellektuellen Mechanik ganz sicher sein können, ist, daß wir uns heftigsten Anfeindungen der Öffentlichkeit wie auch des wissenschaftlichen Establishments aussetzen werden. Womöglich sehen Sie bereits vor Ihrem geistigen Auge die empörten Schlagzeilen der Boulevardpresse und hören in ihrem inneren Ohr die Diffamierungen Ihrer Kollegen. Doch mit diesem Risiko müssen wir leben, meine Damen und Herren, wenn wir unserer Neugier treu sein wollen. Denn daß eine Situation wie zu Galileis Zeiten nie mehr auftreten könnte, ist eine fadenscheinige Selbstberuhigung derer, die sich Fragen, die die Grundfesten unseres Selbstverständnisses herausfordern, gar nicht stellen und gar nicht stellen können, weil sie deren bloße Möglichkeit aus ihrem Denken längst getilgt haben, wobei diese Tilgung wiederum Teil unseres automatischen Selbstverständnisses ist. Wären Sie dafür gewappnet, meine Damen und Herren, es mit dieser tautologischen Mechanik aufzunehmen? Ich will Ihnen reinen Wein einschenken: wenn Sie es nicht sind, dann sollten Sie mein Projekt lieber erst gar nicht unterstützen.

Und prüfen Sie bitte auch, ob Ihr Mut Sie nicht verlassen würde, wenn radikale Tierbefreier gegen psychedelische Experimente mit Laboraffen gegen Sie zu Felde zögen. Vor allem aber: was werden Sie selbst, meine Kolleginnen und Kollegen, sagen, wenn sich im Laufe des Experiments die Richtigkeit von McKennas Hypothese erweist, und unsere Affen tatsächlich zu reden beginnen, auf einem nie zuvor erreichten Maß der Intelligenz und Eloquenz? Wenn wir das für ausgeschlossen hielten, müßten wir konsequenterweise auch unsere eigene Entwicklung nachträglich für unmöglich erklären, was uns aber ziemlich schwerfallen dürfte. Und was wäre, wenn jene denkenden und sprechenden Affen früher oder später einen unmißverständlichen Vorschlag machten: nämlich daß wir, die Menschen, doch bitte mit ihnen, den Affen, jene wundersamen Pilze gemeinsam verzehren, denen wir beide offensichtlich viel zu verdanken haben, nämlich das Geschenk der Sprache? Könnten Sie ein solches Ansinnen ablehnen, und wenn ja, mit welcher Begründung, wenn doch, was dieses Experiment ja bewiesen haben wird, wir die eigene evolutionäre Position nur aufgrund des frühen Konsums jener Pilze erworben haben? Des weiteren: Was würden Sie antworten, wenn die Affen Sie fragen, warum wir den Gebrauch psychedelischer Pilze im Laufe der Jahrtausende mehr oder weniger eingestellt, verdrängt oder tabuisiert haben? Könnte, wenn der Verzehr von Psilocybin die Evolution offenbar deutlich beschleunigt, ein sukzessiver Verzicht unsere nachfolgende Entwicklung tragisch verlangsamt haben? Stellen Sie sich vor, die raisonnierenden Affen kämen zu dem Schluß, daß im Abbruch der Beziehung zu den Pilzen die Quelle unserer tiefsten Krise liegt, die sich darin ausdrückt, daß wir immer noch nicht wissen, woher wir kommen und wohin wir gehen, und uns auf diesem Planeten dementsprechend marode verhalten?

Stellen Sie sich doch bitte einmal vor, es steht hier vor uns, in einem offenen Raum, der früher ein Käfig war, ein Affe, ungewöhnlich aber nicht unangenehm riechend, der uns tief in die Augen schaut, seine Lippen bewegt und mit einem noch nie gehörten Akzent spricht: ›Jetzt wißt ihr, daß ihr das Risiko eingehen werdet, Engel zu werden!‹ Und uns dabei die *Stropharia cubensis*-Pilze aus Institutsbeständen wie ein Sakrament an den Mund führt.

Kurzum, ich bitte Sie, das beschriebene Projekt zu fördern und die entsprechenden Forschungsgelder zu bewilligen. Gibt es noch Fragen? Bitte, die können Sie jetzt stellen.«

Aus: »Risiko – Kurze Geschichten«. Museum für Gestaltung, Basel 1992, Schwabe & Co. AG, Basel.

Schrei, Stöhn, Würgh, Jammer und Aarrgghh!

Ein Tag bei der Bundesprüfstelle für Jugendgefährdende Schriften
von Werner Pieper

Ich komme am Bahnhof an, aber auf dem Stadtplan ist der Michaelshof nicht zu finden. Er liegt in der Fußgängerzone, mitten zwischen Sonderangeboten. Am Empfang muß man einen Passierschein ausfüllen, pingelig, wann gekommen, wann gegangen. Demnach halte ich mich heute noch in diesem Haus auf. Vierter Stock. Interne Nachrichten werden mit einem Korb und einer Schnur im Treppenhaus raufgezogen. Gemütliches Mittelalter.

Das Gremium besteht aus zwölf Herren und einer Dame als Vorsitzende, die wie die Schwester von Kirk Douglas aussieht. Kirk in TOWN WITHOUT PITY. Neue Lesersessel gibt's: »Endlich keine nassen Hintern mehr nach der Sitzung!« Einer Kollegin von der FAZ wird ein Videotape mit den ›besten‹ Szenen aus den übelsten Kannibalenfilmen vorgespielt. Schrei, stöhn, würgh, jammer, aarrggh...

Schon soll ich zur Sache kommen. »Halluzinogene Pilze« heißt das Heftchen, das zur Diskussion ansteht. Diskussion? Ich erzähle aus meiner Zeit im Verein zur Bekämpfung der Rauschgiftgefahr, meinen Einsätzen als Drogenhelfer auf Rockfestivals, das Informationsdefizit der Drogentäter, die Gefahren durch falsche Dosierungen, die vergriffene Auflage etc. Ich ermahne die Beisitzer (wie ungeschickt!), bitte fachkundiger vorzugehen als bei POLITIK DER EKSTASE, einem Buch von Tim Leary, das, seit 1969 auf dem Markt, 1981 u. a. mit der Begründung indiziert wurde, Leary fordere zum Rauchen von LSD auf. Kaum Fragen, ich hoffe auf Einstellung wegen Geringfügigkeit, da in der Tat keine Hefte mehr vorrätig sind.

Erst darf ich mir einen Film anschauen. Alle andere *müssen*. In diesem Fall nix Schlimmes: DEADLOCK mit Mario Adorf und Can Musik. Seit Jahren nicht mehr in den Kinos, aber hier geht es um Video, das Wohnzimmer, das deutsche, das muß ja sauber bleiben. Den Film finde ich überflüssig, bin erstaunt über die Preise und Auszeichnungen (Goldener Filmpreis, Teilnahme in Cannes, Empfehlung eines katholischen Mediengremiums). Der Anwalt der Filmfirma kommt mir wie ein Schleimer vor, unsympathisch mit großen Sprüchen. Der Film ist ein Kunstwerk, sagt er, und für Kunst ist man hier ja nicht zuständig. Also solle man ihn doch wieder nach Hause lassen, die Auslagen müsse immerhin die Industrie zahlen, sein Flugzeug wartet. Aber, er hat Argumente – sie die staatliche Autorität.

Der Film wird gezeigt. Ein Beisitzer schläft ein, der zweite schläft ein: das soll jugendgefährdend sein, sittlich und ethisch desorientierend? Hier werden Filme immer ganz gezeigt, nicht nur in Ausschnitten. Was für ein dröger Job. Kein Wunder, daß die junge Dame so verhärmt aussieht. Amerikanische Kinder der letzten Generationen haben sicherlich ebenso viele Morde im TV gesehen wie sie, nur muß sie das dienstlich. Und das verpflichtet. Mir fällt auf, daß einer der Beisitzer einen Blindenstock dabei hat. Das würde einiges erklären. Nach dem Film noch ein Plädoyer. »Kunst« und »Philosophie«, »Poesie« stößt der Anwalt aus. Dann ist Mittags-

pause. »Jetzt kommen unsere Brötchen«, sagt sie, und alle nicht-Beisitzer müssen raus. Zehn Minuten heißt's, 40 werden es. Warum bekommen wir keinen Kaffee?
Im Flur stehen wir rum. Ein Anwalt, ein Kläger, die FAZ-Tante, eine Studentin, die ihre Arbeit zum Thema Jugendschutz schreibt. Allen ist klar: so, wie das hier gemacht wird, ist es nicht optimal. Aber wie soll man schützen? Nein, so eine Institution gibt es in keinem anderen Land, wird mir versichert. Nein, es gibt keinerlei Untersuchungen über die Effektivität dieses Gremiums. In den 20er Jahren gab es noch keine Video-Verschmutzungen im Wohnzimmer und in Kinderhirnen, aber die Gewaltrate lag erheblich höher. Nein, man ist nicht gewillt, das Problem global zu sehen, es geht um das deutsche Wohnzimmer, wird mir erwidert, als ich darauf aufmerksam mache, daß ein Buch, das bei uns indiziert wurde, in den USA daraufhin eine zehnfache Auflage erzielte (Spinnrads Science Fiction DER STÄHLERNE TRAUM). (Dieser Film ist zwischenzeitlich ent-indiziert worden – *Anm. d. Korr.*)
Pause ist um, wir dürfen wieder rein. Als nächstes der Film MASSAKER IN KLASSE 13. Meint der Kläger: alles, was subtil wirkt, ist gefährlich, es geht nicht unbedingt um szenisch Dargestelltes. Ist ja wie in der Politik, denk ich mir. Die FREIWILLIGE SELBSTKONTROLLE hat ihn ab 16 freigegeben. Zwischendurch, als der Film eingelegt wird, meint die Chefin: Ach ja, DEADLOCK bleibt indiziert und HALLUZINOGENE PILZE werden auf die Liste gesetzt.
Die Begründung wurde später schriftlich nachgeholt:
»Die Druckschrift ist offensichtlich geeignet, Kinder und Jugendliche nachhaltig sozialethisch zu desorientieren. ... sie dient nicht der Wissenschaft ... die jugendgefährdende Wirkung dieser Anregungen zur Begehung von Straftaten ist so erheblich, daß von einem Bagatellfall im Sinne des §2 GJS nicht gesprochen werden kann.« Dann folgen noch Hinweise auf das Grundgesetz und Schund- und Schmutzgesetz in JZ 1965, 43 unter Hinweis auf GBHSt 8,80 – was auch immer das sein mag. Und die Belehrung:

Ein Mexikano, dargestellt im »Magliabecchiano-Codex aus dem 16. Jahrhundert, verspeist ein Paar halluzinogener Pilze bei einem heiligen Ritual. Hinter ihm steht der Herrscher der Unterwelt. Mictlantlcuhtli. Die drei Pilze sind im Original jadegrün gemalt, ein Hinweis auf ihren großen Wert als heilige Objekte.

»Die Anpreisung der angeblich positiven Wirkungen der Pilze (leichte Euphorie S. 47) und die detaillierte Anleitung zum Anbau der Pilze und zur Gewinnung des Psilocybins reizt Jugendliche dazu an, gegen § 3 Abs. 1 BtMG i.V.m. § 2 Nr. 88 Liste BtMG IV8 zu verstoßen, wonach der Anbau und die Gewinnung von Psilocybin nur mit besonderer Erlaubnis gestattet ist. Die Aufforderung, die Pilze in bestimmter Weise zu trocknen und aufzubewahren, bringt notwendigerweise auch den Besitz von Psilocybin mit sich, was gemäß § 11 Abs. 4 i.V.m. § 3 Abs. 1 BtMG i.V.m. § 2 Nr. 88 Liste BtMG IV 8 mit Strafe bedroht ist. Die Druckschrift verletzt damit den Anspruch der Kinder und Jugendlichen auf Erziehung zur sozialethisch verantwortungsbewußten Persönlichkeit, da möglicherweise durch den Inhalt des Buches bei den jugendlichen Rezipienten falsche Vorstellungen entstehen können darüber, was sittlich erlaubt und unerlaubt ist (so auch VG Köln, Urteil vom 27.1.81 – 10 K 1233/80). Der auf S. 2 angebrachte Aufdruck, der Herausgeber befürworte keinesfalls den Gesetzesbruch usw. kann gegenüber dem übrigen Inhalt des Buches nur als reine Schutzbehauptung gewertet werden.«
Und schließlich der für mich Unrasierten der geschlechtsverwirrende Hinweis: »Die Verfahrensbeteiligte (sic!) wurde form- und fristgerecht ... benachrichtigt.«

Der nächste Film läuft, aber niemand weckt den Penner, sorry, den Pennenden form- und fristgerecht. Wie sozialätzend muß ein Film sein, damit die Juroren wach bleiben? Er pennt noch, als der Film schon Minuten vorbei ist, immerhin ohne zu schnarchen. Nein, ich will nicht sagen, daß dies ein Gremium von Pennern und Blinden ist, aber sie sind sichtlich zu gelassen. Wer schützt die Jugend? Der Anwalt ist ein netter potentieller Ex-68er. »Eine Strafe, das Dingens nochmal sehen zu müssen«, meint er. Warum müssen solche Jungs immer so zynisch und frustriert sein? Schade um ihn.
Inzwischen gibt's wieder Drogen für alle, nur ich werde mit dem Kaffee übergangen. »Selber essen macht satt«, erklärt die Chefin den Tatbestand, daß das Gremium uns keine Brötchen übrig gelassen hat. Mein Magen knurrt und ich habe die Schnauze voll. Auf dem Weg zum Bahnhof laufe ich durch den Park und finde ... Pilze. Kann man Parks indizieren? Ist die Natur jugendgefährdend?
Lieber Gott, hilf!
Der volle Wortlaut der Entscheidung 3343 der Bundesprüfstelle für jugendgefährdende Schriften vom 6.10.1983 ist nachzulesen im Bundesanzeiger Nr. 205 vom 29.10.1983.

P.S. Ironischerweise gibt es im Laufe der Jahre mehrere Raubdrucke des ursprünglichen Heftes. So wurde es mißlicherweise gar mit den Hinweisen auf das längst überholte Betäubungsmittelgesetz nachgedruckt. Da schon Vetterlings Heft zu einem Teil ein raubgedruckter englischer Text war, sahen Autor und Verleger auch keinen Grund, gegen diese Raubdrucke vorzugehen. Auch bei der deutschsprachigen Ausgabe des Buches PSILOCYBIN von O. T. Oss und O. N. Oeric handelt es sich laut Co-Autor Terence McKenna um einen Raubdruck, da der Volksverlag nie Honorar gezahlt habe.

Zauberpilze im Recht

von Rechtsanwalt Rüdiger Böhm

Welche Strafe erwartet einen Besitzer bzw. Genießer in der BRD, wenn er mit Zauberpilzen erwischt wird?
Strafbar sind als Anlage 1) zum BtMG (Betäubungsmittelgesetz) die Wirkstoffe Psilocybin und Psilocin, so daß sich die Strafbarkeit u. a. nach dem Wirkstoffgehalt richtet, d. h. wieviel Psilocybon bzw. Psilocin der Pilz beinhaltet.
Nach wissenschaftlichen Erkenntnissen kommen Psilocybon und Psilocin in einer Konzentration von 0,1 – 0,4 % in der Trockensubstanz der Pilze und von 0,001 – 0,005 % in Frischpilzen vor.
Um eine gut wirksame mittlere Dosis vom Pilz zu erhalten, muß man 30 – 40 g frische oder 5 – 6 g getrocknete Pilze zu sich nehmen.
Die Strafandrohung des § 29 I BtMG reicht bis zu vier Jahren Freiheitsstrafe oder Geldstrafe, wobei natürlich auch eventuelle Vorstrafen eine große Rolle für die Strafzumessung spielen, neben der Menge, mit der man angetroffen wird.
Pilze als »Pflanzen« fallen an sich nicht unter das BtMG, jedoch kann das Ernten, Trocknen oder eine andere Verarbeitung bereits unter den strafbaren Tatbestand des § 29 des Herstellens von BtM fallen.
Nach § 29 V BtMG kann das Gericht von einer Bestrafung absehen, wenn der Täter die Betäubungsmittel lediglich zum Eigenverbrauch in geringer Menge anbaut, herstellt, einführt, ausführt, durchführt, erwirbt, sich in sonstiger Weise verschafft oder besitzt.
Nach der Rechtsprechung des Bundesgerichtshofes obliegt die Frage der geringen Menge der tatrichterlichen Würdigung. Das Gericht hat dabei anhand aller Umstände des Einzelfalles und unter Berücksichtigung eines angemessenen Abstandes zur Normalmenge und zur nicht geringen Menge zu entscheiden, ob eine geringe Menge vorliegt.
Im übrigen erlaubt die Wirkstoffmenge für einen dreimaligen Konsum die Anwendung des § 29 V. Dies entspricht also einer Wirkstoffmenge von 30 mg Psilocybin oder Psilocin, was wiederum einer Menge von ca. 15 – 18 g Pilzen in getrocknetem Zustand und einer Menge von ca. 90 – 120 g Pilzen in frischem Zustand entspricht.
Als Vergehen mit einer Bestrafung von nicht unter einem Jahr und bis zu 15 Jahren wird ein besonders schwerer Fall bestraft, der u. a. dann vorliegt, wenn jemand gewerbsmäßig handelt, als Person von über 21 Jahren BtM an eine Person unter 18 Jahren abgibt, verabreicht oder zum unmittelbaren Verbrauch überläßt oder mit BtM in nicht geringer Menge Handel treibt, sie in nicht geringer Menge besitzt oder abgibt (§ 29 III, Nr. 1 – 4 BtMG).
Auch die Staatsanwaltschaft kann nach dem § 31 a BtMG, wenn das Verfahren ein Vergehen nach § 29 I, II oder IV zum Gegenstand hat, wenn die Schuld des Täters als gering anzusehen wäre, kein öffentliches Interesse an der Strafverfolgung besteht und der Täter die Betäubungsmittel lediglich zum Eigenverbrauch in geringer

Menge anbaut, herstellt, einführt, ausführt, durchführt, erwirbt, sich in sonstiger Weise verschafft oder besitzt, von der Verfolgung absehen. Wenn bereits eine Klage erhoben ist, kann gemäß § 31 II a das Gericht in jeder Lage des Verfahrens unter den Voraussetzungen des Abs. I mit Zustimmung der Staatsanwaltschaft und des Angeschuldigten das Verfahren einstellen.

Wenn die Voraussetzungen von keinem der vier Regelbeispiele des § 29 III BtMG gegeben sind, ist vom Tatrichter jedoch regelmäßig im Einzelfall zu prüfen, ob ein unbenannter besonders schwerer Fall vorliegt, der dann anzunehmen ist, wenn eine zusammenfassende Abwägung aller wesentlichen tat- und täterbezogenen Umstände die Tat aus dem Durchschnitt der gewöhnlichen Fälle soweit heraushebt, daß die Anwendung des erhöhten Ausnahmestrafrahmens des § 29 III BtMG geboten erscheint.

Obiges gilt unabhängig davon, ob die Pilze verschenkt oder verkauft werden, denn beim Verschenken ist der Tatbestand des Abgebens von BtM erfüllt.

Ab welchem Wachstumsstadium sind Pilze illegal?

Die Pilze als ›Pflanzen‹ unterstehen nicht dem BtMG, sie enthalten lediglich das Psilocybin. Der Anbau der Pilze ist nicht strafbar, so daß es auf das Wachstumsstadium nicht ankommt. Das Ernten und Verarbeiten der Pilze kann aber wieder den Herstellungstatbestand erfüllen. Folglich ist auch der Handel mit Pilzsporen nicht illegal. Eine Pilzzuchtanlage ist in gleicher Weise nicht illegal.

Welche Pilze fallen unter das BtMG?

Die psilocybinhaltigen Pilze fallen somit als Pilzpflanzen nicht unter das BtMG, es sind dies beispielsweise die Gattungen der Psilocybe und Stropharia. Auch im Fliegenpilz *(amanita muscaria)* und in anderen Pilzen sind Polypeptide und Alkaloide als psychotrope Wirkstoffe enthalten, diese fallen ebenfalls nicht unter das BtMG.

Der Kahlkopf und das kollektive Unbewußte*

Einige Anmerkungen zur archetypischen Dimension des Pilzes
von Martin Haseneier

1. DAS KOLLEKTIVE UNBEWUSSTE UND DIE ARCHETYPEN

Carl Gustav Jung führte den Begriff des kollektiven Unbewußten in die Psychologie ein. Jung, der sich auch mit Gnosis, Alchemie und den Mythologien der Völker beschäftigte und manchmal mit einem Schamanen verglichen wird, schrieb:
»Die Hypothese eines kollektiven Unbewußten gehört zu jenen Begriffen, die zuerst das Publikum befremden, dann aber bald als geläufige Vorstellungen in dessen Besitz und Gebrauch übergehen, wie dies mit dem Begriff des Unbewußten überhaupt geschehen ist. Nachdem die philosophische Idee des Unbewußten, wie sie sich hauptsächlich bei C. G. Carus und E.V. Hartmann findet, unter der überbordenden Woge des Materialismus und Empirismus, ohne erhebliche Spuren zu hinterlassen, untergegangen war, tauchte sie innerhalb der naturwissenschaftlich orientierten, medizinischen Psychologie wieder allmählich auf. Zunächst beschränkte sich der Begriff des Unbewußten darauf, den Zustand vergessener oder verdrängter Inhalte zu bezeichnen. Bei Freud ist das Unbewußte, obschon es – wenigstens metaphorisch – bereits als handelndes Subjekt auftritt, im wesentlichen nichts als der Sammelort eben dieser vergessenen und verdrängten Inhalte und hat nur vermöge dieser eine praktische Bedeutung. Dementsprechend ist es nach dieser Ansicht ausschließlich persönlicher Natur.«
Jung selbst postulierte dagegen unter der individuellen, persönlichen Schicht des Unbewußten eine tiefere Schicht, welche nicht auf persönlicher Erfahrung beruht, sondern stammes- und kulturgeschichtlich entstand und vererbt bzw. tradiert wird. Sie umfaßt Vorstellungsinhalte und Verhaltensweisen, die allen Menschen gemeinsam sind und daher transkulturell auftreten. Die Elemente dieser kollektiven, dem Bewußtsein und damit der Kritik nicht primär zugänglichen Matrix bezeichnete er mit einem der gnostischen Philosophie entlehnten Begriff als Archetypen. Er versteht darunter urtümliche Komplexe von Bildern, gleichsam Feldern symbolischer Energie und Bedeutung, zu denen auch entsprechende Erlebnisqualitäten und Handlungsweisen gehören. Da sie dem rational forschenden Bewußtsein und harter wissenschaftlicher Methodik nicht zugänglich sind, können sie nur indirekt erschlossen werden, etwa auf dem Weg des Kulturvergleichs, da sich Archetypen in den ›Geheimlehren‹ von Stammesgesellschaften, in Märchen und Mythen widerspiegeln. Archetypen kristallisieren sich um elementare Vorgänge des menschlichen Lebens: Naturereignisse wie der Lauf der Sonne und der Gestirne, Beziehungen zu

* Leicht veränderter Nachdruck. Ursprünglich erschienen in: *integration, zeitschrift für geistbewegende pflanzen und kultur* 2/3 (1992). Dort sind weitere 190 Fußnoten mit detaillierten Quellenangaben nachzulesen.

Menschen, Tieren und Pflanzen. Sie entspringen dem Versuch, die äußere Beobachtung dem innerseelischen Geschehen zu assimilieren.

»Es genügt dem Primitiven nicht, die Sonne auf- und untergehen zu sehen, sondern diese äußere Beobachtung muß zugleich auch ein seelisches Geschehen sein, das heißt die Sonne muß in ihrer Wandlung das Schicksal eines Gottes oder Helden darstellen, der, im Grunde genommen, nirgends anders wohnt als in der Seele des Menschen... Seine Naturerkenntnis ist wesentlich Sprache und Bekleidung seines unbewußten Seelenvorganges.« Unser Unbewußtes ist »ein handelndes und erleidendes Subjekt, dessen Drama der primitive Mensch in allen großen und kleinen Naturvorgängen analogisch wiederfindet«.

Auch die Dogmen der großen Weltreligionen sind Versuche, die Archetypen des kollektiven Unbewußten zu formulieren. Allerdings werden die Lebendigkeit und Unschärfe der Urbilder durch den Versuch, sie zu bändigen und zu fixieren, beeinträchtigt und die Symbole verarmen und verlieren an Unmittelbarkeit und Kraft. Ihrer ursprünglichen Natur nach haben sie fließende Gestalt, sind inhaltlich nicht definierbar und gehorchen in ihren Paradoxien und Mehrdeutigkeiten nicht den Gesetzen der Verstandeslogik.

»Das kollektive Unbewußte ist alles weniger als ein abgekapseltes, persönliches System, es ist weltweite und weltoffene Objektivität. Ich bin das Objekt aller Subjekte in völliger Umkehrung meines gewöhnlichen Bewußtseins, wo ich stets Subjekt bin, welches Objekte hat. Dort bin ich in der unmittelbarsten Weltverbundenheit dermaßen angeschlossen, daß ich nur allzuleicht vergesse, wer ich in Wirklichkeit bin.«

Beim Vorgang des Denkens, Interpretierens und Formulierens bildet sich quasi als Oberflächenstruktur das Ich. Unmittelbare Wahrnehmung dagegen führt zur Ent-

grenzung des Ich und zur Transzendenz. Der materialistisch-quantitative Wissenschaftsmodus besitzt keine Instrumente, diese qualitative Tiefendimension zu erkennen und zu beschreiben, was ihn aber nicht berechtigt, ihre erfahrungsevidente Existenz zu bestreiten.
»Da die Archetypen relativ autonom sind, wie alle numinosen Inhalte, können sie nicht einfach rational integriert werden, sondern verlangen ein dialektisches Verfahren, das heißt eine eigentliche Auseinandersetzung, die von dem Patienten häufig in Dialogform durchgeführt wird, womit er, ohne es zu wissen, die alchemistische Definition der Meditation verwirklicht: nämlich als ›colloquium cum suo angelo bono‹, als inneres Zwiegespräch mit seinem guten Engel.«

2. DER PILZ – EIN ARCHETYP ?

Auf den ersten Blick macht der Pilz als sehr entfernter und geringer Verwandter des Menschen nicht den Eindruck eines existentiell bedeutsamen ›Naturvorganges‹. Ich will mich im folgenden mit der Frage beschäftigen, ob er dennoch im Zentrum eines archetypischen Bedeutungsraumes steht. Zu diesem Zweck werde ich zunächst einige Aspekte seines Wesens und die Repräsentanz des Pilzes in der Kulturgeschichte gemäß Jungs Kriterien betrachten. Als erstes wird untersucht, ob sich Hinweise auf eine kulturübergreifende, unbewußte Urvorstellung vom Pilz finden, die sich in überlieferten Mythen, kultischen Geheimlehren und Märchenbildern niederschlagen müßte.
Da Archetypen darüberhinaus durch eine erkennbare energetische Aufladung der auf ihnen basierenden bewußten Vorgänge gekennzeichnet sind, soll auch beobach-

tet werden, ob sich eine derartige, z.B. affektive Überwertigkeit der mit dem Pilz verbundenen Bilder, Symbole und Handlungen findet.
In Form von Zwischenspielen bzw. Litaneien werde ich versuchen, den mir erschließbaren Teil des Bedeutungsfeldes ›Pilz‹ zu charakterisieren. Dabei stütze ich mich auf ein methodisches Vorgehen der Jungschen Psychologie: die Symbolerschließung durch Amplifikation.

2.1. Geheimer Kult

Erst in unserem Jahrhundert ist die Religionsforschung auf einen überlebenden religiös-therapeutisch geprägten Pilzkult im Hochland Mexikos aufmerksam geworden. Verblüffenderweise wurden die klaren Hinweise auf die Rauschpilzzeremonien bei den Chronisten der Conquista nicht ernstgenommen. Schon Bernardino de Sahagún berichtete ganz präzise: »Die Hauptsache, die bei diesen Zusammenkünften verzehrt wurde, waren eine Art schwarze Pilze, die sie *nanacatl* nannten. Sie wirken berauschend, lassen Visionen (nicht Halluzinationen, wie Leuner übersetzt) erscheinen und rufen Lust hervor; sie aßen diese vor dem Morgengrauen und tranken dabei Kakao. Sie aßen sie auch mit Honig, und wenn sie mit den Pilzen sich erwärmten, begannen sie zu tanzen, einige sangen, andere weinten, weil sie schon einen Rausch hatten. Manche wollten nicht singen, sondern setzten sich in ihre Ruhezimmer, als wollten sie nachdenken. Manche sahen in ihren Visionen, daß sie starben und sie weinten darob, andere sahen, daß sie ein wildes Tier auffraß, wieder andere, daß sie im Krieg gefangen genommen würden, wieder andere, daß sie reich würden, andere, daß sie viele Sklaven haben würden, andere, daß sie Ehebruch begingen und man ihnen den Kopf dafür zerschmetterte, andere sahen, daß sie jemand bestahlen und man ihnen dafür den Kopf zerschmetterte, andere, daß sie im Wasser ertränkt wurden, wieder andere, daß sie in Frieden leben und sterben würden, andere, daß sie von hoch herab fielen und stürben: All die fürchterlichen Ereignisse, die sie gewöhnlich in ihren Visionen erleben. Andere sahen, daß sie im Wasser untergingen, in einem Strudel. War der Pilzrausch vorüber, sprachen sie miteinander über die Visionen, die sie gehabt hatten.«
Im Lichte dieser Entdeckung, für welche sich damals die CIA interessierte, wurden auch die bis zu 3000 Jahre alten Pilzsteine aus Guatemala erstmals verstanden, durch die sich der Pilzkult mit großer Wahrscheinlichkeit in ein sehr frühes Stadium der Maya-Kultur zurückdatieren läßt.
Als habe die Wiederentdeckung der ›mexikanischen Zauberpilze‹ durch Reko, Schultes, Wasson und Heim die Kulturforschung von einem blinden Fleck befreit, liefern seither zahlreiche Autoren Berichte und Dokumentationen über Pilzkulte in der ganzen Welt: Auch über den sibirischen Fliegenpilz-Kult der Tschuktschen, Korjaken, Kamtschadalen und Samojeden waren schon seit dem 18. Jahrhundert diverse Beobachtungen in Reiseberichten veröffentlicht worden, worauf Freiherr von Bibra schon aufmerksam gemacht hatte. Wasson trug mehr als 30 Quellen zusammen, die sich gegenseitig bestätigten; ein Fortbestehen des ursprüngliches Kultes wie in Mexiko ist bisher noch nicht ausreichend belegt.
Die sowjetischen Völkerkundler Brekhman und Sem, offenbar aufrechte Materia-

listen, konstatieren zufrieden: »Die nationalen Minderheiten Sibiriens und des Fernen Ostens benutzen heute keine psychoaktiven Drogen mehr. Sie wurden aufgegeben wegen radikaler Veränderungen von Wirtschaft, Kultur, Lebensart und Ideologie der Bevölkerung dieses Teils der Sowjetunion. Nach der sozialistischen Oktoberrevolution und der Etablierung der sowjetischen Macht haben diese nicht sehr zahlreichen Nationalitäten einen neuen Weg historischer Entwicklung eingeschlagen.«

Ob es dem sowjetischen Materialismus gelungen ist, die Tradition tatsächlich auszurotten, oder ob sie sich in den Untergrund zurückgezogen hat wie der Pilzkult der Mexikaner nach der Conquista, muß noch geklärt werden. Auch bei Indianern Nordamerikas (Ojibway) fanden sich erst spät Belege einer solchen Fliegenpilz-Tradition , neben einer bemerkenswerten Pilz-Pharmakopoe. Steinzeitliche Felsbilder und der Nachweis halluzinogener Pilze in Afrika veranlaßten in jüngerer Zeit die Annahme, daß es einen vergleichbaren Geheimkult in Algerien gab. Geerken belegte ethnomykologisch relevante Traditionen im Mittleren Hindukusch.

Von herausragender Bedeutung ist die kühne, aber mit unzähligen Belegen akribisch untermauerte Hypothese Wassons, daß das altindische Soma mit dem Fliegenpilz identisch ist. Obwohl derzeit keine plausiblere Deutung des Soma zur Verfügung steht und Wasson immerhin u. a. bei C. Lévi-Strauss, R. E. Schultes und Weston LaBarre Zustimmung erntete, ist seine Theorie in der Religionswissenschaft kaum zur Kenntnis genommen worden. Der hochgebildete und minutiös mit seinen Quellen umgehende Wasson war nämlich kein Hochschullehrer, sondern ein Privatgelehrter, ein Amateur der aussterbenden Art. Vielleicht neigte er manchmal zu überwertigen Ideen, sein Forschungsgebiet betreffend. Dieses Phänomen kommt allerdings auch an Hochschulen vor und ist kein Grund, den harten Kern seiner ethnomykologischen Forschungsergebnisse zu ignorieren, da seine Argumentation stichhaltig und gekonnt ist. Vielleicht hat auch seine hermetische Veröffentlichungspolitik ihren Teil zur schwachen Resonanz der Fachwissenschaften beigetragen: Die meisten seiner Werke sind schon heute ›Rarissima‹, erschienen in bibliophilen Prachtausgaben mit Auflagen von wenigen hundert Stück. Nur eines seiner Werke liegt seit 1984 in einer deutschen Übersetzung vor.

Hinweise auf rituell-traditionelle Pilzpraktiken fanden sich ferner in Neu-Guinea, Japan und Ägypten; nicht näher belegt sind Angaben von Ranke-Graves über rituelles Pilzessen bei portugiesischen Hexen bis in unsere Zeit und bei balinesischen Volksfesten.

Offenbar funktionierte die Geheimhaltung bei diesen Pilzkulten, forciert durch Verbote kolonialer, kirchlicher und staatlicher Machtträger, bis vor kurzem ausgezeichnet. Die große Bedeutung des Pilzes im europäischen Volksglauben als Glücksbringer oder polar entgegengesetzt als unheimliches Satans-, Fliegen-, Hexen- und Krötengewächs legt sogar den Schluß auf eine solche vergessene Vergangenheit auch im europäischen Kulturraum nahe. Gartz nimmt an, daß das frühere empirische Wissen über bewußtseinsverändernde Pflanzen und Pilze im »Zuge der ideologischen Machtauseinandersetzung zwischen Christentum und übriggebliebenen Naturreligionen durch Hexenverbrennung und Ausmerzung der Kulturträger, durch Unterdrückung und Ausrottung langsam aber sicher« verloren gegangen ist. Da aber konkrete mittelalterliche Quellenhinweise fehlen, und auch die Bedeutung und Herleitung der volkskundlichen Pilz-Symbolik nicht mehr bewußt ist, erscheint die Annahme unwahrscheinlich, daß das Wissen um Zauberpilze in so junger Vergangenheit ausgemerzt wurde.

Geheimnisvoll blieb bis zum heutigen Tag auch das Ritual der antiken Mysterienkulte des Nahen Osten und des Mittelmeerraumes. Der Vorschlag, daß, wie für den dionysischen Kult auch für die Eleusinischen Mysterien und den Mithraskult ein Entheogen die entscheidende Mittlerfunktion erfüllte, ist nicht a priori abwegig. Ranke-Graves schrieb, offenbar unter dem Eindruck der ersten Wassonschen Veröffentlichungen:

»Seitdem ich die ›Griechische Mythologie‹ im Jahre 1958 überarbeitete, machte ich mir Gedanken über den betrunkenen Gott Dionysos, über die Kentauren mit ihrem widerspruchsvollen Ruf – ihrer Weisheit und ihres schlechten Benehmens wegen – und über das Wesen der göttlichen Ambrosia, denn die Kentauren beteten Dionysos an, dessen ausschweifendes Herbstfest die ›Ambrosia‹ genannt wurde ... Neue Erkenntnisse lassen darauf schließen, daß die Satyrn (Mitglieder des Ziegen-Clans), die Kentauren (vom Pferde-Clan) und ihre Mänaden diese Getränke (Wein und Efeubier) nur dazu verwendeten, ein viel stärkeres Rauschmittel hinunterzuspülen: und zwar einen ungekochten Pilz, *amanita muscaria*, den Fliegenpilz. Er ruft Halluzinationen, sinnlosen Aufruhr, prophetische Sicht, sexuelle Energie und eine bemerkenswerte Muskelstärke hervor ... Auf einem etruskischen Spiegel ist *amanita muscaria* zu Füßen Ixions eingraviert. Ixion war ein thessalischer Heros, der sich in Gesellschaft der Götter an Ambrosia ergötzte. Einige Mythen bestätigen meine Theorie, daß seine Abkömmlinge, die Kentauren, diesen Pilz aßen ... Ich nehme an, daß Nektar und Ambrosia berauschende Pilze enthielten. Es war *amanita muscaria* oder auch *panaeolus papilionaceus*, ein kleiner, schlanker Pilz, der auf dem Dunghaufen wächst. Dieser ruft harmlose und höchst erfreuliche Halluzinationen hervor. Ein ihm ähnlicher Pilz ist auf einer attischen Vase zwischen den Hufen des Kentauren Nessos abgebildet. Die ›Götter‹, denen allein Nektar und Ambrosia zustanden, waren wahrscheinlich die Heiligen Königinnen und Könige des präklassischen Zeitalters. Das Verbrechen des Königs Tantalos bestand darin, daß er ein Tabu brach, als er einen Bürgerlichen einlud, seine Ambrosia mit ihm zu teilen. In Griechenland ging das Heilige Königinnen- und Königtum unter. Es scheint, daß Ambrosia dann das geheime Element der Eleusinischen, Orphischen und anderer Mysterien wurde, die mit Dionysos verbunden waren. Alle Teilnehmer dieser Mysterien mußten über alles, was sie aßen und tranken, Stillschweigen bewahren; sie erlebten unvergeßliche Visionen und ihnen wurde Unsterblichkeit versprochen. Die Ambrosia, die den Siegern des olympischen Wettlaufs gereicht wurde, als Sieg ihnen nicht länger das Heilige Königtum gab, war offensichtlich ein Ersatz: Eine Mischung aus Nahrungsmitteln, deren Anfangsbuchstaben das griechische Wort für Pilz bildeten. Die von klassischen Autoren überlieferte Zusammensetzung des Nektar und des Kekyon, des mit Pfefferminz gewürzten Getränks der Demeter zu Eleusis, ergab in ähnlicher Weise das Wort Pilz.«

Ihrerseits wiederum angeregt durch Ranke-Graves versuchten Albert Hofmann, C. A. P. Ruck und R. G. Wasson nachzuweisen, daß im Mittelpunkt des Eleusini-

schen Ritus die Einnahme eines Pilzes der Mutterkornfamilie stand. Die Reaktion der Graecisten gibt Wasson in seinem Alterswerk mit auffallender Scharfzüngigkeit wieder:
»The Greek departments both in American and British Universities seem intellectually inert. One well known English professor of Greek burst out in anger at our saying that a potent potion was drunk at Eleusis: we had touched him at a sensitive spot. He seemed to wish to join the class of those pastors in our Bible Belt who, when Prohibition was flying high, seriously pretended that Jesus served grape juice, not wine, at his Last Supper!*«
Übrigens leitet sich (nach einer nicht ganz unstrittigen volkstümlichen Ethymologie) der Name ›Mykene‹ von der griechischen Bezeichnung für Pilz ab. Die Gründungslegende berichtet, daß Perseus an dieser Stelle einen Pilz fand, aus welchem Wasser austrat, das ihn unvergleichlich erquickte!
Die eleusinischen Mysterien, die jährlich im September(!) stattfanden, unterlagen strengster Geheimhaltung. Der Verrat des heiligen Geheimnisses war mit der Todesstrafe bedroht. Schriftliche Aufzeichnungen sind nicht überliefert. Trotzdem sickerte durch, daß im verdunkelten Zentralraum des Heiligtums, der sich übrigens für eine Theater-Inszenierung nicht eignete, Visionen in strahlendem Licht erlebt wurden, nachdem ein besonderer Trunk gereicht worden war. Später gab es einen Skandal, als aufkam, daß neureiche Athener (Alcibiades) das Geheimnis der Mysterien bei privaten Gelagen profanisierend mißbrauchten. Die vorhandenen Beschrei-

---

* R. G. Wasson, Persephone's Quest. In: R. G. Wasson, S. Kramrisch, J. Ott & C. A. P. Ruck, Persephone's Quest, 1986, S. 28. – Ein besonderes Licht auf diese ungewöhnlich polemische Reaktion wirft der Umstand, daß Wasson hier in die Fußstapfen seines Vaters tritt: Dieser, Pfarrer der Episkopalkirche, hatte 1914 ein Buch ›Religion and Drink‹ publiziert, »in which he demonstrated that Prohibition was opposed to the teachings and practice of Christ and the Gospels, opposed to the Old Testament and the Church Fathers, and opposed to sound morals. He never tired of pointing out that Christ's first miracle, at Cana of Galilee, was the conversion of water into wine (not wine into grape juice), and the last act of his ministry was to invite his apostles to drink wine in remembrance of him.«
R. G. Wasson, Gordon Wasson's Account of his Childhood, in: The Sacred Mushroom Seeker. Essays for Gordon E. Wasson, (ed. T. Riedlinger), Portland, Oregon 1990. – In der Tat spielt ja der Wein im Christentum eine noch heute im großen Abendmahlsritus sichtbare sakramentale Rolle als ›Blut des Herrn‹. Zahlreiche Stellen der Heiligen Schrift, z.B. in den Gleichnissen, beziehen sich explizit auf seine symbolische Bedeutung und Gottesnähe. Es sind die christlichen, mediterranen Kulturräume, in denen der Alkoholgebrauch heute auch im profanen Bereich am besten integriert ist. Es gibt regional gebundene Bier- und Weinkulturen mit einem Überfluß an Ritualen (Weinprobe, Weinköniginnen, Geheimwissenschaft der Jahrgänge und Lagen, Trinksprüche, Trinkspiele, Trinklieder etc....), Initiationsriten (vgl. etwa deutsche Burschenschaften) und Tabus. Übrigens trat der Alkohol im Gefolge von christlicher Mission bzw. ökonomischer Kolonialisierung ebenfalls den Siegeszug um die Welt an. In Kulturen, die den Gebrauch stark alkoholischer Getränke nicht integriert hatten, kam es zu verhängnisvollen Sucht- und Verfallserscheinungen, die mit der Wirkung des Opiums in der westlichen Zivilisation vergleichbar sind. Auch bei Cannabis, halluzinogenen Pflanzen oder der Koka besteht ja in unserer Kultur die Tendenz zu Drogen-Mißbrauch, da keine kulturellen Strukturen für einen Drogen-Gebrauch wie in den Herkunftsländern entwickelt sind. Die nordamerikanische Strategie, die Drogen in ihren Ursprungsländern zu bekämpfen, erscheint daher etwa so abwegig wie der Plan eines Indianers, französische Weinberge, bayerische Hopfenplantagen und klösterliche Destillerien durch Lufteinsätze zu vernichten, um so Alkoholmißbrauch in seinem Stamm zu verhindern.

bungen der Mysterien weisen deutlich auf eine durch intensive Vorbereitung und Einnahme eines Rauschmittels hervorgerufene göttliche Transzendenz- und Wiedergeburtserfahrung hin. Auch für den älteren Dionysoskult nimmt Ruck einen mykologischen Hintergrund an: »Dionysos konnte seine ekstatischen Bräute jedoch auch vermittels anderer Pflanzen besitzen, denn er lebte als vegetativer Gatte in allerhand Rauschmitteln, darunter offenbar auch in gewissen Pilzen. Deren Stiel wurde in Analogie zum Emblem der Mänaden ebenfalls *thyrsos* genannt, wobei der Pilzhut an die Stelle der psychotropen Kräuter trat. Dionysos wurde selbst im mystischen siebten Monat während eines winterlichen Schneefalls geboren, als sein himmlischer Vater seine irdische Braut Semele in Theben mit einem Blitz schlug; man glaubte, auf die selbe Weise würden Pilze erzeugt, wo immer der Blitz in die Erde einschlug. Der Vater des Dionysos war, wie bei einer Heiligen Ehe zu erwarten ist, ein anderer Dionysos: Das zur Zeit der Erneuerung der Erde geborene Kind ist nämlich identisch mit dem einverleibten Gatten, der seine Mutter-Braut mit der furchtbaren Unterwelt wiedervereinigt, aus der er immer wieder neu geboren werden muß. Es überrascht daher nicht zu erfahren, daß auch Semele Dionysos empfing, als sie einen aus dem Herzen ihres eigenen Sohnes hergestellten Trank zu sich nahm. Wie sein Vater wurde folglich auch Dionysos ›der Donnerer‹ genannt, denn trotz seiner sanften Kindheit und seiner manchmal effeminierten Erscheinung konnte er unversehens die Gewalt seiner vollen Männlichkeit hervorkehren; er trat dann in der Form eines die Erde aufreißenden Stiers auf, der sich wie bei seiner Geburt durch ein Gebrüll ankündigte, das die Gegenwart des *mykes*, des Pilzes, markierende *mykema*. Sein Symbol war der *phallos* selbst, der in einer gebräuchlichen Metapher ebenfalls *mykes* hieß.« <Ruck>

»Dionysos hatte zwei Feste – im Frühling das *Anthesterion*, ›Blumen-Sprießen‹; und das herbstliche *Mysterion*, was vermutlich so viel heißt wie ›Sprießen der Fliegenpilze‹; *Mykosterion* war als *Ambrosia* (›Speise der Götter‹) bekannt. War Phorneus auch der Entdecker eines dem Fliegenpilz innewohnenden göttlichen Feuers und mithin sowohl *Phryneus* (›Kröten-Wesen‹) als auch *Fearinus* (›Frühlings-Wesen‹)?« <Ranke-Graves>

Noch kühner war John Allegro: Er sah im Urchristentum das Fortwirken des sumerischen Kultes, den er mit halluzinogenen Pilzen in Zusammenhang brachte. In den Schriften der Offenbarung und dem urchristlichen Kult ›entlarvte‹ er einen durch sprachliche und symbolische Tarnung kryptisch gewordenen, rudimentären Pilzkult. Die Lehren des ursprünglichen Rausch- und Mysterienkultes seien nach der Ankunft der Römer, um sie vor den Invasoren in Sicherheit zu bringen und ihren Fortbestand zu sichern, in symbolischer Weise verschlüsselt worden, wobei Jesus eine Chiffre für den heiligen Pilz darstelle. Später sei diese Entstehungsgeschichte vergessen worden und man habe angenommen, daß Jesus eine historische Persönlichkeit gewesen sei. Wer solche Hypothesen für völlig abwegig hält, der hat sich nicht bewußt gemacht, daß eine Religion, eine Kultur ohne kultischen Hintergrund, ohne Riten und Mittel der ekstatischen Erfahrung weltweit eher die Ausnahme darstellt.

In der Gegenwart sind praktisch alle Weltgegenden (Europa, Südostasien, Australien und Neuseeland, Nord-, Mittel- und Südamerika von einem rezent sich entwickelnden Pilz-Geheimkult überzogen, der sich mit der amerikanischen Subkultur der 60er und 70er Jahre ausgebreitet hat. Die Aura von Tabu und Geheimnis hat er mit den alten Kulten gemeinsam, aber während für die alten Traditionen die religiös-schamanistische Auffassung maßgeblich ist, wird sie in der aktuellen Form von rekreationalen Motiven überlagert, das heißt einer dem Zeitgeist entsprechenden konsumptiven und vergnügungssüchtigen Haltung. Folgerichtig entspringt hier auch die Geheimhaltung weniger einem religiösen als einem politisch-legislativem, also säkularisierten Tabu. Aber nicht nur als Freizeit-Droge hat der Pilz Eingang in die mitteleuropäische Subkultur gefunden:

»Dagegen konnte ich vom 21.–23.12.1979 an einer Sonnenwendzeremonie im Kanton Bern teilnehmen, bei der kleine Pilze, die ich als *Psilocybe semilanceata* identifizierte, im Rahmen eines seit etwa sieben Jahren bestehenden Kults mit komplizierten Schwitzbadritualen, Gebeten, Pfeifenzeremonien (ohne psychoaktive Substanzen, Fastengeboten, Räucherungen, Opferhandlungen und Musik in einem speziell hergerichteten Raum mit zentralem Altar verwendet wurden. Alle Anwesenden (5 Frauen und 6 Männer) hatten vier Tage vor und nach der Zeremonie jegliche Drogen inklusive Alkohol, sexuelle Kontakte, Fleischnahrung und ›schlechte Gedanken‹ strikt zu meiden und während des Treffens selbst strenges Fasten einzuhalten, aber nur zwei Männer aßen am zweiten Abend nach vorangehenden Reinigungsritualen je 20 Pilze. Diese Verwendung hatte für die Gruppe offenbar eine Orakelfunktion. Sie wurde durch intensives stundenlanges Trommeln aller Teilnehmer unterstützt. Die Pilze werden auf einheimischen Wiesen unter Einhaltung von Meidungstabus gesammelt, mit Salbeirauch rituell gereinigt, getrocknet und in ebenfalls rituell gereinigten Gefäßen aufbewahrt. Sie gelten als ›Geschenke Gottes‹ bzw. der ›Natur‹ und werden nur in beschränkter Zahl gepflückt, wobei man jeweils die größten Exemplare einer Gruppe als ›Oberhäupter‹ stehen läßt, ihnen dankt und Mehl und andere Opfergaben vor sie hinlegt. Das Singen von an sie gerichteten Liedern soll die im Gras verborgenen Pilze veranlassen, sich zu zeigen. Für die Gruppe, deren Ideologie von einem weitgespannten ›heidnisch‹-christlich-buddhistisch-hinduistischen Synkretismus geprägt ist, und die in vielem an die von Ellwood (1971, 1973) beschriebenen *neopagan religious groups* erinnert, scheint der Pilz nicht unter die Kategorie ›Drogen‹ zu fallen, sondern soll einen Bestandteil ›der ursprünglichen Religion‹ gebildet haben.« <Linder>

Im Hinblick auf die Archetyp-Hypothese kann ein zwar nicht ubiquitäres, aber verbreitetes Vorkommen von Pilz-Geheimkulten bestätigt werden, mit der wichtigen Einschränkung, daß überwiegend nicht der gemeine Pilz im Mittelpunkt steht, sondern der berauschende, Trance und Ekstase induzierende: der heilige Pilz.

2.2. Mythen und Märchen

»Vom magischen Wissen der Vorzeit ist mancherlei Restgut im Volksaberglauben lebendig geblieben«, schreibt Linus Zeitlmayer, Autor eines der populärsten deutschen Pilzbücher. »So hängt ihr Wachstum, wie man noch heute da und dort in bayerisch-österreichischen Ländern erzählt, von höheren und niederen Wachstumsgottheiten ab, einst also wohl von Donar und Wodan, später von ihren christlichen

Entsprechungen, also von Gott und seinen Heiligen, namentlich von St. Peter als dem Wetterherrn, von St. Veit als dem Nachfolger des slawischen Sonnengottes Svantevit, von den Heiligen Prokopius und Antonius dem Einsiedler; andererseits sind es aber auch Teufel, Hexen, Elfen und gut- oder bösartige Schwammgeister, die das Pilzgeschlecht wachsen lassen, Schwammseelen, Schwammzwergeln oder aber ein zwerggestaltiger Schwammprophet. Ihnen allen bringt man kleine Opfer und ›Schwammgebete‹ dar. Fliegenschwämme, die als die giftigsten aller Pilze gelten, und Boviste sind ›Teufelsschöpfungen‹, ›Teufelszeug‹, ›Teufelsduwak‹ oder ›Teufelsschnupftabak‹. Der heilige Petrus, der bayerische ›Donnerpeter‹, dessen Festtag am 29. Juni ist, verleiht ›Schwammsamen‹. ›An St. Peter und Paul regnet es Schwämme.‹ Der ›heilige St. Veit‹ reitet an seinem Festtage, dem 15. Juni, in der Nacht auf einem blinden weißen Rosse, wie einstmals Wodan, durch die Wälder und sät ›Schwammsamen‹. ›Prokop (am 4. Juli) regnet Schwämme‹. St. Antonius der Große, der Einsiedler, dessen Attribut ein Schwammerltier, das Schwein, ist, weshalb er auch bajuwarisch-urgemütlich ›Sautonerl‹ geheißen wird, der Patron der Schweinehirten und Schweinehändler ist, auch der Schutzheilige aller Schwammerlsucher und Pilzhändler. Als Einsiedel geht er mit seinem Stabe, woran ein Glöcklein hängt, durch die Wälder und verscheucht die bösen Geister, welche die (guten) Pilze vor den Blicken der Menschen verstecken.«

Zeitlmayers französischer Kollege Joly berichtet über mitteleuropäische Pilzlegenden: »Manche sind noch von der alten nordischen Mythologie geprägt, so zum Beispiel, wenn die Herkunft des Fliegenpilzes den Tropfen einer Mischung von Schaum und Blut aus dem Munde von Wotans Pferd zugeschrieben wurde, doch die meisten wurden ins Christliche umgedeutet ... man liest oft, daß die Pilze ihren Ursprung von den Brosamen herleiten, die aus dem Munde eines Heiligen herabfallen. War das dargebotene Brot weiß, dann brachten die Brosamen gute Pilze hervor, war es dunkel, dann sollten daraus giftige Pilze entstanden sein, hatte der Bittende an benachbarte Türen geklopft und hier gastliche Aufnahme und weißes Brot empfangen, dort aber nur schwarzes Brot, dann ergab sich jeweils ein Gemisch aus guten und schlechten Pilzen ... Es ist bemerkenswert, daß den Pilzen in diesen naiven Legenden wie in den Vorstellungen von einer Art Teufelsnatur stets ein übernatürlicher Ursprung zugeschrieben wird.«

Eine Variante der hier angesprochenen Ursprungslegende erzählt B. Nêmcová aus Böhmen:

»It seems that Jesus and Peter were passing through a Czech village and heard the sound of wedding music in a humble cottage. They joined the party, but not before Jesus had warned Peter to accept no food save only bread and salt, for the people were poor. Jesus and Peter were made most welcome. They partook of the bread and salt that were offered to them, declining however the cakes. But a little later, when no one was looking, Peter slipped some cakes into his pouch. After a while Jesus and Peter continued on their way, Jesus immersed in his thoughts and Peter lagging behind, that he might nibble on his cakes. But at each bite, Jesus would wheel around and ask him what he was eating. Peter would spit out the mouthful and reply, ›Nothing‹. This happened again and again, until there was no cake left. Then Jesus said to Peter, ›Go back, and pick up all that you have spat out, and I will wait for you.‹ When Peter returned he said to Jesus, ›I found nothing except this that I show you. I thought it was food, but lo! it was a growth, rooted in the soil.‹ Jesus said, ›It is a growth, and it grew from the food you threw away.‹ Then Peter asked for forgiveness, and it was granted to him. Then they went to the cottage of a poor woman and asked her to cook what Peter had found, and it turned out to be mushrooms, and they were good. Because the mushrooms had sprung from the food of poor people, Jesus bestowed them on the poor, and he taught the poor woman where to seek them. And because poor people need help, mushrooms multiply and abound. And because Peter, eating them, nevertheless remained hungry, mushrooms are not filling.«

Eine weitere bemerkenswerte Parallele findet sich in einer koryakischen Legende:

»Once Big-Raven had caught a whale, and could not send it to its home in the sea. He was unable to lift the grass bag containing travelling-provisions for the whale. Big-Raven applied to Existence to help him. The deity said to him: ›Go to a level place near the sea. There thou wilt find white soft stalks with spotted hats. These are the spirits wa'paq. Eat some of them, and they will help thee.‹ Big-Raven went. Then the Supreme Being spat upon the earth, and out of his saliva the agaric appeared. Big-Raven found the fungus, ate of it, and began to feel gay. He started to dance. The Fly-Agaric said to him: ›How is it, that thou, being such a strong man, canst not lift the bag?‹ – ›That is right‹, said Big-Raven. ›I am a strong man. I shall go and lift the travelling-bag.‹ He went, lifted the bag at once, and sent the whale home. Then the agaric showed him how the whale was going out to sea, and how he would return to his comrades. Then Big-Raven said, ›Let the Agaric remain on earth, and let my children see what it will show them.«

(»Einst hatte Großer Rabe (der Kulturheros) einen Wal gefangen und konnte ihn nicht in seine Heimat, das Meer, zurückschicken. Er konnte nicht die schwere Tasche aus Gras, welche die Reisevorräte für den Wal enthielt, aufheben. Großer Rabe rief den Gott ›Vahiyinin‹ (›Existenz‹) um Hilfe an. Dieser Gott sagte zu ihm: ›Gehe zu einem ebenen Platz in der Nähe des Meeres. Dort wirst du weiße weiche Stiele mit gepunkteten Hüten finden. Diese sind die ›wa'paq‹-Geister. Iß einige von ihnen und sie werden dir helfen.‹ Großer Rabe ging. Dann spie das Oberste Wesen auf die Erde und aus seinem Speichel erschien der Fliegenpilz. Großer Rabe fand den Pilz, aß ihn, und begann, sich froh zu fühlen. Er begann zu tanzen. Der Fliegenpilz sagte zu ihm: ›Wie ist es nun mit dir, der du so ein starker Mann bist, kannst du jetzt nicht die Tasche aufheben?‹ ›Das stimmt‹, sagte Großer Rabe. ›Ich bin ein starker Mann.‹ Er ging, hob sofort die Tasche und schickte den Wal nach Hause. Dann zeigte ihm der Fliegenpilz, wie der Wal ins Meer hinausschwamm und zu seinen Gefährten zurückkehrte. Da sagte Großer Rabe: ›Laß den Fliegenpilz für immer auf der Erde und laß auch meine Kinder sehen, was er ihnen zeigen wird!‹«)

Bei südslawischen Pilzessern ist der Glaube verbreitet: »Essen schwangere Frauen viel Pilze, so werden ihre Kinder von heiterer Lebensauffassung, leichtblütig und sanglustig, sie lernen das Gehen und das Sprechen sehr früh, werden gute Tänzer und finden immer Glück und Freude auf ihrem Lebensweg.«
Vom Volksaberglauben unterscheiden sich die Schriften der antiken Autoren nur wenig, ja sie scheinen in ihm weiterzuleben: Nicander (2. Jh. v. Chr.) sieht die Pilze als Produkt des Wärmeprinzips der Erde, ohne dies wie spätere Autoren, namentlich die Kirchenväter, negativ zu bewerten. Er meint damit vielmehr ein Hervorbrechen von Leben, eine Art Urzeugung aus dem Erdschlamm. Besonderes interessant ist eine Aussage von Avicenna (890–1037), der alle Pilze mit der ›giftigen Farbe‹ des Grünspans in Acht und Bann tut, eine Auffassung, die sich auch heute noch in naiven ›Giftigkeitsregeln‹ bzw. ›Instinkten‹ der Pilzsammler erhalten hat. Eben diese Farbtönung zeigt in vielen Fällen das Vorkommen von Psilocybin/Psilocin an und führte in letzter Zeit zur Entdeckung unvermuteter halluzinogener Eigenschaften bei einer Reihe von Pilzen, die nicht zu den Stropharien und Psilocyben zählen, namentlich in *Pluteus-* und *Inocybe*-Arten.
Das Herder Lexikon der Symbole gibt den Hinweis, daß der Pilz in China als Symbol des langen Lebens und der weisen Staatsführung gilt, in einigen Gegenden Afrikas und Sibiriens als Sinnbild der neugeborenen Menschenseele. Bei den Völkern, die den Verzehr von Pilzen pflegen, wurden viele weitere mythologische Bedeutungsgebungen überliefert, die später noch betrachtet werden. Auch im europäischen, v. a. slawischen Märchen taucht der Pilz auf. Besonders eindrucksvoll zeigt sich dies noch heute bei seiner ikonographischen Verwendung in der Illustration von Märchen- und Kinderbüchern, meist als Zwergenwohnung oder Sinnbild für die Geheimnisse des Waldes. Der vom Jugendstil geprägte russische Illustrator I. Bilibin bildete um die Jahrhundertwende mit Vorliebe auf den Einrahmungen seiner Märchenbilder Pilze ab, und zwar Fliegenpilze und Kahlköpfe (*Psilocybe*). S. Golowin und W. Bauer, die sich mit diesen Zusammenhängen befaßt haben, legen eine Verbindung nahe zwischen einem vergangenen Wissen über Mykohalluzinogene und den Zauberwelten von Elfen, rote ›phrygische‹ Zipfelmützen tragenden Gartenzwergen und stummen Männlein, die auf einem Bein im Wald herumstehen:
»Millionen von Zwergen stehen in deutschen Gärten, Wohnzimmerfenstern und auf Blumenbänken. Sie sitzen auf Fliegenpilzen oder bemalen sie, halten Fliegenpilze in den Händen oder stehen – als Manifestation der guten Erdkräfte – wissend neben ihnen. Wie kleine Hausgötter werden sie gehalten, geschrubbt, geputzt und renoviert. Gerichtsprozesse werden um sie geführt, Soziologen schreiben Abhandlungen über sie.« In der Tat scheint eine gewisse Übereinstimmung des geographischen Vorkommens von Geschichten über die kleinen Leute, Tarnkappen, Zauber- und Wünschelhüte mit den Hauptverbreitungsgebieten kleiner geistbewegender Wiesenpilze erkennbar (Irland, Schottland, Alpen, aber auch Sibirien und Mexiko).
Kaum ein Bewohner des mittel-, nord- und osteuropäischen Kulturraums macht sich bewußt, welch ungeheure Verbreitung der Pilz als Talisman und Glücksbringer noch in der Gegenwart hat. Noch erstaunlicher aber ist die Tatsache, daß gerade der für die Ernährung wenig bedeutsame Fliegenpilz hierfür ausersehen wurde. Er ist mit Sicherheit der einzige Pilz, den bei uns ›jedes Kind kennt‹. Seine Verleumdung

als gefährlicher tödlicher Giftpilz ist ein Mythos; lediglich ein zweifelhafter Bericht von vier durch Fliegenpilz zu Tode gekommenen Soldaten im Ersten Weltkrieg geistert durch die Literatur. Doch wird das Tabu weiter gepflegt: Generationen von Franzosen wurden durch die Babar-Bilderbücher zur Furcht vor dem Fliegenpilz erzogen, da in einer der Geschichten der Elefantenkönig an einer Fliegenpilzvergiftung zu Tode kommt.
Ein anderer Ammenglaube, verbreitet in germanischen und slawischen Stämmen ist die volkstümliche Herleitung des Namens ›Fliegenpilz‹: Man könne mit seinen Zubereitungen Fliegen töten, bzw. wenigstens zeitweise betäuben (!). Näher liegt hier der Bezug zur summenden Fliege als dem Tier des Wahnsinns, der Besessenheit und des Teufels. Einen guten Eindruck hiervon vermitteln die Darstellungen von insektenhaften ›gefallenen Engeln‹ und Dämonen auf den Bildern von Hieronymus Bosch. Bogoraz sagt über die Tschuktschen, daß für sie psychische Krankheiten von Insekten herrühren. Ja schon ›Beelzebub‹ bedeutet nichts anderes als ›Herr der Fliegen‹. Auch Goethes Faust spricht vom Fliegengott.
Aus der Untersteiermark wurde noch in unserem Jahrhundert folgender martialische Fliegenpilz-Brauch berichtet: Zu Beginn der Schwammzeit sucht man sich einen Fliegenschwamm, hält ihn zuerst vor sich hin gegen den Wald gewendet, dann bewegt man ihn hin und her und spricht zu ihm: ›Wenn du mir nicht die guten Schwämme zeigst, dann schleudere ich dich auf die Erde, daß du zu Staub und Asche zerfällst‹.
Der Fliegenpilz begegnet uns heute als Kiosk und als Karussell(!) als Logo auf der Visitenkarte einer Kinderarztpraxis in München, als Werbeträger einer Lotterie (›Glückspilz‹), als Standardmotiv bei rudimentär überlebenden Orakelspielen, wie Bleigießen oder Memory, als Kindertöpfchen und als Salzstreuer, als glückbringende Marzipan-Opfergabe neben Schwein und Vierblattklee. Er verkörpert in unserer Kultur den Pilz schlechthin. Mit deutlicher Ambivalenz wird er als Glückspilz geliebt und als Giftpilz verteufelt.

2.3. Heftige Ambivalenzen

Es blieb dem nicht fachwissenschaftlich verbildeten Genie der Wassons vorbehalten, diese auf der Hand liegende, bisher nicht reflektierte starke emotionale Polarisierung zum Ausgangspunkt einer weitreichenden kulturhistorischen Arbeit zu machen. Die Anekdote Wassons über den Beginn seiner lebenslangen Forschungsarbeit verdient es, ausführlich zitiert zu werden:
»My wife and I embarked on this our intellectual foray late in August 1927. A little episode started us on our way. Valentina Pavlovna was Russian, a Muscovite by birth. I was of Anglo-Saxon ancestry. We had been married less than a year and we were now off on our first holiday, at Big Indian in the Catskills. On that first day, as the sun was declining in the West, we set out for a stroll, the forest on our left, a clearing on our right. Though we had known each other for years, it happened that we had never discussed mushrooms together. All of a sudden she darted from my side. With cries of ecstasy she flew to the forest glade, where she had discovered mushrooms of various kinds carpeting the ground. Since Russia she had seen

nothing like it. Left planted to the mountain trail, I called to her to take care, to come back. They were toadstools she was gathering, poisonous, putrid, disgusting. She only laughed the more: I can hear her now. She knelt in poses of adoration. She spoke to them with endearing Russian diminutives. She gathered the mushrooms in a kind of a pinafore that she was wearing, and brought them to our lodge. Some she strung on threads to hang up and dry for winter use. Others she served that night, either with the soup or the meat, according to their kind. I refused to touch them.«
Die Wassons bemerkten, daß es sich da nicht um eine bloß eheliche Kontroverse handelte, sondern um einen kulturell determinierten Auffassungsspalt, der sie veranlaßte die Slawen als mykophil und die Angelsachsen als mykophob zu definieren, und später dieses Unterscheidungsmerkmal geradezu global in Anschlag zu bringen und als Relikt alter Pilz-Kulte und damit verknüpfter Tabus zu interpretieren.
»We have arrived at the conviction that the common ignorance and distrust of wild mushrooms are not the fruit of rational behavior. It is a cultural legacy of a remote age when our unlettered ancestors held wild mushrooms in awe as the habitation of demonic powers.«

Wirklich ist die Einstellung der Menschen den Pilzen gegenüber bemerkenswert gespalten und ambivalent, dabei hochgradig emotional besetzt. Jeder Pilzsammler, auch der harmlose Speisepilzsucher, kennt den außergewöhnlichen Bewußtseinszustand auf der Pilzjagd: Nach einiger Zeit sind die Sinne geschärft und die Wahrnehmung ganz konzentriert. Ohne diese Wachheit und innere Sammlung bleiben die Pilze unauffindbar. Das Erspüren und Finden trefflicher wie auch verdorbener Exemplare wird von lebhaftesten, manchmal ekstatischen Emotionen begleitet. Wir können uns in die Psyche eines Vorfahren der Jäger- und Sammlerkultur versetzen. Jeder Waldgänger begegnet auch den Spuren irrationaler Angst- und Haßgefühle, die häufig zu regelrechten Massakern führen, denen weniger bekannte Speisepilze ebenso zum Opfer fallen wie bekannte Giftpilze.

Für heftig affektive Reaktionen und pseudo-rationale Verfälschungen ließen sich unzählige Beispiele zusammentragen. Ich beschränke mich auf wenige aufschlußreiche Exempel: Unter dem Titel ›Letters from Andrew Weil. Mushroom Hunting in Oregon‹ waren 1975 einige pilzfreundliche Bemerkungen veröffentlicht worden. Der mykophile Weil widmete sich in geradezu zärtlicher Weise seinem Gegenstand und erfasste intuitiv auch einen Teil der Zusammenhänge des mythisch-archetypischen Bedeutungsfeldes, als er schrieb:

»What nutritionists ought to be saying, then, is that mushrooms contain insignificant amounts of the energy they can measure. The kind of energy measured by nutritionists, caloric energy, comes from the sun. Calories are simply units of solar energy that has been bound by green plants or chemically transformed by animals that have eaten green plants. Mushrooms have nothing to do with the sun. In fact, they are destroyed by sunlight and are best gathered in early morning before light of day is too intense. Human societies in all parts of the world have associated mushrooms with the moon. This association is not fanciful. Friends of mine who lived near the Colombian village of Silvia in the state of Cauca tell me that the growth of San Isidro mushrooms there was clearly correlated with phases of the moon, a new crop would appear each time the moon waxed, disappearing just after the full. Many people also associate mushrooms with water, the feminine or lunar element, as opposed to fire, which is masculine and solar. Not only do mushrooms contain high percentages of water, their growth is triggered primarily by rain.«

Dies veranlaßte Ott und Pollock, immerhin zwei der namhaftesten ›Kenner‹ psychedelischer Pilze, zu einer rational und logisch gemeinten, in Wahrheit aber nicht wenig irrationalen, affektgeladenen Attacke, die eine gewisse Flachheit der Anschauung und Betriebsblindheit für tiefenseelische Vorgänge und symbolische Zusammenhänge verrät. Sie versuchten schlußendlich sogar, dem armen Weil ›Mykophobie‹ unterzujubeln:

»Finally, Weil's contention that mushrooms possess lunar energy is beyond the point of requiring scientific comment. It should be noted rather that psilocybian mushrooms are strongly heliotropic, i. e., they orient towards sunlight. These mushrooms do not even complete normal fruiting unless there is sufficient light. It must also be borne in mind that moonlight is merely reflected sunlight. Association of mushrooms with the »forces of darkness« is a common mykophobic attitude, with ancient roots and no scientific basis.«

Ein Beispiel aus der Tagespresse weist noch gröbere Verständnislosigkeit auf und glänzt durch unglaubliche angstgetränkte Desinformation: Schon die Schlagzeile ›LSD-Ersatz von der Kuhweide‹ verkehrt die Folge des historischen Ablaufes. Albert Hofmann würde sich vielleicht im Grab rumdrehen, wäre er nicht trotz wiederholten ›Drogenmißbrauchs‹ mit 87 so quicklebendig und heiter wie nur je. Der Journalist Prinz berichtet, in exemplarisch mykophober Haltung:
»›Der Geschmack ist zwar fürchterlich‹, so Drogenberater Lorenz Kühn in Husum, ›die Wirkung aber um so heftiger.‹ Kein Wunder also, daß viele die Droge unterschätzen und mit zum Teil schweren Pilzvergiftungen in Krankenhäuser eingeliefert werden müssen. Ärzte, Drogenberater und Kriminalpolizei sind derweil ratlos. Die gesundheitlichen Gefahren sind unabsehbar, die Aufklärung ist schwierig. Einsteiger benötigen täglich bis zu 30, regelmäßige Konsumenten mehr als 100 Pilze. Auf dem Schwarzmarkt kostet ein Pilz zur Zeit etwa eine Mark. Wer die Pilze zu sich nimmt, fällt anschließend in einen sechsstündigen Rausch mit starken Halluzinationen. Einigen erscheinen plötzlich wilde und grelle Farben, andere Süchtige bekommen Angst- und Wahnvorstellungen.«
Angst- und Wahnvorstellungen hat Journalist Prinz offenbar schon vor dem Pilzgenuß bekommen: Weder kann von täglichem Konsum noch von Pilzsüchtigen die Rede sein, eine Beschaffungskriminalität in dieser Sparte dürfte nicht einmal der Kriminalpolizei bekannt sein, sieht man von niedergetretem Gras auf landwirtschaftlichen Nutzflächen einmal ab. Eine Toleranzentwicklung mit erforderlicher Dosissteigerung ist für die üblichen Formen des Gebrauches in etlichen wissenschaftlichen Arbeiten ausgeschlossen worden. Die gesundheitlichen Gefahren begrenzen sich bei den beschriebenen spitzkegeligen Kahlköpfen (Prinz verniedlichend: ›teonanacati‹ sic!) auf etwaige Verwechslungen, Vergiftungen sind nie nachgewiesen worden. Allerdings neigen manche Mediziner dazu, die ›zerebralen Mycetismen‹ als ernste Vergiftungen zu betrachten und schlimmstenfalls sogar mit gewaltsamen Maßnahmen wie Magenspülung oder Atropingabe zu verschlimmern. Und der fürchterliche Geschmack, die wilden und grellen Farben, die Angst- und Wahnvorstellungen? Davon kann sich der Leser ein eigenes Bild machen, wenn ihm nicht schon das Grausen eingejagt worden ist. Überraschen mag immerhin, daß auch die holsteinische Polizei Erkenntnisse gewinnt: »Der Verzehr von Pilzen, zum Teil auch Giftpilzen, zu Zwecken des Drogenrausches ist in der Rauschgiftszene ebenso wie bei der Polizei seit einiger Zeit bekannt« vermeldet der Holsteinische Courier am 16.11.90 unter den reißerischen Schlagzeilen: »High« mit Giftpilzen – sogar 13jährige unter den Opfern.«
Den Gipfel des mykophoben Wahnsinns stellt vorläufig der von Young und Kollegen ernstgemeinte Vorschlag dar, dem Genuß psychedelischer Pilze Einhalt zu gebieten, indem man Fungizide einsetze. Man möchte es nicht glauben: Das medizinische Traditionsblatt ›Lancet‹ veröffentlichte dergleichen, übrigens mit dem Ergebnis, daß die kranke Idee auf fruchtbaren Boden fiel, in Neuseeland in die Tat umgesetzt worden sein soll und Vergiftungen durch psychedelische Pilze, die chemisch verseucht waren, nun tatsächlich die postulierte Gesundheitsschädigung hervorriefen!
Andererseits finden sich auch in der Exekutive wahre Pilzliebhaber: »Trotz allem

Respekt vor dem bisher Geleisteten kann ich mich aber als Umweltminister von Baden-Württemberg nicht mit der stiefmütterlichen Rolle der Pilze als ›Vergessene der Natur‹ abfinden. Sie müssen vielmehr in ihrer vollen Pracht und Schönheit, als unvergeßliche Bestandteile der unserem Schutz anvertrauten Schöpfung, unserer Bevölkerung noch näher gebracht werden.«

Diese enthusiasmierten Worte begleiten ein erstaunliches Dokument deutschen Mykologenfleißes. German J. Krieglsteiner hat eine Volkszählung für Pilze unternommen und aus 3 Millionen Fundangaben einen Pilzatlas für die alten Bundesländer erarbeitet. In welcher Weise er sich dabei dem Phänomen Pilz angenähert hat, bleibt der Beurteilung des Lesers überlassen. Offenbar durch kultusministerliche Subvention unterstützt, ist das großzügig ausgestattete Mammutwerk zu einem konkurrenzlosen Kilopreis von 25 Mark erhältlich. Das Unternehmen soll unter anderem dazu dienen, eine bessere Beobachtung des Aussterbens und Verschwindens der Arten zu ermöglichen, wie man ja auch ethnologische Sammlungen und Archive anlegte, als man die ethnischen Eigenheiten der westlichen Monokultur zuliebe zu verdrängen und auszurotten begann.

Es finden sich also vielfältige Belege dafür, daß der Pilz-Komplex der menschlichen Seele Kennzeichen eines Archetyps aufweist, wobei noch die Frage offen bleibt, ob dies sich auf den gemeinen Pilz beziehen läßt, oder auf besondere Tabus und Engramme im Zusammenhang mit dem Gebrauch berauschender Pilze zurückzuführen ist. Ein besonderes Phänomen des Pilz-Archetyps ist darüberhinaus seine hohe Vitalität in der Gegenwart: Noch das aktuellste und bedrückendste Zeitgeschehen schlägt sich in Pilzform bildlich nieder:

Ist es wirklich, wie Sloterdijk in seiner Bomben-Meditation so geistreich ausgeführt hat, das Sinnbild der Bombe, dem sich die Menschheit wie einem Götzen gebannt gegenübersieht? In meiner Vorstellungswelt verkörpert nicht der kühle Stahl der Atomrakete, sondern das unauslöschlich gewaltige Bild des Atompilzes das drohende Ende des nuklearen Zeitalters. Ein passender Zufall hat den Pilz auch zum Hauptindikator und Verwerter des ›friedlichen‹ radioaktiven Fallouts gemacht, dem Mykophilen ein Grund zu tiefer Trauer und Mahnmal menschlicher Mit-Betroffenheit, dem Mykophoben ein willkommener Grund mehr, vom Genuß abzuraten und klarzustellen, daß keine Gesundheitsgefährdung bestehe, da ein normaler Mensch nicht mehr als 200g Pilze/Woche zu sich nehme, womit auch die staatlich genehmigte Schwermetallvergiftungsmarke hinreichend ausgeschöpft werden könne.

Doch nicht nur die Apokalypse spiegelt sich im Pilz überdeutlich, auch unsere Lieblinge tragen das Zeichen: Die ›Pilzköpfe‹, so hießen die Beatles bei unseren Eltern, und – eine Kuriosität am Rande: Als in Frankreich der Automobilismus aufkam, sprachen die Männer, wenn keine Damen dabei waren, das Gaspedal als *champignon* an. Gasgeben war ›écraser le champignon‹.

Die jüngste Wiederkehr eines rational verbrämten chtonischen Aberglaubens findet sich in Mitteleuropa als Fuchsbandwurm-Hysterie. Die WHO spricht von der gefährlichsten Parasitose in Mitteleuropa. Seit einigen Jahren verbreiten Tageszeitungen und medizinische Fachblätter Pilzangst durch die Warnung, vom Verzehr wildwachsender Pilze abzusehen, da diese mit den Eiern(!) des Bandwurmes(!) *Echinococcus multilocularis* verseucht sein können, eines Bandwurmes, der vom

Fuchs(!) verbreitet wird und sich nach Genuß von wilden, vorzugsweise roh verzehrten Pilzen in den inneren Organen des Menschen einnistet und zum Tode führt. Es kann nicht bestritten werden, daß eine solche Parasitose existiert und eine (recht geringe) Zahl von Fallberichten vorliegt. Hier geht es aber um die Frage, warum vor allem vor dem Genuß wilder(!) Pilze und anderer Waldfrüchte gewarnt wird, und nicht in gleichem Maße auch vor der Haltung domestizierter Tiere: Hunde und Katzen kommen als Überträger der Echinokokkose ebenso in Betracht. Warum warnt niemand vor dem Verzehr von Gartenfrüchten? Gibt es nicht inzwischen in den Vorstädten mehr Füchse als im behegten und jagdgepflegten Wald? Als letzte Konsequenz solcher Ratschläge zeichnet sich die Vorschrift ab, die wilde Natur ganz zu meiden. Meister Reineke legt ja seine Bandwurmeier nicht etwa gezielt auf Pilzen und Beeren ab, sondern viel häufiger auf der Erde, der Interessierte erkennt die Fuchslosung an spindeliger Form und ihrer Durchmengung mit Fruchtsamen und Kernen. Wird es zu riskant, asphaltierte Wege zu verlassen? Lieber einen sauberen Verkehrsunfall als Kontakt mit Fuchsscheiße! Hier könnten kulturpessimistische Meditationen folgen, doch wenden wir uns lieber der Gelegenheit zu, im neuen Mythos vom Fuchsbandwurm eine entstellte Wiederkehr von archetypischen Tabuvorschriften zu erkennen, was ja die Häufung von archetypischer Tiersymbolik schon andeutet (Fuchs: Schamane, Trickster, Wissender; Bandwurm: chtonische Schlange, sündig-heidnische vorchristliche Mutterreligion).
Der Fuchsbandwurm-Mythos hat eine respektable Ahnenreihe: Schon Dioskorides (1. Jahrhundert n. Chr.) und Plinius der Ältere (32–79 n. Chr.) raten, sich vor Pilzarten zu hüten, die rings um Schlangenlöcher wachsen. In Anlehnung an die antiken Autoren führt Albertus Magnus (1193-1280) die gefahrbringenden Eigenschaften der Pilze auf ihr Wachstum in der Nähe von Schlangennestern zurück. Schließlich gibt Konrad von Megenberg, ein Regensburger Domherr um 1350, den spöttischen Rat, die durchaus ungesunden Pilze gut zuzurichten, dann aber zum Fenster hinauszuwerfen, denn: ›Hüte Dich vor allen!‹ Der katholische Chronist Toribio de Benavente, genannt Motolinía schreibt im 16. Jahrhundert: (Nach dem Genuß der Pilze) »sehen sie 1000 Visionen, vor allem Schlangen; und als wären sie nicht mehr bei Sinnen, bilden sie sich ein, daß ihre Beine und ihr Leib voll von Würmern sind, welche sie bei lebendigem Leib auffressen, und so rannten sie halb wahnsinnig aus dem Haus, in der Hoffnung, jemand könnte diese töten.« Auch bei uns lebten ja die Menschen des vorindustriellen Zeitalters »in einem Universum von Würmern, wie es für unsere Tage unvorstellbar ist. Die Besessenheit von den Würmern, die auch tief im Bewußtsein verwurzelt war, bot eine mächtige Grundlage für eine Art von kultureller Ansteckung, an der auch die offizielle Medizin Anteil hatte. Die ›unbeständige und wurmige Ansiedlung‹, jener jähzornige und unberechenbare Schiedsrichter über die Gesundheit aller, beherrschte Alte und Kinder, Männer und Frauen jeden Alters und jeden Standes. Jeder trug sie aus mysteriösen oder geheim gebliebenen Gründen in sich herum. Sie waren unausrottbar, hatten sich in ihren ›Weihestätten‹ verschanzt und sich an den Krümmungen der Eingeweide festgeklammert. Sie waren Herren über den ganzen Körper vom Hals bis zum After und durften weder belästigt noch gereizt werden bei Strafe des Verfalls der Gesundheit.« Von den sibirischen Koryaken berichtet der russische Anthropologe W. Jochelson einen

Fall von Fliegenpilzüberdosierung. Die Koryaken glaubten, daß beim einsetzenden Erbrechen die Fliegenpilzgeister in Form von Würmern den Körper verließen und wieder in der Erde verschwanden. Die Matako-Indianer glauben, daß die Pilze aus den Exkrementen des Fuchses entstehen.

ERSTES ZWISCHENSPIEL: ANRUFUNG DER NAMEN UND GESTALTEN

»What a wondrous world do they offer us, in the diversity of their shapes, their colors, their odors, the texture of the skins; yes above all in the aura of silent mistery that seems to enfold them.«
R. G. Wasson

FARBEN:

Exkremente des Regenbogens
Aschfahles Weichbecherchen
Glasigweißer Ellerling
Schneeweißer Zwergseitling
Elfenbein-Schneckling
Fliederweißer Rißpilz
Milchweißes Samthäubchen
Bleiweißer Firnistrichterling
Narzissengelber Wulstling
Zitronengelber Fliegenpilz
Gelbgrüne Koralle
Honiggelber Erlenschnitzling
Bernsteingelber Helmling
Dottergelber Scheibenbecherling
Pfirsichgelber Täubling
Löwengelber Dachpilz
Feuergelber Glockensaftling
Goldflüssiger Milchling
Goldfuchsiger Dickfuß
Aprikosenfarbiger Röhrling
Orangeroter Goldnabeling
Flamingo-Schneckling
Morgenrottäubling
Isabellrötlicher Schneckling
Fleischrötlicher Schönkopf
Rosa Schmierling
Rotfleischige Schwanztrüffel
Kirschroter Saftling
Blutroter Pustelpilz
Schamroter Rißpilz
Scharlachroter Gitterling

Weinroter Schneckling
Zimtroter Gürtelfuß
Mennigfarbener Borstling
Rostroter Körnchenschirmling
Stachelbeerroter Täubling
Azurblauer Hautkopf
Amethystblauer Lack-Trichterling
Taubenblauer Schleimkopf
Blauschwarzer Reizker
Violetter Bläuling
Lila Dickfuß
Lilagrauer Rötelritterling
Dunkelpurpurvioletter Buckeltäubling
Stahlblauer Rötling
Blaugrüner Klumpfuß
Lauchgrüner Kiefern-Klumpfuß
Olivgrüner Klumpfuß
Schwarzgrüner Klumpfuß
Papageigrüner Saftling
Grasgrüner Birkentäubling
Violettgrüner Frauentäubing
Kandisfarbiger Drüsling
Hirschbrauner Rißpilz
Milchkaffeebrauner Rißpilz
Kaffeebrauner Gabeltrichterling
Kastanienbrauner Scheidenstreifling
Leberbrauner Erdschüppling
Umberbraune Borstenscheibe
Schokoladenbrauner Faserling
Kupferbräunlicher Egerling
Kupferroter Gelbfuß
Grünspanträuschling
Silbergrauer Märzrötling
Mäusegrauer Erdritterling
Bronzeröhrling
Bleigrauer Zwergbovist
Rauchgrauer Mehlschwärzling
Schwarze Gekrösetrüffel
Pechschwarzer Reizker
Schwarzweißer Weichrittelring
Wechselfarbiger Spei-Täubling

GERUCH:

Brot
Mehl
Kartoffel
Zwiebel
Rettich
Sellerie
Knoblauch
Liebstöckel
Majoran
Basilikum
Petersilie
Pfeffer
Anis
Mandeln
Bittermandel
Fenchel
Zimt
Gewürznelken
Kakao
Tran
Talg
Ranzige Butter
Lavendel
Jasmin
Geranienblüte
Orangenblüte
Veilchenwurzel
Kokos
Perubalsam
Fruchtbonbon
Honig
Melasse
Ligusterblüte
altes Weinfaß
Zigarrenkiste
Wurstbrei
Camembert
Maiskolben
frischgesägtes Holz
Laub
Rhabarber
Apfel
Birnen

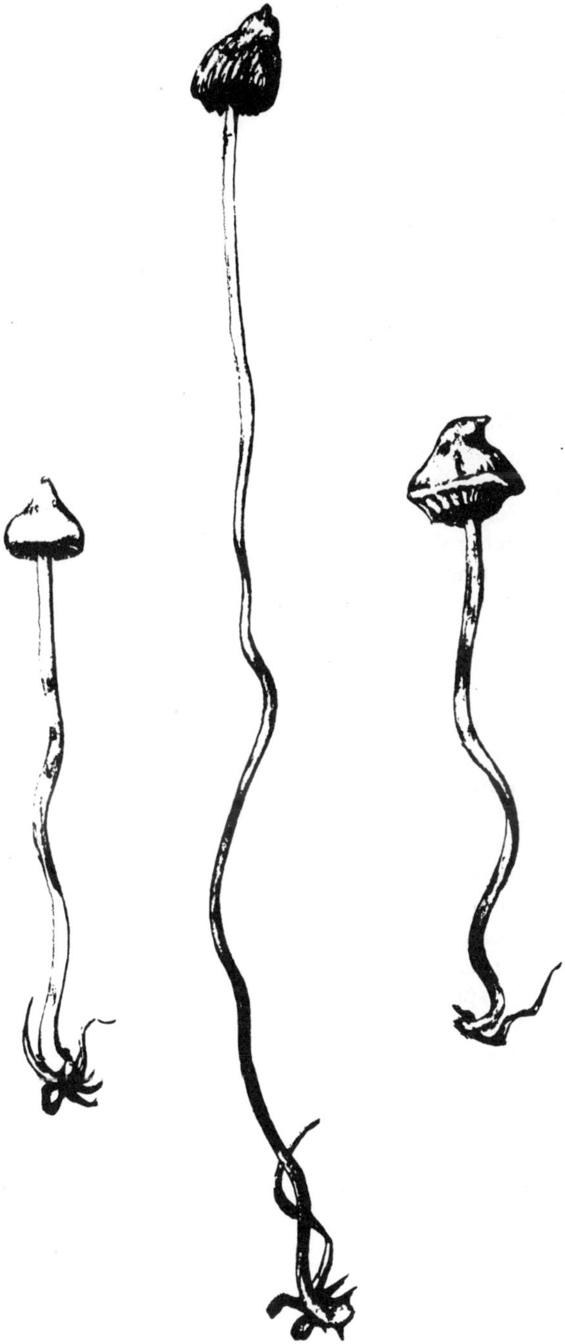

Stachelbeerkompott
Erdbeeren
Aprikosen
Pfirsiche
Mirabellen
getrocknete Pflaumen
Gurken
Sauerkraut
gekochter Kabeljau
fauler Fisch
Heringslake
gekochte Krebse
Pelargonien
Raupe des Weidenbohrers
Moschus
Weihrauch
Scheunenstaub
Gerberlohe
Juchtenleder
Sperma
Ammoniak
Pferdestall
Chlor
Seife
Jodoform
Terpentin
Schwefeläther
Formalin
Karbol
Eisengallustinte
Kampfer
Leuchtgas
Karbid
Phosphor
Aas
Menagerie
Katzendreck
Wanzen
Fußschweiß
brenzlig

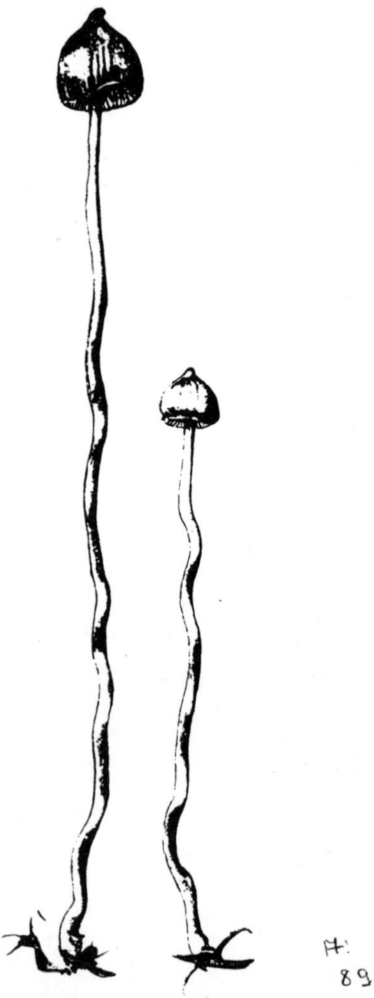

STRUKTUR:

Krauser Aderzähling
Hochgerippter Becherling
Schuppiger Sägeblättling
Warziger Drüsling
Runzelkahlkopf
Rauher Erdstern
Striegeliger Erdwarzenpilz
Rauhhaarige Erdzunge
Behaarter Schwindling
Struppiger Rißpilz
Strubbelkopf
Medusenhaupt
Seidiger Rißpilz
Glimmeriger Scheibchen-Tintling
Goldfellschüppling
Sparriger Schüppling
Dorniger Stachelbart
Bewimperter Filzkrempling
Flaumiges Krüppelfüßchen
Elastische Lorchel
Dehnbarer Helmling
Krauser Zitterzahn
Klebriger Violett-Milchling
Wolliger Wirrkopf
Zottiger Schillerporling
Derbkleiiger Rißpilz
Purpurfilziger Holzritterling
Schlüpfriger Kappenpilz
Samtschuppiger Tannenflämmling
Flatschmorchel
Fettiger Schüppling
Knorpeliger Knäueling
Derber Korkstacheling
Zerfließende Gallertträne
Gelatinöser Muschel-Seitling
Schmieriger Gelbfuß
Ganzschleimiger Schleimschirmling
Feinschuppiger Gift-Champignon
Flockigbereifter Dachpilz
Staubfüßiger Trichterling
Weißliche Borstenkoralle
Gefelderter Grüntäubling
Rissiger Erdschüppling

PERSÖNLICHKEITEN:

Unförmiger Dickfuß
Plattfüßiger Schleimkopf
Dickhalsiger Wasserkopf
Süßriechender Schwarzfußporling
Wohlriechender Glöckchennabeling
Waldfreund-Rübling
Geschmückter Gürtelfuß
Doppeltbescheideter Scheidenstreifling
Geschwollenberingter Ritterling
Vornehmer Rutenpilz
Steifstieliger Zärtling
Jungfernschirmling
Zitzenrötling
Brustwarzenstäubling
Zierlicher Schmierling
Starkriechender Schneckling
Katzenohr
Mäuseschwanz
Hasenpfote
Schweinsohr
Schafeuter
Krötenschwamm
Pantherpilz
Getigerter Knäueling
Donnerpilz
Glockendüngerling
Eiförmiges Sammethäubchen
Lebende Holzkohle
Langgestielter Pokalbecherling
Leuchtender Prachtbecherling
Falscher Pfifferling
Maskierter Rötelritterling
Lästiger Ritterling
Unverschämter Ritterling
Verdrehter Rübling
Exzentrischer Saftling

3. PILZ-SPRACHE

Diese Listen von botanischen Pilznamen beschwören ein sinnlich-üppiges Universum herauf. Sie verblüffen durch lutherische Vitalität und eine schöpferische Ausdruckskraft, die man bei den Systematikern der Botanik nicht erwartet und welche die Sprachgewalt der übrigen Pflanzennamen hinter sich läßt. Doch die Verknüpfung des Pilz-Archetyps mit Sprache scheint nicht recht zum stillen Leben des Pilzes zu passen. Man kann dies nur begreifen, wenn man den Gebrauch psychotroper Pilze als schamanisches Wahrsage-Agens und die besondere Bewußtseinslage unter ihrem Einfluß in Betracht zieht. Aus Erfahrungsberichten läßt sich der Schluß ziehen, daß der Pilzrausch eine tiefe Regression in die Matrix der Sprachentstehung erlaubt, eine Grenzüberschreitung zum vorsprachlichen oder gar phylogenetischen Gedächtnis. Dort wirkt er in einer Weise katalytisch, daß unbewußte Seeleninhalte dieser archaischen Erlebnisebenen zur Sprache gelangen können. Den Schamanen kennzeichnet die besondere Begabung und Aufgabe, diese sprachliche Transformation durchzuführen und zu leiten. Nur durch ihn fließt die Sprache der Pilze. Die Teilnehmer der Zeremonie selbst haben oft eine schwere Zunge und eher Mühe, sich sprachlich auszudrücken. H. Munn beschreibt dies:
»The Mazatecs say that the mushrooms speak. If you ask a shaman where his imagery comes from, he is likely to reply: I didn't say it, the mushrooms did. No mushroom speaks, that is a primitive anthropomorphization of the natural, only man speaks, but he who eats these mushrooms, if he is a man of language, becomes endowed with an inspired capacity to speak. The shamans who eat them, their function is to speak, they are the speakers who chant and speak the truth, they are the oral poets of their people, the doctors of the word, they who tell what is wrong and how to remedy it, the seers and oracles, the ones possessed by the voice. ›It is not I who speak‹, said Heraclitus, ›it is the logos.‹ Language is an ecstatic activity of signification. Intoxicated by the mushrooms, the fluency, the ease, the aptness of expression one becomes capable of are such that one is astounded by the words that issue forth from the contact of the intention of articulation with the matter of experience. At times it is af it one were being told what to say, for the words leap to mind, one after another, of themselves without having to be searched for: a phenomen similar to the automatic dictation of the surrealists except that here the flow of consciousness, rather than being disconnected, tends to be coherent: a rational enunciation of meanings. Message fields of communication with the world, others, and one's self are disclosed by the mushrooms. The spontaneity they liberate is not only perceptual, but linguistic, the spontaneity of speech, of fervent, lucid discourse, of the logos in activity.«

»Wir sprechen unter dem Schatten
Wir sprechen zärtlich
Wir sprechen frisch
Wir sprechen und wachsen
Wir sprechen demütig
Wir sprechen ohne reif zu sein

Wir sprechen mit Kälte
Wir sprechen mit Klarheit
Denn es gibt SPRACHE
Denn es gibt Speichel
Denn die SPRACHE ist Medizin
Denn es ist eine starke Medizin, sagt er
Reiner Speichel, guter Speichel
Licht, das lebt, Licht, das trägt, sagt er
Licht des Nordostwinds, Licht des Morgentaus, sagt er«

Voller Bewunderung äußert sich auch Wasson über die sprachlichen Fähigkeiten der analphabetischen Pilzschamanin Maria Sabina:
»The spoken utterances were fresh and vibrant and rich in expressiveness. The mushrooms were talking to the point. We had never suspected how sensitive and poetic an instrument the Mazatec language could be. The intermittent snatches of the Senora's monologue seemed quick with subtle feeling, loaden with dramatic import. In our very presence a priestess of the old religion was pronouncing oracular dictates in spurts, hot and firm with authority.« Wasson schränkt aber ein, daß diese Steigerung nicht allein auf der Zunge der Schamanin, sondern auch im Ohr des Zeugen geschah, was womöglich die durch ihn wahrgenommenen ventriloquistischen Spezialeffekte zu erklären vermag.
Albert Hofmann hebt hervor, daß Maria Sabina »durch die *Sprache* heile, die *Sprache,* die ihr die ›niños santos‹, die heiligen Pilze, eingeben oder die im *Buch* steht, das ihr Gott oder die ›Grundexistenzen‹ aufschlagen, in dem sie dann sofort zu lesen beginnt, obwohl sie im Alltag weder lesen noch schreiben kann. Für die Kranken gibt es eine besondere Form der *Sprache,* für die, die Gott suchen, eine andere. Für die Kranken erscheint die *Sprache,* wenn sie nahe bei ihnen ist. Nachfolgend einige Beispiele ihrer *Sprache* :

»Denn hier ist Dein Buch – sagt er
Dein Buch der Weisheit – sagt er
Deine geheiligte Sprache – sagt er
Du, Jesus Christus
Du, Maria
Du, Heiligster Vater
Ich bin Frau Licht des Tages – sagt er
Ich bin Frau Mond – sagt er
Ich bin Frau Morgenstern – sagt er
Ich bin die Frau Anwalt
Denn ich bin die reine Frau
Ich bin die Frau des Guten
Denn ich kann das Reich des Todes betreten und verlassen
Denn ich bin die Frau, die aus dem Boden sprießt
Ich bin die Frau, die man herausreißen kann – sagt er
Das Herz Christi bringe ich

Das Herz unserer Jungfrau bringe ich
Ich bin die Frau die nach Innen schaut – sagt er«

»Ich bin keine Wunderärztin, denn ich verwende keine Eier zum Heilen. Ich erbitte keine Kräfte von den ›Herrn der Berge‹. Ich bin keine Wunderärztin, denn ich verabreiche den Kranken keine seltsamen Kräutertrunke. Ich heile mit der *Sprache,* mit nichts anderem. Ich bin keine Zauberin, denn ich tue nichts Übles. Ich bin eine *Weise.* Das ist alles.«

»Der Psychoanalytiker hört zu, der Schamane dagegen redet«, erklärt Lévi-Strauss: »When a transference is established, the patient puts words into the mouth of the psychoanalyst by attributing to him alleged feelings and intentions; in the incantation, on the contrary, the shaman speaks for his patient. He questions her and puts into her mouth answers that correspond to the interpretation of her condition. A pre-requisite role – that of listener for the psycho-analyst and of orator for the shaman – establishes a direct relationship with the patient's conscious and an indirect relationship with his unconscious. This is the function of the incantation proper. The shaman provides the sick woman with a *language* by means of which unexpressed and otherwise inexpressible psychic states immediately can be expressed. And it is the transition to this verbal expression – at the same time making it possible to undergo in an ordered and intelligible form a real experience that would otherwise be chaotic and inexpressible – which induces the release of the physiological process, that is, the reorganization, in a favorable direction, of the process to which the sick woman is subjected.«

Maria Sabina erzählte Estrada: »Veo que el Lenguaje cae, viene de arriba, como si fuesen pequeños objetos luminosos que caen del cielo. El Lenguaje cae sobre la mesa sagrada, cae sobre mi cuerpo. Entonces atrapo con mis manos palabra por palabra.« (»Ich sehe die Sprache herabfallen, sie kommt von oben, wie kleine leuchtende Dinge, die vom Himmel fallen. Die Sprache fällt auf den Altar, fällt auf meinen Körper. Da ergreife ich mit meinen Händen Wort für Wort.«)

Ein anderer mexikanischer Pilz-Schamane erklärt: »Die Sprache kommt nur dann, wenn der Pilz in meinem Körper ist. Ein Weiser lernt nicht auswendig, was er in seinen Zeremonien sagen muß. Der heilige Pilz ist es, der spricht. Der Weise leiht ihm lediglich seine Stimme.« Ähnliche Perspektiven finden sich im sibirischen Pilzschamanismus, aber auch in Arbeiten von Schriftstellern, die mit dem Zauberpilz in Berührung kamen. Die Literatur von Hartmut Geerken wird von Myzel durchwuchert, der Pilz spricht aus ihm. Die Wassons berichten über die Myko-Morphose ihres ersten großen ethnomykologischen Werkes:

»Our essays began as a mere footnote on the gentle art of mushroom-knowing as practiced by the northern Slavs – a footnote in a larger work that was to have dealt with the Russians and their food. The footnote grew and rose in status to a place in the body of the text, and then mushroomed into a whole chapter, and finally one chapter by fission made five. The manuscript has burst all its seams through successive revisions.«

Ganz anders bewertet der deutsche Nervenarzt W. Leonhardt (Coburg) die Rauschzustände bei Pantherpilzvergiftungen; bei einem Teil der Fälle konstatiert er Rede-

drang. Von einer Patientin (Fall 5) berichtet er: »Bei der Untersuchung der anderen Patienten redet sie dazwischen, mischt sich in alles rein, macht faule Witze: ›Wenn wir erst gestorben sind, machen wir ein Saufgelage...‹ Jedes Wort schnappt sie auf und spinnt einen Gedankengang daran anknüpfend weiter. Sie redet ausgesprochen ideenflüchtig und fordert nachdrücklich ihre Entlassung. Versucht bei der Untersuchung mit dem Arzt zu kokettieren. Sagt, indem sie ihren Unterleib bedeckt: ›Aber nur bis hierher, Herr Doktor...‹« Leonhardts Kommentar zu Fall 2 charakterisiert das Setting dieser ›Pilzzeremonie‹: »Da sie fortwährend aus dem Bett drängt, muß sie mechanisch beschränkt werden.«
Offenkundig besteht hier ein grundsätzlicher Unterschied der Auffassung. Während der Psychiater und westliche Seelenforscher von experimentellen Psychosen, Depersonalisation, Spaltung und Halluzination spricht, empfängt der pilzberauschte Schamane die Gnade, das Getrennte wieder zu vereinen, indem er dem kranken, entfremdeten Individuum den Weg zurück zu seinen ekstatischen und kreativen Ursprüngen, zu seinem Selbst und zum kollektiven Bewußtsein mit seinen übergreifenden Symbolen eröffnet.

ZWEITES ZWISCHENSPIEL: KLEINES GESPRÄCH

Eierkopf: Wie lebst Du?
Kahlkopf: Ich bin Spore
Ei aus dem alles entsteht
Ur-Ei, Weltenei
Samen, Wolken von Blütenstaub
Harte schützende Schale
Kern voller Wissen
Stammeswissen, genetische Information
Nur Wissen und schützende Schale, noch kein Körper
Summe der möglichen Entwicklungen und Anpassungen
Idealgestalt der Verwirklichung harrend
Noch ohne Geschlecht
Ich bin aus der Erde entstanden
Ich fliege mit dem Wind empor
Luftiger Tanz von kurzer Dauer
Vollkommene Kugel oder zerklüfteter Asteroid
Befruchtung aus dem All
Unsere Frau Meteorstein, sagt er
Geschenk einer außerirdischen Intelligenz
UFO und Lapis
Auf der Reise durch das dunkle Innere der Tiere
Heilige Kühe Indiens
Heilige Stiere Irlands und Kretas
Göttliches Wild des Waldes
Hase, Reh und Hirsch
Fuchs und Eichhörnchen

Fliegen und Larven
Würmer und Schlangen
Kröten und Drachen
Im Wasser der Wolkenbrüche
Mit herbstlichen Donnerstürmen
Im fruchtbaren Dreck
Kehre ich zurück zur Erdmutter
Ich besiedle neues Land
Unsichtbar
Unter die Erde mich entwickelnd.
Eierkopf: Was machst Du im Verborgenen?
Kahlkopf: Angedaut und angefeuchtet
Laß ich mich erweichen
Dehne mich aus ·
Sprenge die erste Hülle
Wachse als Faden
Wachse als Geflecht
Wachse als Gewebe
Pflanzliche Kristallformen
Durchquere das Braune
Durchwachse Moder, Laub und Morschholz
Belebung des Faulen
Verwandlung des Abgestorbenen
Auf der Suche nach Gemeinschaft
Nahrungsbrüder: Bäume und Gräser
Kreis gegenseitiger Ernährung
Ich bin Myzel
Weißes Spinnwebwurzelwerk
Neuronales Netz
Ich werde geschlechtlich
Zwei Geschlechter oder mehr
Verbindung mit oder ohne Geschlechtsorgane
Verwurzelt in einer furchteinflößenden Unterwelt
Da ist auch das Paradies
Die Große Allwissende Mutter
Nährende Erde
Befruchtender Himmel
Dunkelheit und feuchte Wärme
Eierkopf: Wie kommst Du heraus?
Wie lebst du dich aus?
Kahlkopf: Ich sammle die Kraft der Erde
Sich ballende Knospe
Erwarte das himmlische Wasser
Wasser des Lebens
Göttliche Spucke

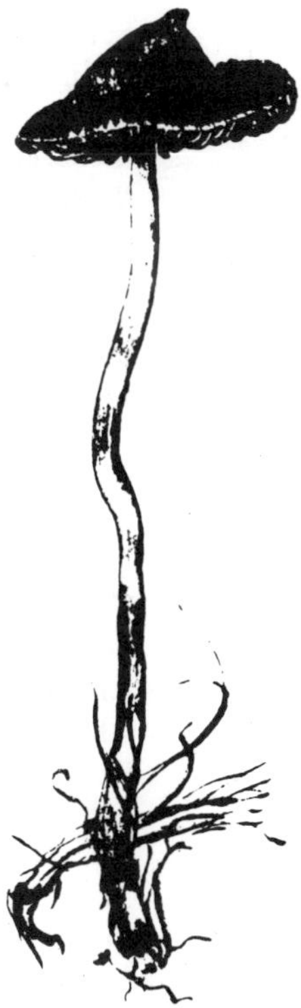

Der Fruchtbarkeitsplitz der Heiligen Hochzeit
Die Erde lockernder Donner
Dann schiebe ich, stoße ich, pralle mich
Sprenge die platzende Schale
Durchbreche die Kruste
Erblicke das Licht
Ich nehme Farbe an
Wie Blumen, so leuchtend
So bunt und so prächtig
Doch anders geartet
Des Einzelgangs mächtig
Fruchtkörper: Blüte und Frucht
Schatten-Geheimnis
Schnell steigender Phallus
Nachts gewachsen, tags erschlafft
Verströme die Düfte
Erste Besucher
Ich werde zu Fleisch
Knackig, im Bruch knallend
Schwammig und schleimig
Trockene Haut und flaumiges Fellchen
Schlüpfrige schnecklige Schleimhaut
Erdig-spermatischer Duft
Mit Schaft und mit Bällchen
Geborgener Hohlraum
Bewohnbare Kammern
Labyrinthische Gänge
Tierische Formen
Einbeinig und krumm
Bucklig und stolz
Vom Leben gezeichnet
Mit persönlicher Form
Gestalt und Charakter
Ich entwickle Geschmack
Erzeuge Substanzen
Tödliches Gift und sprechender Wirkstoff
Für Menschen gemacht
Ich spreche mit ihnen
Ich zerreiße den Schleier und breite mich aus
Hutmodenschauen
Lamellen wie die Strahlen der Sonne
Sich öffnende Poren.
Tanzende Kinder auf nebligen Wiesen
Monster und Feen
Tautropfen und Mondwasser

Sonne die durchbricht
Herbstliche leuchtende Kraft
Tropfende Milch
Göttliches Blut
Eierkopf: Wie hältst Du's mit Gruppen?
Kahlkopf: Ich habe Familie
Unterirdisch verbunden
Ich blüh nicht nur einzeln
In Gruppen, in Büscheln verschwistert
Fußtritte göttlicher Wanderer
In Elfentanzkreisen
Lebendiger Tanzboden
Saftigeres Grün im Kreis der Familie
In Halbkreis-Gesellschaften
Manchmal in lockeren Reihen
Nie in Reih und Glied.
Eierkopf: Hast Du Kultur?
Kahlkopf: Ich hasse Kultur
So nennt ihr doch
Steriles Stroh zum Impfen der Brut
Abschneiden der Köpfe zum raschen Verkauf
Kampf gegen Vielfalt
›Oekonomie‹ als Plutokratie
Eierkopf: Wie kommst Du zum Ende?
Kahlkopf: In wenigen Stunden
Ein Opfer der Fäulnis
Zergehe zu Matsch
Fruchtbarer Urschlamm
Ich werde zu Nahrung
Ich werde zu Erde
Würmer und Schnecken
Fliegen entschlüpfen
Ich kehre zurück in das lebende Myzel.
Eierkopf: Verrat mir noch einen deiner Namen!
Kahlkopf: Maxmux!
Eierkopf: Das ist Mixe und bedeutet: Der kleine
Pilz, mit dem man sich berauscht.

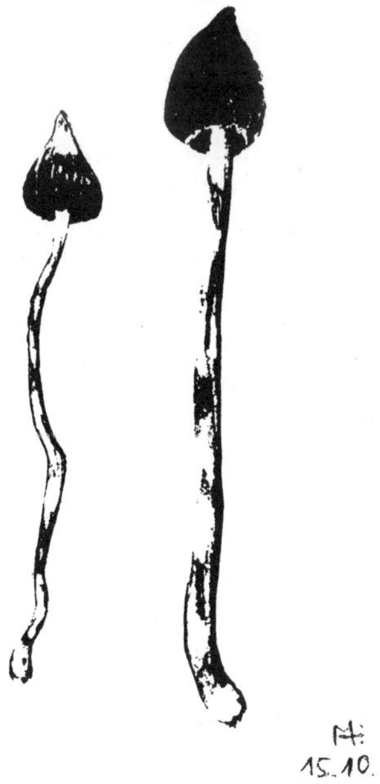

4. ERLÄUTERUNGEN UND MATERIALIEN ZU EINIGEN SYMBOLFELDERN

4.1. Das kosmische Ei

Assoziationen zwischen Pilz und dem Ur-Ei, Schöpfungs-Ei, Ei der Weltenentstehung, dem mystischen Ei der Orphiker, dem Nabel der Welt lassen sich in Mythen und Volksbräuchen finden: Bonin berichtet einen Entstehungsmythos der Pangwe des kongolesischen Waldlandes vom Werden der Erde:
»Die Erde kam aus einem Pilz hervor, ›wie aus einem Ei‹, genauer: der eiförmig gedachte Pilz teilte sich in der Mitte; der obere Teil stieg auf und wurde der Himmel, der untere wurde die Erde. Aus den beiden Hälften Alonkoks, so heißt der Pilz, traten alle Dinge, die sichtbar sind, hervor: Die Gestirne, die Sonne, Berge, Flüsse, Pflanzen, Tiere und die ›Urmutter‹, ebenfalls Alonkok geheißen. In einem separaten Ei lag der Blitz: so kam die Urmutter zum Feuer.«
Ganz ähnliche Erlebnisse berichtet Sigrid Lechner-Knecht von ihrer ersten Psilocybin-Erfahrung im Land der Mazateken:
»Unmittelbar neben mir zeigt sich an der Wand eine riesige Zelle, in der es wie von Chromosomen wogt. Ob ich jetzt ein Wesen schaffe? Tatsächlich, die Zelle streckt sich unter Bildung langgezogener weißer Wülste, eine Art Rumpf? Von ihrem Inneren gehen Strahlen aus wie silberne Spinnenfäden. Homunculus? Ich denke an Goethe. Aber das Gebilde bekommt weder Kopf noch Rumpf, sondern wird zu einer goldgelben Scheibe, darin ein etwas herausstehender Knopf. Nun wölbt sich das Ganze zu einer weiblichen Brust. In der Mitte verschwindet die Erhebung, alles rundet sich, und nun ist ein wohlgeformter gelber Apfel entstanden, aus dessen Zentrum sich feine Strahlen nach schräg oben ziehen. Der Weltenapfel, denke ich, vollkommene Schönheit. Aus dem Apfel wird eine Kugel, aus der sich rechts oben und links unten eine Art zu- und abnehmende Mondsichel herauslöst. Das Innere verwandelt sich zu einer Sonne, die von den beiden Mondsicheln umfaßt ist. Die Strahlen des blaßgelben Sonne-Mond-Gestirns überziehen aurenhaft fast die ganze kahle Wand neben meinem Bett. Ich denke: Urplanet, Weltschöpfung, Kosmos.«
Aus dem zerplatzenden Ur-Ei entsteht der Kosmos, mit Sonne, Mond und Sternen. Der Pilz hat vom Mond sein nächliches, kühl-feuchtes Wesen, das Wässrige und Vergängliche und von der Sonne das Konkrete, Leuchtende, Emporstrebende. Eine Verbindung mit Sternen, die vielleicht auch durch bestimmte getüpfelte Hüte nahegelegt wird, stellen z. B. die Blackfoot-Algonkin Kanadas her. Die Pilze der Maria Sabina haben den besten Erfolg, wenn sie in den ersten Tagen des wachsenden Mondes gepflückt werden, bis zum dritten Tag nach Neumond. Die mazatekische Pilz-Schamanin betet:

»Mujer de la estrella de cruz soy yo,
Mujer de la primera estrella soy yo,
Mujer de la estrella de Dios soy yo,
Porque me subo al cielo.
Mujer de la estrella grande soy yo,
Mujer de la estrella de cruz soy yo.«

(»Frau des Sternes vom Kreuz (des Südens) bin ich
Frau vom Morgenstern
Frau vom Stern Gottes
Denn ich fahre auf zum Himmel
Frau des großen Sterns bin ich
Frau des Sterns vom Kreuz.«)

Im folgenden Gesang tauchen Sonne, Mond und Sterne in einem Atemzug auf:

»Ich bin Frau, die wartet, sagt er
Ich bin Frau Licht des Tages, sagt er
Ich bin Frau Mond, sagt er
Ich bin Frau Morgenstern
Ich bin Frau Stern Gott
Ich bin Frau Sternbild Sandale, sagt er
Ich bin Frau Sternbild Stab, sagt er
Hier, ich bringe meinen Morgentau
Meinen frischen Morgentau, sagt er
Meinen klaren Morgentau, sagt er
Denn ich bin Frau frischer Morgentau, sagt er
Ich bin die Frau der Morgenröte, sagt er
Ich bin die Frau Tag, sagt er
Ich bin die Frau Heiliger, sagt er
Ich bin die Frau Geist, sagt er.«

»Unsere Frau, die das Licht bringt, sagt er
Das ist das saubere Morgengrauen, sagt er,
das ist das sichere Morgengrauen, sagt er
das ist das geregelte Morgengrauen, sagt er.«

Von besonderer Bedeutsamkeit ist der Augenblick, da Licht wird: das Zerbrechen der Eierschale, das Aufspringen, die Befreiung der Natur, die Rückkehr der Sonne, mit Blitz und Donner: Bogoraz beobachtete in Sibirien einen Bepilzten, der sich einen engen Sack mit aller Gewalt über den Kopf zu streifen versuchte und sich bemühte, ihn zu durchstoßen. »He was evidently imitating the mushroom bursting forth from the ground.«

Bei Figuren des Attis, des Geliebten von Kybele, der Großen Mutter des phrygischen Kultes, ist das Motiv der Sprengung des zu eng werdenden Gewandes beliebt: »Die Figuren zeigen immer wieder einen fröhlichen, feisten Knaben, dessen Wams um den Leib nur noch an wenigen Stellen zusammenhält. Ja, selbst an den Beinen pflegt er eine Bekleidung zu tragen, die dieselben prall umspannt und in zahlreichen Schlitzen vorne klafft.« <E. Klapp>

Möglichweise haben diese Symbolverknüpfungen in einem christlich-synkretistischen Osterritual überlebt: S. Golowin führt den noch heute weit verbreiteten Volksbrauch des Ostereiersuchens auf das rote ›Glücks-Ei‹ des aus der Erde brechenden Fliegenpilzes zurück: Ursprünglich habe sich das Ostereiersuchen auf ein einzelnes, rotgefärbtes ›Glücks-Ei‹ gerichtet, welches zudem so in der Erde des Hausgartens versteckt wurde, daß nur mehr seine Spitze hervorlugte. In einer sicher unverdächtigen medizinischen Wartezimmerzeitschrift fand ich unter der Überschrift ›Allerlei ums Osterei‹ hierzu folgende bestätigende Konnotation: »Besondere Bedeutung hatte die Farbe Rot. Sie war schon bei den Chinesen bekannt, und aus Ägypten wird von den roten und goldenen Zaubereiern berichtet. Rot war die Farbe des Gewittergottes Donar und galt als Farbe des Lebens, als Farbe der Sonne und später dann als Farbe des Blutes, das Christus für uns vergossen hatte. In Österreich war Rot bis zum Ersten Weltkrieg die ausschließliche Eierfarbe zu Ostern, und der Begriff ›Rotes Ei‹ galt schlicht für jedes Ostergeschenk.«

4.2. Die kleinen Leute

»Gnome of Cold Water, says
Gnome of Clear Water, says
Gnome of Big River, says
Big Gnome
Gnome of Burned Mountain
Gnome of the Spirit of the Day
Gnome of Tlocalco Mountain
Gnome of the Marking Post
White Gnome.
Delicate Gnome.«

In ganz Mesoamerika wird beim Pilzkult eine imaginäre (?) Welt kleiner Leute evoziert, Mädchen und Knaben, kaum größer als die Pilze und gern zu Scherzen aufgelegt, wenn sie nicht gerade ernsten Aufgaben nachgehen. Sie gelten als die Geister der Pilze. Ähnliche Vorstellungen gibt es in Sibirien. Da auch in bestimmten Regionen der alten Welt solche Elfen-, Gnomen- und Naturgeistvorstellungen verbreitet waren und in zahlreichen Geschichten mündlich bis zu ihrer Archivierung in den letzten 200 Jahren überliefert wurden, fällt es uns gar nicht so schwer, uns in mexikanisches Glaubensgut einzufühlen: Diese Naturgeistwesen bewohnen Hügel, Quellen, Bäume und Büsche, betätigen sich mal wohlwollend als Feen, mal boshaft als Kobolde und bringen oft ein traumhaft-spielerisches, magisches, verzauberndes, selten verhexendes Element in die Volkserzählungen.
Xti und *nti xti* (mazatekisch: ›Kinder‹, bzw. ›liebe Kindchen‹) lauten zwei der Schlüsselworte in Maria Sabinas Velada: ›Kinder der Sterne, des Mondes, Gottes, des Kreuz des Südens, des Hauptsterns (Morgensterns?)‹, glückliche kleine Kerle, die hervorspringen, ›happy little tykes that leap forth‹, ›tender sprouts springing up‹, ›zarte Sprößlinge, die hervorschießen‹. Der heiligste und unaussprechliche Name in diesem Zusammenhang lautet: ›nti xi tho‹. ›Apipiltzin‹ (*nahuatl*) sind ›kleine Kinder des Wassers‹, ›niños santos‹, ›nti si tho y le nca ha‹, ›angelitos‹, ›Engelchen‹.
Während der Lauf der Zeremonie von Elfen (mazatekisch: ›sase‹) begleitet wird,

tauchen dem Ende zu die Zwerge (la>a) auf. Sie sind mit Quetzalcoatl assoziiert und auf präkolumbianischer Keramik häufig dargestellt.
Maria Sabina antwortete A. Ongaro in einem Interview: »My soul was entering in the world of mushrooms and I was seeing landscapes in the deepest of the depths of their world ... At one point a duende (›elf‹) came toward me. He asked a strange question, ›But what do You wish to become, You, Maria Sabina?‹ I answered him, without thinking, that I wished to become a Saint. Then the spirit smiled and immediately he had in his hands something that was not there before, a big book with many written pages. ›Here‹, he said, ›I am giving you this Book so that you can work better and help the people who need help and know the secrets of the world where everything is known.«
In einem anderen Interview sagt Maria Sabina:
»Yo veo a los hongos como niños, como payasos. Niños con violines, niños con trompetas, niños payasos que cantan y bailan a mi alrededor. Niños tiernos como los retoños, como los botónes de las flores: niños que chupan los malos humores, la sangre mala, el rocío de la mañana. El pájaro que chupa la enfermedad, el cupamirto bueno, el cupamirto sabio, la figura que limpia, la figura que sana.«
(»Ich sehe die Pilze als Kinder, als Clowns. Kinder mit Geigen, Kinder mit Trompeten, Spaßmacher-Kinder, die um mich herum singen und tanzen. Kinder zart wie Sprößlinge, wie die Knospen der Blüten, Kinder, die die schlechte Laune aus einem rausziehen, das schlechte Blut, wie der Morgentau. Der Vogel, der die Krankheit heraussaugt, der gute Cupamirto, der weise Cupamirto, Gestalt, die reinigt, Gestalt die heilt.«)
Reich an archetypischen Symbolen erscheint folgende Äußerung der *curandera*:
»Die *niños* verwandeln sich in die Grundexistenzen (›los Seres Principales‹). Die Grundexistenzen erscheinen auch in den Visionen der Eingeweihten. Auf ihren Tisch legen sie heilige Uhren, Papiere, Bücher, Hostien, Sterne, Morgentau oder Adler. Die Grundexistenzen fragen den Eingeweihten: ›Was für ein Weiser möchtest Du sein? Willst du, daß dich die ›Herren der Berge‹, die ›Herrscher der Plätze‹ oder willst Du, daß Gott Christus dich führt?«

4.3. Pilz-Tiere:

Schlangen und Kröten:

»Hier ist die Schlange
Sie ist zusammengerollt
Sie ist lebendig« <María Sabina>

Der Volksglaube nimmt an, daß auf den Pilzen sitzende Kröten ihre Gifte in diese ausschwitzen. Kröten dürften im europäischen Raum, wo Schlangen seltener sind, deren Rolle als Tiere der Erdmutter übernommen haben.
Auch Würmer, Maden und Fliegen gehören dieser Gruppe an.

HASEN, FÜCHSE, REHE:

»Vorstellungen, daß Osterhasen ... das Oster-Ei ... bringen, verlieren ihre kindische Lächerlichkeit: Der Hase ist bekanntlich für die Welt unserer Sagen eine der häufigsten Erscheinungsgestalten, in deren Maske Geisterwesen, »Erdleutlein«, Kobolde, Elfen, Hexen usw. dem Menschen nahen können. Hasen, die Zauberfrauen beim Kochen ihrer Wundertränke und -salben helfen, kommen in unseren alten Geschichten verhältnismäßig häufig vor, genau wie der Hase übrigens auch in China als göttlicher Alchimist erscheint, der in fernen Berghöhlen (oder gar auf dem Mond) das ›Lebenselixir‹ braut.« <Golowin> Sagenhaft ist auch die Fruchtbarkeit und Springlebendigkeit des Hasen, der erst unter christlichem Einfluß zum ›Angsthasen‹ konvertierte.
›Reherl‹ heißen auf bayerisch die Eierschwammerl bzw. Pfifferlinge, in Rußland nennt man sie ›lisichki‹, d. h. Füchslein.

PFERDE, SCHAFE, RINDER:

»Sein Pferd war herrlich. Ein weißes Pferd, so weiß wie Meerschaum. Ein wunderschönes Tier.«
Ungeklärt ist der Pilzname ›Schafeuter‹ oder ›Schafhäuterl‹. Allegro leitet ›Amanita‹ aus Ammonita ab, also vom widdergehörnten Gott Jupiter Ammon stammend.
Der Dung des Weide-Viehs spielt eine große Rolle für die Trophologie gewisser ›kleiner Mistbewohner‹ (Cetto); dennoch erscheint die Annahme McKennas, daß die Kühe in Indien ›heilig gesprochen wurden‹, weil die Priester den Zusammenhang nicht ganz auf die Reihe brachten und gewissermaßen Ursache und Wirkung verwechselten, etwas zu weit gegriffen. Sie müßte erst noch belegt werden.

PANTHER:

Der im Namen ›Pantherpilz‹ gegenwärtige Panther begleitet auch Dionysos/ Bacchus. In frühen rabbinischen Schriften wird Jesus als Bar Pandera (Sohn des Panthers) umschrieben.

VÖGEL:

Hier gehören besonders Raben, Tauben und Adler zu den Pilzvögeln.
Ist der volkstümlich als ›Rabenbrot‹ bezeichnete Fliegenpilz identisch mit dem Brot, das den Heiligen Einsiedlern (Antonius, Hieronymus) von Raben gebracht wurde, als sie ihre Visionen erlebten und erlitten?
Das Bild des Hahnenkamms, des geschwollenen Kammes leitet über zum nächsten Bereich:

4.4. Geschlecht, Fruchtbarkeit und Liebe

»Da die Pilze oft innerhalb ganz kurzer Zeit in größter Zahl aus dem Boden schießen, gelten sie als Fruchtbarkeitssymbol.« <Handwörterbuch des Deutschen Aberglaubens> Die Hirschtrüffel wurde volksmedizinisch als Aphrodisiakum verwendet. Vielfältige sexuelle Assoziationen beruhen auf dem Aussehen der Pilze und vor allem der sinnlichen Tasterfahrung beim Berühren. Sie riechen nach menschlichem Sperma und sondern Sekrete ab: Tau, Milch, Blut, Schleim. ›Volva, Hymenium, Scheide, Schaft‹ sind in wissenschaftlichen Pilzbüchern gängigste Bezeichnungen, ›unanständige‹ Pilznamen wurden bereits erwähnt, ›Kuhfotze‹ ist nur ein Beispiel mehr. In der Quiche-Sprache bedeutet das Wort *ocox* ›weibliches Genitale‹ und benennt gleichzeitig einen Pilz.

Unterirdisch wachsende Pilze werden katalanisch ›Turmo‹ (bezeichnet auch ›Hoden‹) genannt. Viele Pilzbezeichnungen hängen mit Tuber, Tumor, Sack, aufgeblasenem Beutel, sich aufblasenden Fröschen (irisch ›bolg‹ bedeutet ›Blase‹ und ›Frosch‹) und geschwollenen (schwangeren) Bäuchen zusammen.

Puhpohwee bedeutet in der Sprache eines Algonkin-Stammes ›to swell up in stature suddenly and silently from an unseen source of power‹.

Griechisch ›mykes‹, Stammwort der Mykologie, heißt nicht nur ›Schleim‹ und ›Pilz‹, sondern auch ›Phallus‹.

Als kaum zu übertreffendes Ebenbild des männlichen Gliedes präsentiert sich *Phallus impudicus*, die Stinkmorchel. Ihr deutscher Name leitet sich wahrscheinlich von der Möhre ab. Möhre und Petersilie galten auch als Aphrodisiaka. Wie sehr dieser Pilz selbst im viktorianischen England die Phantasie erregte, zeigt eine amüsante Episode aus dem Leben von Tante Etty, die Gwen Raverat in ihrem 1953 erschienen ›Period Piece‹ berichtet:

»In our native woods there grows a kind of toadstool, called in the vernacular THE STINKHORN, though in Latin it bears a grosser name (the phallus impudicus, of course). The name is justified, for the fungus can be hunted by the scent alone; and this was Aunt Etty's great invention: armed with a basket, and a pointed stick, and wearing a special hunting cloak and gloves, she would sniff her way round the wood, pausing here and there, her nostrils twitching, when she caught a whiff of her prey; then at last, with a deadly pounce, she would fall upon her victim, and poke his putrid carcass into her basket. At the end of the day's sport, the catch was brought back and burnt in the deepest secrecy of the drawing-room fire, with her door locked; *because of the morals of the maids.*« Tante Etty war niemand anders als die Tochter von Charles Darwin!

In gleichem Maß weibliche wie männliche Geschlechtsmerkmale und Eigenschaften werden assoziiert, wie wir ja auch luna-solare Zweigesichtigkeit gefunden haben. Die geschlechtliche Natur des Pilzes ist hermaphroditisch, wenn nicht noch unfaßbarer. In den Gesängen von María Sabina spricht der Pilz mal männlich, mal weiblich:

»Mujer santo soy y mujer santa soy« (»Frau heiliger Mann und Frau heilige Frau bin ich«) – »Mujer como el cojón (Hoden) soy yo« (»Frau wie der Hoden bin ich«).

4.5. Heilige Hochzeit

Dieses – vielleicht das wichtigste – archetypische Motiv ist das zentrale Geheimnis nicht nur vieler naturreligiöser Kulte, sondern auch der Alchemie und der Jungschen Individuationslehre. In den Natur-Religionen finden wir es als Hochzeit der Mutter Erde mit dem Vater Himmel. Assoziiert wird der Gewitterregen als ekstatischer Befruchtungsakt, der die Erntepflanzen, wie auch die Pilze, wachsen läßt. Auch im Akt des Feuermachens mit dem Bohrinstrument begegnen wir der gleichen Symbolik: Das Feuer wird gezeugt von dem weiblichen, der Erde zugehörigen, horizontalen Holz mit seiner Vertiefung und dem vertikalen, männlichen bohrenden Drehstück. In der Steinzeit war dies ein heiliges Geschehen, ein sexueller Akt von überhöht kosmischer Symbolik. Als Katalysator, gewissermaßen als Sperma diente dabei übrigens auch ein Pilz, der Zunderschwamm.

Befruchtender Regen und feuerzeugender Funke treffen sich im Gewitter mit Blitz und Donner. Seit altersher wird das Pilzwachstum auf Gewitter zurückgeführt. Plinius der Ältere berichtet schon über vermehrtes Trüffelwachstum nach Gewittern: *»De tuberibus haec traduntur peculiariter: Cum fuerint imbres autumnales, ac tonitrua crebra, tunc nasci, maxime e tonitribus.«* (»Von den Pilzen berichtet man besonders dies: Wenn herbstliche Regengüsse fallen und häufige Donnerwetter, dann wachsen sie, am meisten vor den Gewittern.«) Juvenal schließt sich dieser Ansicht an: *»Post hunc tradentur tubera, si ver tunc erit et facient optata tonitrua cenas maiores.«* (»Und Gewitter lassen auf größere Mahlzeiten [von Trüffeln] hoffen.«). Auch Galen sagt, Pilze wüchsen reichlich nach Gewitter, ebenso Plutarch und Athenaeus (3. Jh. n. Chr.), der mit der gleichen Ansicht Theophrastus zitiert. In Europa hält sich dieser Volksglaube bis heute lebendig, vielleicht mit einem wahren Kern: »Die Schwammzeit beginnt, wenn der erste Donner vernommen wird; der beste Tag zum Suchen ist der Donnerstag; ebenso steht eine reiche Pilzernte bevor, wenn man sich bei dem ersten Donner, den man im Jahre vernimmt, auf der Erde wälzt.« Eine andere Version des Blitzpilzzaubers liegt wohl auch dem deutschen Aberglauben zu Grunde, man könne seine Flinte unfehlbar machen, wenn man den Lauf mit Birkenschwamm (Zunder!) ausräuchert. Die naturwissenschaftliche Variante des Mythos erzählt, daß die durch den Donner verursachte seismische Erschütterung der oberen Erdschichten als wachstumsauslösender Impuls wirken könnte. Poetischer klingt eine Stelle im Sanskrit-Gedicht Meghaduta (›Der Wolkenbote‹) aus dem 4. Jh. n. Chr.:

»Wenn sie voller Freude deinen süßklingenden, fruchtbarmachenden Donner hören, der die Erde mit Pilzen bedecken kann.«

Mythen über Blitze bzw. Gewitter, die Pilze erzeugen, finden sich ferner in Madagaskar, Kaschmir, Persien, Pamir, Tibet, bei semitischen Beduinen, Chinesen, Maori und in Mexiko. Die Mexikaner nennen *Psilocybe mexicana* auch Donnerzähne (Ene ti'ic), und der Fliegenpilz wird in Guatemala mit dem gleichen Wort bezeichnet wie der Blitzschlag.

»Thunder is said to be produced by the passing of the thunderbird. Others attribute it to the rattling noise made by girls playing on a spread sealskin. Rain is the urine of one of the girls. In one tale the lightning is described as a one-sided man who

drags his one-sided sister along by her foot. She is intoxicated by fly-agaric. The noise caused by her back as it strikes the floor of heaven is thunder, her urine is rain.« Hier haben wir es mit dem Wasser des Lebens zu tun. Merkwürdig paradox erscheint es manchmal in der Mischung von Heiligem und Unreinem, z. B. auch als die ›Spucke Christi‹.
Maria Sabina singt als »Unsere Frau Strudel«:

»Ich bin Frau, die im tiefen Wasser sucht, sagt er
Ich bin Frau, die mit Kräutern reinigt, sagt er
Ich bin Frau, die reinigt, sagt er
Ich bin Frau, die Ordnung schafft, sagt er
Ich bin die Frau, die schwimmt, sagt er
Ich bin die heilige Schwimmerin, sagt er
Ich bin die Schwimmerin Herrin, sagt er
Ich bin die Frau Boot, sagt er.«

4.6. Tod und Wiedergeburt

Sie entspringen der Erde, entstehen aus Fäulnis, vergehen in Fäulnis. Dreck zieht sie an: Man findet viele Pilze, wenn man ungewaschen und schlecht angezogen auf die Suche geht (deutscher Aberglaube). Aber die Große Mutter ist nicht nur lebensspendend: Sie holt ihre Kinder zurück. Unter der Erde ist das Reich der Unterirdischen, der Totengeister, Ziel mancher Helden- und Nachtfahrt. Die Mixe betrachten die Pilze als besonders weise, weil sie der allwissenden Erde entspringen, d. i. der Großen Muttergottheit. Die Ojibway sahen in den Pilzen die Nahrung der Toten:
»Und wieder träumte der alte Mann, daß er in die südliche Ferne ging, zu einem Platz, den die Ojibway als den Ort kennen, wo die Indianer nach ihrem Tode hingingen. Als er dort ankam, sah er Indianer, die seit langem tot waren, die dabei waren, ein Festessen von Pilzen zu veranstalten, und man bot ihm auch davon an. Aber er nahm dieses Angebot nicht an. Der Indianer glaubte, wenn er die Pilze äße, dann würde er niemals seine menschliche Form wiedergewinnen und würde auch nicht an den Ort zurückkehren, wo er eingeschlafen war.«
Ein Missionar bei den Algonkin in der Gegend von Quebec schrieb 1626 über diese: »Sie glauben an die Unsterblichkeit unserer Seele, und tatsächlich versichern sie, daß sie nach dem Tod in den Himmel gehen, wo sie Pilze essen und die einen sich mit den anderen verbinden.«
Weitaus konkreter liegt der Fall bei *Amanita phalloides*, dem *death angel* und anderen tödlich giftigen Pilzen. Amanitin gilt als das potenteste bekannte Gift. Päpste (Clemens VII.), Zaren (Alexis) und Kaiser (Karl VI.) sollen vom Knollenblätterpilz dahingerafft worden sein. Auch um den Tod Buddhas rankt sich die Legende einer Pilzvergiftung.
Englische Dichter beschwören eine myko-morbide Stimmung herauf, wie sie nach Wasson für die eingefleischt mykophoben Angelsachsen typisch ist:
»The fields were spotted with monstrous fungi of a size and color never matched

before – scarlet and mauve and liver and black. It was as though the sick earth had burst into foul pustules; mildew and lichen mottled the walls, and with that filthy drop, Death sprang also from the water-soaked earth.«

»Between the time of the wind and the snow,
All loathliest weeds began to grouw,
Whose coarse leaves were splashed with many a speck,
Like the water-snake's belly and the toad's back.

And thistles, and nettles, and darnels rank,
And the dock, and henbane, and hemlock dank,
Strecht'd out its long and hollow shank,
And stifled the air till the dead wind stank.

And plants, at whose name the verse feels loath,
Filled the place with a monstrous undergrowth,
Prickly, and pulpous, and blistering, and blue,
Livid, and starred with a lurid dew.

And agarics and fungi, with mildew and mould,
Started like mist from the wet ground cold;
Pale, fleshy, as if the decaying dead
With a spirit of growth had been animated!

Their moss rotted of them, flake by flake,
Till the thick stalk stuck like a murderer's stake,
Where rags of loose flesh yet tremble on high,
Inspecting the winds that wander by.

Spawn, weeds, and filth, a leprous scum,
Made the running rivulet thick and dumb,
And at its outlet, flags huge as stakes
Dammed it up with roots knotted like watersnakes.

And hour by hour, when the air was still,
The vapours arose, which have strength to kill: –
At morn they were seen, at noon they were felt,
At night they were darkness no star could melt.«
<Shelley, 1839>

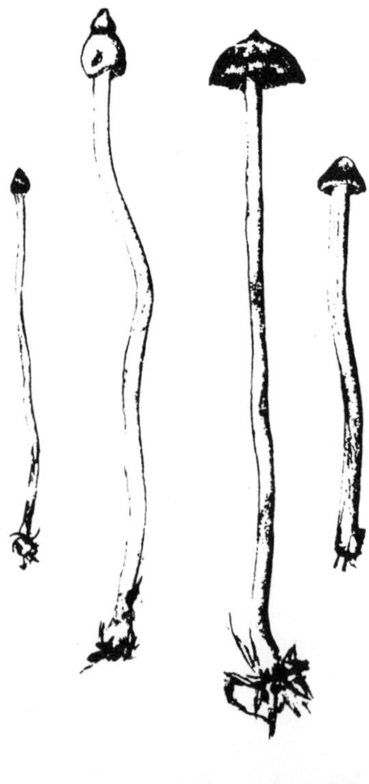

4.7. Gott

»Ich bin die Frau des Guten
Denn ich kann das Reich des Todes
Betreten und verlassen
Denn ich suche im tiefen Wasser
Bis hinüber ans andere Ufer
Denn ich bin die Frau, die aus dem Boden sprießt
Ich bin die Frau, die man herausreißen kann, sagt er
Ich bin die Frau Ärztin, sagt er
Ich bin die Frau der Kräuter, sagt er
Und unsere wunderschöne Jungfrau Guadelupe
Und unsere Mutter Magdalena
Denn ich bin die Tochter Gottes
Ich bin die Tochter Christi
Ich bin die Tochter der Maria
Ich bin Tochter des Heiligen Josef und der Candelaria.«

»Du bist der Papi
Du bist Christus
Du bist Christus
Der Weg Deiner Spuren
Der Weg Deiner Füße
Wo Du das Blut läßt, Christus
Wo Dein Speichel ist
Wo dein Schweiß ist, Christus
Deshalb gehe ich den Weg Deiner Spuren
So wie Du Platz einnimmst, Christus
So wie Du Platz einnimmst, Vater
So wie Du Platz einnimmst, Vater
Denn Du bist ein stattlicher Vater und stolzer Vater
Denn Du bist geheiligter Vater und stolzer Vater
Denn Du bist frischer Vater und zärtlicher Vater
Frischer Vater und zärtlicher Vater
Vater, der wächst und grüner Vater
Frischer Vater und zärtlicher Vater
Jesus Christus.«

»Ich nehme den ›Kleinen, der aus dem Boden sprießt‹, und ich sehe Gott. Ich sehe ihn aus der Erde sprießen. Er wächst und wächst, groß wie ein Baum, wie ein Berg so groß. Sein Gesicht ist voll Anmut, wunderschön und ernst, so wie in den Gotteshäusern. Ein andermal ist Gott nicht wie ein Mensch, er ist ein Buch. Ein Buch, das aus der Erde geboren wird, ein Heiliges Buch, das im Augenblick, wo es das Licht der Welt erblickt, die Erde erzittern läßt.«

5. DER URSPRUNG DER RELIGION

Golowin leitet den volkstümlichen Glauben an Elfen, Naturdämonen und andere Geistwesen von der Wirkung psychotroper Pflanzen her: »Bäume, Blumen usw. sind im alten, noch in zahllosen Märchen nachwirkenden Volks-Weltbild von Geistern, Elfen, Naturdämonen nicht bewohnt, weil irgendeine vorgeschichtliche Religion sozusagen als Dogma die Belebtheit der Natur annahm – sondern der eigentliche Sachverhalt scheint uns, so schwer dies auch in unserer Sprache ist, mehr oder weniger umgekehrt. Durch die sehr wirklichen, noch heute feststellbaren und erforschbaren, einst aber zweifellos besser bekannten Wirkstoffe der Pflanzen erschien dem Menschen die ihn umgebende Natur als von bunten, je nach seinem Wesen verschiedenartigsten, sich dauernd wandelnden Bildern erfüllt.«
Wasson wird noch konkreter: »If we are right in our conjecture that the secret of these mushrooms was discovered by early man, perhaps very early as he was emerging from his bestial past, think for a moment what their miraculous properties must have meant to him! Our hallucinogenic mushrooms opened to him conceptions and emotions theretofore beyond his reach: horizons beyond his horizons, planes of existence other than the one in which he lived, feelings of awe and reverence, yes perhaps the very idea of a Superior Being.«
»Als der Mensch sich vor Tausenden von Jahren aus seiner tierischen Vergangenheit erhob, gab es ein Stadium in der Entwicklung seines Bewußtseins, wo die Entdeckung eines Pilzes mit wunderbaren Eigenschaften eine Offenbarung für ihn war, ein wahrer Zündfunke für seine Seele, der Empfindungen von heiliger Scheu und Verehrung in ihm erweckte, zarte und edle Gefühle der Liebe, die sich auf die höchste Ebene erhoben, zu der die Menschheit fähigist; all diese Gefühle und Tugenden, welche die Menschheit seither als die höchsten Attribute ihrer Art betrachtet. Er ließ ihn sehen, was dieses vergängliche sterbliche Auge nicht sehen kann. Wie recht hatten doch die Griechen, dieses Mysterium, diese Einnahme des Trankes, mit Geheimhaltung und Überwachung zu schützen! Was sich heute, wenn man so will, auf eine bloße Droge zurückführen läßt, auf ein Tryptamin- oder Lysergsäurederivat, war für sie, so möchte ich behaupten, ein gewaltiges Wunder, das ihnen die Inspiration zu Dichtung und Philosophie und Religion gab.«
Prominente Vertreter dieser Hypothese wie Wasson (hier zitiert), Alan Watts, Mary Barnard und Sergius Golowin sind aber nicht unter sich geblieben. Selbst der päpstliche Hausprälat Dr. phil. Dr. theol. Dr. h. c. Wilhelm Keilbach urteilt: »Dennoch unterliegt keinem Zweifel die Tatsache, daß heilkräftige Pflanzen und aus ihnen gewonnene aktive Substanzen in der Geschichte der Religionen eine nicht zu übersehende Rolle gespielt haben (...) Gemeint sind wirkliche Pflanzen, die zunächst den Botaniker beschäftigen, die aber wegen ihrer Wirkfähigkeit auch in die Dimension des Seelischen hineinragen und deshalb sogar kultbegründend sein können.«
Wir müssen uns die Frage stellen, welche Ursachen und Folgen die bemerkenswerte weltweite Verbreitung des Gebrauchs entheogener Pilze in den letzten Jahrzehnten hat und ob der Pilz auch in der heutigen Zeit noch derartige religions-spendende Eigenschaften entwickeln kann. Eher skeptisch stimmen hier rückblickende Äußerungen von Maria Sabina selbst: Sie erzählt, es sei schwer für sie gewesen, den

jungen Leuten mit bunten Hemden und Halsketten, die in den 70er Jahren zu ihr strömten, klarzumachen, »daß man eine *velada* nicht einfach aus dem Wunsch heraus macht, Gott zu suchen, sondern daß der Zweck dabei ist, die Krankheiten zu heilen, an denen unsere Leute leiden.« Das mexikanische Pilzritual hat unter der Begegnung mit dem schier unbesiegbaren wissenschaftlichen Zauber des weißen Mannes und zudem unter dem von Wasson ausgelösten Ansturm der Drogen-Subkultur mit ihren schlimmsten, rücksichtslosen Auswüchsen gelitten und ist inzwischen in seinem authentischen Fortbestand bedroht. Finkelstein schildert schon Ende der 60er Jahre desolate Verhältnisse in Huatla de Jimenez, dem Heimatdorf von Maria Sabina: Marodierende Beatniks, Süchtige auf der Jagd nach einem neuen Kick, verständnislose, abgehobene Glücks-Sucher begegnen einer korrumpierten, hohe Preise verlangenden und aus ihrer Dorfgemeinschaft ausgestoßenen Maria Sabina. Diese beklagt sich ein andermal: »Vor vielen Jahren, als ich noch ein Kind war, wuchsen sie überall. Sie wuchsen sogar um die Hütte herum. Diese Pilze wurden aber nicht für *veladas* verwendet, denn wenn der menschliche Blick sie trifft, hebt das ihre Reinheit und ihre Kraft auf. Man mußte an ferne Orte gehen, um sie zu suchen, dort wo das menschliche Auge sie nicht erreichen konnte. Die Leute, die dazu bestimmt waren, die Pilze zu suchen, mußten vier Tage vorher sexuelle Enthaltsamkeit üben. In diesen Tagen war es ihnen auch verboten, an Totenwachen teilzunehmen, sie sollten die unreine Luft in der Nähe des Verstorbenen meiden. Die Luft, die den Verstorbenen umgibt, ist unrein. Wenn jemand eine Wunde hat, und er nimmt teil an einer Totenwache, dann kann er sich einen Wundbrand holen. Die Leute, die die *niños santos* holen müssen, sollten sich vorher auch baden. In den letzten Jahren war es so, daß jemand die Pilze gesehen hat, und sie, ohne groß aufzupassen, eingesammelt hat.«

»Die blonden und dunkelhaarigen jungen Leute beachteten unsere Bräuche nicht. Ich kann mich nicht erinnern, daß die *niños santos* jemals mit so wenig Respekt gegessen wurden, wie damals. Für mich ist es keine Spielerei, eine *velada* abzuhalten. Wer eine *velada* abhält, nur um einfach die Wirkung der Pilze zu spüren, der kann verrückt werden und das auch zeitweise bleiben. Unsere Vorfahren nahmen die *niños santos* bei einer *velada* immer nur dann, wenn ein Weiser sie leitete.«

»Seit damals, als die Fremden kamen, um Gott zu suchen, haben die *niños santos* ihre Kraft verloren. Sie haben ihre Reinheit verloren. Man hat sie zerstört. Jetzt und in Zukunft werden sie nichts mehr wert sein. Da läßt sich nichts machen. Bevor Wasson kam, spürte ich, wie mich die *niños santos* emporhoben. Jetzt fühle ich nichts mehr. Die Kraft ist geschwunden.«

Ein anderer mazatekischer Schamane sagt traurig: »Das Schreckliche ist, hörst du, daß der göttliche Pilz uns nicht mehr gehört. Seine heilige Sprache ist entweiht worden und für uns nicht mehr zu entschlüsseln. Heute sprechen die Pilze Englisch, ja, das ist die Sprache, die die Fremden sprechen. Die Pilze haben einen göttlichen Geist, der war immer für uns da, aber dann kamen die Ausländer und haben ihn vertrieben. Er treibt ohne Ziel und Richtung in der Atmosphäre herum, irgendwo zwischen den Wolken. Nicht nur der göttliche Geist wurde entweiht, sondern auch der unsere, der der Mazateken.«

In der gegenwärtigen historischen Epoche unterliegen offenbar die alten Weltbilder,

Heilweisen und kultischen Religionen fast zwangsläufig der sich global zur Monokultur ausbreitenden westlichen Zivilisation. Das bedeutet umgekehrt auch, daß eine ganz reine, ursprüngliche Pilzerfahrung auch in den Ursprungsländern heute kaum mehr zu finden ist. Nicht zuletzt durch die weiter oben beschriebene Anreicherung moderner Umweltgifte, aber auch durch ihre wahrnehmungssteigernde Wirkung konfrontieren uns die geistbewegenden Pilze mit den Schattenseiten der Zivilisation, mit der Umweltzerstörung, dem Verfall nicht-materialistischer Werte und zunehmendem Nihilismus und Zynismus. Gerade dieses Öffnen der Augen für die Lebensfeindlichkeit der gesellschaftlichen Entwicklung kann aber ebenso sehr die heutige Aufgabe sein wie die Vermittlung des ekstatischen oder mystischen Einheitserlebnisses. Ob es ein Glück oder ein Unglück wäre, mit Hilfe der Pilze einen Teil der Ideologie unserer Zivilisation in Frage zu stellen, möge der Leser selbst beurteilen. Mir erscheinen Gelpkes Worte von 1966 aktuell geblieben: »Wie kann eine Gesellschaft, die Eros in die Kloaken verbannt, den Rausch prostituiert, die Seele entfleischt, das Fleisch entseelt, den Geist aushungert, Mystik für Aberglauben, Ekstase für Verrücktheit, Meditation für Faulheit und alle drei zumindest für Merkmale primitiver Rückständigkeit hält – wie kann eine solche Gesellschaft, deren eingestandenes Menschenideal noch heute der von »Zucht, Verzicht, Redlichkeit, Unerbittlichkeit und unendlichem Leistungswillen« geprägte Wissenschaftler ist, erwarten, das von ihr so radikal zerstörte Gleichgewicht zwischen Seele und Körper, Geist und Natur, werde sich nicht rächen – auch (aber leider keineswegs nur) an ihr selbst?«

Doch hat auch in unserer Gesellschaft ein großer Teil der Rauschpilzesser, darunter namhafte Schriftsteller, Naturwissenschaftler und Seelenforscher über mystische oder religiöse, im unverbindlichen Sprachgebrauch ›spirituelle‹ Erfahrungen im Pilzrausch berichtet. In seinem berühmten Karfreitagsexperiment hat Pahnke nachgewiesen, daß die Psilocybin-induzierten mystischen Erlebnisse mit echter Mystik kompatibel sind. In einem exakt kontrollierten Doppelblindversuch injizierte er der Hälfte von 20 protestantischen Theologiestudenten ohne Drogenvorerfahrung in Harvard Psilocybin. Die Kontrollgruppe erhielt, um einen ›Flush‹ zu suggerieren, ein gefäßwirksames Medikament. Während einer langen Karfreitagsliturgie verglich er die mystische Erlebensqualität der beiden Gruppen und stellte ein hochsignifikant vertieftes Erleben bei den ›Bepilzten‹ fest. In neun Dimensionen, die er von William James übernahm, fand er die beschriebenen Erlebnisse praktisch identisch mit ›echter‹ mystischer Gnade. Als ›Meßwerte‹ wurden folgende Faktoren mystischen Erlebens benutzt: – 1. Einheit, – 2. Transzendenz von Zeit und Raum, – 3. tiefempfundene positive Stimmung, – 4. Gefühl der Heiligkeit, – 5. Objektivität und Realität, – 6. Paradoxie, – 7. Angebliche Unaussprechlichkeit, – 8. Flüchtigkeit, – 9. Anhaltende positive Veränderungen in Einstellung und Verhalten, nämlich Optimismus, Integration, Individuation, Sensibilität für andere, Toleranz, soziales und kirchliches Engagement. Auch diese positiven Nachwirkungen, kontrolliert in einer nach sechs Monaten durchgeführten Nachbefragung, glichen denen bei ›echten‹ mystischen Erfahrungen.

»Wenn Menschen in unserem Kulturkreis behaupten, im Drogenrausch Offenbarungs- und Bekehrungserlebnisse gehabt zu haben, dann müssen Religionswissenschaft, Tiefenpsychologie und Theologie dazu Stellung nehmen«, forderten Leuner und Josuttis.

In der um die Jahrhundertwende entstandenen nordamerikanischen Peyote-Religion findet sich bereits eine im Karfreitagsexperiment nur angedeutete kulturelle Institutionalisierung der geistbewegenden Pflanze als religiöses Sakrament. Diese mehrere hunderttausend Anhänger umfassende religiöse Erneuerungsbewegung ordnet sich dem Christentum ein, enthält aber auch synkretistisch Elemente der ursprünglichen Indianer-Religionen (v. a. Oklahoma und Winnebago). Die sonst unerbittliche amerikanische Drogengesetzgebung duldet den rituellen Peyotegebrauch; als positive soziale Auswirkungen werden Wiederbelebung der kulturellen Identität, aber auch vermehrte Resistenz gegen Alkoholismus berichtet.

Benz beschreibt die religionsbegründende Wirkung der Peyote-Erfahrung: »Das Charakteristische der Peyote-Religion ist, daß das Peyote-Essen inmitten komplizierter sakramentaler Zeremonien der Kultgemeinden stattfindet, wobei die Gruppe der Gemeindemitglieder, die im Rahmen dieser langwierigen Liturgie zusammen den Peyote-Kaktus essen, geschlossen in Trance gerät und Kollektiv-Visionen erlebt, die oft die ganze Nacht hindurch andauern. Die Visionen tragen also nicht, wie man annehmen könnte, individualistische, sondern kollektive Züge und sind in ihrem Bilder- und Vorstellungsgehalt stark traditionsgebunden. In ihnen mischen sich Bildelemente, die den alten vorchristlichen indianischen Kulten entstammen, mit Bildern, Figuren und Szenen, die offensichtlich der christlichen Tradition entnommen sind. So erscheinen in den Gesichten die tierförmigen Ungeheuer der alten Indianer-Mythologie, aber auch die Geister der Toten in strahlendem himmlischen Glanze. Die Visionen verlaufen in einem leuchtenden, kaleidoskopartigen Farbenspiel, in einer faszinierenden Abfolge unbeschreiblicher Formen, in Gestalt von Erscheinungen prächtiger himmlischer Wesen oder Frauen von übernatürlicher Schönheit, im Erklingen von himmlischem Saitenspiel oder Gesang. Oft erscheint auch die Gestalt Christi, der von den Indianern als die sichtbare Erscheinung des Geistes Gottes betrachtet wird. Durch ihre Visionen lernen die Gläubigen den ›Weg des Peyote‹, der ihre besondere Form des christlichen Weges ist.«

Big Moon, der Begründer der Peyote-Religion in Nord-Amerika, wurde durch eine Peyote-vision zur Gründung des Kultes aufgefordert. »Er empfing genaue Anweisungen für die Abgrenzung eines heiligen Bezirkes in dem Peyotezelt und wurde belehrt, welche Lieder während des Rituals gesungen werden sollten. Ebenso wurden ihm alle Besonderheiten des Zeremoniells gezeigt, das in dem neuen Kult befolgt werden sollte.«

John Rave betete auf seiner Visionssuche: »Zu dir, Sohn Gottes, rufe ich: Hilf mir auch! Diese Religion laß mich erkennen! Hilf mir, großer Vater, hilf mir, laß mich diese Religion erkennen!«

6. ERNEUERUNG EINES MYKOMYSTERIONS

Gesellschaftliche Argumente

Die gegenwärtige Epoche ist gekennzeichnet durch den weltweiten Verlust der Traditionen und den Untergang eigenständiger regionaler Kulturen. Dabei nehmen im gleichen Maß, wie sich Politik und Wissenschaft um Ordnung und Sicherheit bemühen, Unordnung, Chaos und Zerstörung in der Welt dramatisch zu.
Die Schattenseiten des kollektiven Unbewußten betreten durch die Hintertür die Bühne und beherrschen zunehmend das Geschehen.
Das mystische Erlebnis, die große Einheitserfahrung, wird im materialistisch-naturwissenschaftlichen Weltbild nur noch in der Horrorvision des Big-Bang vorstellbar. Der Urknall ist die moderne Chiffre für den Augenblick der Schöpfung, also der Entstehungsmythos der Welt bzw. des Universums. Und das drohende Ende im analogen atomaren Finalschlag spricht vielleicht unsere unbewußten Erlösungshoffnungen an: »die Atomkernbombe der Zukunft«, sagt der zeitgenössische Mystiker Werthmüller, »wird dadurch einen unvergleichlich größeren Wirkungsgrad erreichen, daß in ihr ausschließlich die weit konzentrierteren Kräfte der Nukleonen, der Protonen und Neutronen aktiviert werden. Und mit der Neutronenbombe, in der allein der Kern des Kernes zur Explosion aufgerufen ist, wird der Mensch jenen unendlich-dimensionalen Wirkungsgrad des Urgrau realisieren, durch den er Gott ebenbürtig wird, den ganzen Kosmos als überflüssig zerstört, mit dem ganzen Kosmos in die Ureinheit zurückkehren wird.« Ich persönlich habe noch kein interstellares Bewußtsein à la Werthmüller entwickelt und möchte das Ursprungs-Erlebnis lieber anders genießen und werde im folgenden einige Überlegungen dazu anstellen, ob es möglich ist, einen ›Mysterienkult‹ mit katalytischer Unterstützung durch geistbewegende Pilze zu reinstallieren. Als Anhaltspunkte dienen die oben beschriebenen Erfahrungen mit der Peyote-Kirche, die psychotherapeutische Kur bzw. das Heilbadwesen und andere Relikte initiatischer Rituale. Ich gehe dabei eher nicht von der Annahme aus, daß sich der Pilz ganz allein sein Ritual schafft und automatisch religiöse Erfahrung vermittelt. Für diese kultstiftende Wirkung ist vielmehr ein entsprechender, gesellschaftlich integrierter und geschützter Erfahrungsraum und von den Teilnehmern des Rituals eine ernsthafte Motivation, Vorbereitung und anschließende Integration der Erfahrung Voraussetzung. Ohne einen größeren Glaubenszusammenhang ist vom Pilz allein kein genereller religiöser Durchbruch zu erwarten. Eine andere Sache ist die vertiefende Sinngebung bereits vorhandener religiöser Riten oder auch Heilrituale wie der medizinischen Badekur. Laut Josuttis ist sogar anzunehmen, »daß man sich in der Kirche des neuen Bundesgenossen heimlich freut, ohne sich öffentlich zu ihm zu bekennen.«
Ohne Zweifel empfinden wachsende Teile der Bevölkerung, v. a. Jugendliche, Unzufriedenheit mit dem Mangel an ursprünglicher und sinnstiftender ›spiritueller‹ Erfahrung und Sehnsucht nach einem Erleben, wie Geerken es charakterisiert: »Jeder Moment seines (des primitiven Menschen) Lebens und Verhaltens ist Bejahung. Jenes Erlebnis einer ursprünglichen Einheit, wie es uns nur noch die Begegnung mit dem Urwald und seinen Schwämmen als Ahnung vermittelt und das

Lawrence und Gauguin mit so eindringlicher Ratlosigkeit geschildert haben, scheint also auf eine Erfahrungsform hinzuweisen, die den Naturvölkern (wie lange?) noch geläufig ist.« Eine zahlenmäßig nicht zu unterschätzende Gruppe versucht, den Mangel durch Gebrauch bewußtseinsverändernder Substanzen zu beheben. Als Ursachen nennt Josuttis: »Emanzipation gegenüber oder Flucht aus einer Gesellschaft, deren Leistungsterror die Entfaltung der eigenen Person auf unerträgliche Weise beschränkt; die einseitige Orientierung der westlichen Welt an Wohlstandswerten und einem technisch-rationalistischen Denken, die vor allem jüngere Menschen nach dem wahren, erfüllten, nicht ableitbaren Kern des eigenen Menschseins suchen läßt; schließlich die Situation einer kulturellen Umbruchsepoche, in der dem einzelnen die Identitätsfindung im komplizierten System der divergenten sozialen Rollen so schwierig erscheint, daß er sie, wie im antiken Dionysoskult, im antithetischen Milieu einer Subkultur, die ihm Unmittelbarkeit verspricht und seine Isolierung aufhebt, zu erreichen trachtet.«

Heute fehlt es uns an einer lebendigen und kraftvollen Tradition mit Werten und wahrhaften, sinnstiftenden Interpretationen. Die kirchliche Ritualistik ist ausgeblutet und läßt vor allem die jüngere Generation nur gelegentlich die Essenz religiöser Erfahrung ahnen. Auch Theologen haben diese Abstraktion der Religion beklagt: »Der christliche Glaube lebt nicht aus der Erfahrung. (...) Wie kann ein Glaube existieren, der sich der Wirklichkeit seines Gegenstandes und Grundes nicht durch Erfahrung zu vergewissern weiß.« Eine nur intellektuelle ›Erfindung‹, eine zweckgebundene Erarbeitung und Auspflanzung einer neuen Tradition kann bestenfalls in sektiererischer Form überleben und vermag in der Vorstellung keinesfalls zu überzeugen. Vielmehr ist Erfahrung als Grundlage anzustreben; insbesondere tut dem heutigen, vereinzelten und gleichzeitig vermassten, entfremdeten Menschen Erfahrung der Verbundenheit not, Re-ligio als Wieder-An-Bindung, Erfahrung der

natürlichen Beziehung und wechselseitigen Abhängigkeit zwischen Menschen, Tieren und Pflanzen. Im mythischen Zeitalter war die Transformation des Menschen in tierische oder pflanzliche Wesenheiten nichts Ungewöhnliches. Heute könnte sie die Basis für einen brüderlichen Umgang mit den ökologischen Lebensgrundlagen sein.
Im günstigsten Fall kann die erlösende, gnadenhafte Erfahrung der Wiederanbindung transzendiert werden und in die Erfahrung der Einheit und der göttlichen Anwesenheit münden. Wenig wahrscheinlich erscheint mir, daß eine größere Anzahl der heute lebenden Menschen der westlichen Zivilisation (der inzwischen weite Teile der Dritten Welt zugerechnet werden müssen) bereit wäre, sich den Mühen jahrelanger asketisch-spiritueller Prozesse zu unterwerfen, die zu einer derartigen Erfahrung führen können. Auch die m. E. primitivere Form der Besessenheits-Trance, wenn sie überhaupt zur mystischen Erfahrung führen kann, ist uns nach unserer kulturellen Prägung nicht mehr zugänglich. Die durch die Massenmedien induzierte Dauer-Trance stellt keine echt religiöse Erfahrungsform bereit. Aufgrund dieser Einschränkungen bleibt zu diskutieren, ob die Zuhilfenahme von ›Verbündeten‹, d. h. geistbewegenden Pflanzen, legitimiert werden kann. Dafür spricht ihre bereits belegte Wirksamkeit im Sinne der genannten Ziele. Ein weiteres wichtiges Argument *pro reo* sind ferner die vielversprechenden Erfolge, die aus der kurzen Blütezeit der psychedelischen resp. psycholytischen Therapie bekannt wurden:

Therapeutische Aspekte

Leuner berichtet noch heute gern eindrucksvolle Therapieerfolge, wobei die Indikation sehr streng gestellt wurde: Man wählte gerade die mit gängigen Methoden nicht mehr heilbaren schwersten seelischen Erkrankungen aus: Autismus und Alkoholismus, schwere Depressionen und Borderline-Erkrankungen.
»Deutlich wird immerhin, wie sich die Umweltbeziehung mit der Umwertung aller Wertsetzungen ändern und durch die ekstatisch erlebte Liebe ein ganz neues Element in das Erleben der Betroffenen getreten ist. Gerade dieser Wandel der Bedeutungssetzungen hat nicht nur den Betroffenen, sondern auch die Beobachter solcher Sitzungen überrascht und tief ergriffen.«
Bastiaans behandelte traumatische Neurosen nach Aufenthalten in Konzentrationslagern psycholytisch, Grof Sterbende. Testpsychologisch wurde eine besonders günstige Auswirkung auf die Skalen: Angst/Mißtrauen, Depression und Bindungslosigkeit bestätigt. A. Hofmann äußerte sich optimistisch über die Verwendung von synthetischem Psilocybin und Psilocin in Psychoanalyse und anderen Psychotherapieformen: »Unfortunately, this application has been interrupted by the draconian laws of the health authorities, passed in response to misuse of this substances by recreational users in the ›drug scene‹. It can be expected, however, that the psychopharmaceutical constituents of psychedelic mushrooms will again become available to medical professionals in the future.«
Eine Befragung von Ehefrauen psychedelisch therapierter Trinker erwies eine positive Auswirkung mit den Tendenzen: Verbesserte Selbsterkenntnis, Verständnis und Toleranz für andere, verstärkter Sinn für finanzielle Verantwortlichkeit, bessere

Anpassung in der Arbeitswelt, stärkere Beteiligung am kirchlichen Leben sowie Engagement in der Freizeit und in anderen sozialen Tätigkeiten.
Psychotherapeutisch willkommene Wirkungen des Pilzrausches können darin bestehen, daß die Imagination stimuliert wird und die rationalistische Erstarrung auftaut. Emotionale Hemmungen lösen sich, Halbvergessenes taucht ins Bewußtsein auf und kann unmittelbar auf der bildhaften Ebene erfahren oder auch sprachlich erfaßt werden. So wird die Wahrnehmung geöffnet für die individuellen unbewußten Wirkfaktoren, aber auch für die Archetypen des kollektiven Unbewußten, für die heiligen Bilder, für numinose und mystische Erfahrung. Diese können spontan auftauchen oder von einer entsprechend ›schamanisch‹ begabten und ausgebildeten Persönlichkeit evoziert werden, durch Gebete, Lieder, Rhythmus und Inszenierung. So beschwört María Sabina für einen jungen, todgeweihten Mann mit tröstlichen Worten eine Anima-Gestalt(?) herauf:
»La mujer fresca, la mujer tierna, la mujer que crece, la mujer sana, la mujer de leche de mamar, la mujer de rocio.« (»Die frische Frau, die zarte Frau, die Frau, die wächst, die heile Frau, die Frau mit der Muttermilch, die Frau von Morgentau.")
Vielleicht ist genau das die Kur für die zivilisationsbedingte Entfremdung von den schöpferischen Kräften des ursprünglichen Selbst und des kollektiven Unbewußten und die Chance zu einem Wieder-Entdecken des Miteinander, der Gemeinsamkeit auf einer archaischen Bewußtseinsebene. Es soll nicht übersehen werden, daß die transzendente Rauscherfahrung per se noch keinen Wert für die persönliche oder religiösc Entwicklung hat. Die psychedelische Pflanze ist kein Wundermittel, die schwerste Arbeit kommt nach dem Erlebnis: das Gelernte zu integrieren und zu verwirklichen.

Rahmenbedingungen:

Ortswahl: Ich stelle mir ein einziges größeres regionales Zentrum vor. Die Wahl des Ortes würde bestimmt durch Abgeschiedenheit, Naturnähe und landschaftliche Ausstrahlung. Solche kraftvollen Plätze wurden schon immer für kultische Zentren ausgesucht, von den griechischen Mysterien-Tempeln über die Sakralbauten der präkolumbianischen Hochkulturen bis hin zu den mittelalterlichen Klöstern. Letztere können für unseren Kulturkreis besonders als Orientierung dienen, da sie ja auch Zentren spiritueller Entwicklung und Ausbildung waren. So manche Zisterzienserabtei liegt noch heute so, daß man unwillkürlich von der umgebenden Natur und den Kräften des Platzes berührt wird. Die Nähe von Gewässern, Bächen, Seen, Quellen wäre von Bedeutung; hier sei auf die noch gern besuchten Heilbäder verwiesen: leider hat man den rituellen Reinigungs- und Heilungs-Charakter der medizinischen Badekur aus dem Auge verloren und das Kurwesen weitestgehend kommerzialisiert und dem Rentenwesen untergeordnet.
Anzustreben wäre auch die räumliche Nachbarschaft zu geeigneten Pilz-Biotopen, z. B. feuchten Waldwiesen mit erhaltener Artenvielfalt, die auch vom Zentrum aus extensiv mit Pferden, Rindern und Schafen bewirtschaftet werden könnten. Raum für Zeremonien sollte sowohl unter freiem Himmel, wie in geschützten Innenräumen mit freundlicher Atmosphäre und natürlichen Baumaterialien gegeben sein.

Das Zentrum selbst sollte ganzjährig bewohnt und gepflegt werden; es könnte das Jahr über als Ausbildungsstätte für ›Begleiter‹ dienen.

Setting und Ritual: Die Zeremonien würden nicht im Einzelsetting, wie in vielen psycholytisch-psychotherapeutischen Behandlungen üblich, sondern in Gruppen unterschiedlicher Größe durchgeführt. Nur durch den Charakter der Gruppenerfahrung entsteht gemeinsames und ausgetauschtes Erleben, ein sozial verbindlicher Kontext. Deshalb ist die gemeinsame Teilnahme von sozialen Gruppen, von Familienmitgliedern, Angehörigen eines Kranken, aber auch von nur freundschaftlich verbundenen peer-groups wünschenswert. Laut Husserl ist die familiäre Beziehung die Basis für das Transzendieren der Subjektivität zu einer intersubjektiven Ebene.

Wie in den Eleusinischen Mysterien wäre eine längerfristige Vorbereitungsphase, in der die Erwartung auf die Erfahrung sich formen kann, der spätere Initiant sich mit der Umgebung des Zentrums vertraut macht und Anregungen aus der Religions- und Kunstgeschichte bekommt, evtl. mentale Techniken und rituelle Handlungsweisen erlernt und deren symbolische Wertigkeit kennenlernt, ohne daß jedoch dadurch das Folgende seines Geheimnisses rational entkleidet werden sollte.

Das eigentliche Mysterium könnte jahreszeitlich eingegliedert werden, z. B. zur Herbstsonnwende, zu Allerheiligen und ähnlichen ›Loszeiten‹ des Jahreskreises. Solche eher spirituell gefärbten Groß-Ereignisse mit vielleicht mehreren hundert Teilnehmern, entsprechend den Herbstmysterien von Eleusis, wären zu unterscheiden von heilerischen Gruppenritualen mit 10–20 Teilnehmern. »Dabei ist zu bedenken, daß ›Gesunde‹, häufig Gläubige, schon von sich aus besser vorbereitet sind, als Menschen, die wegen Verhaltensstörungen einer psychedelischen Therapie unterzogen werden sollen.« <Leuner>

Eine Finanzierung aus Steuermitteln oder Krankenversicherung ist nicht anzustreben. Das Zentrum müßte von seinen Freunden und Besuchern getragen werden. Da das Opfer als Symbol der Eigenleistung die Wirksamkeit der therapeutischen Behandlung erhöht und auch in religiösen Kulten unverzichtbar ist, erscheint eine derartige Selbstfinanzierung auch sinnvoll. Die Höhe der Beiträge hängt prozentual vom Einkommen ab, um soziale Ungleichheit abzumildern. Strikt abzulehnen wäre aber eine Kommerzialisierung, die über den Selbsterhalt hinausginge oder gar eine Gewinnentnahme, da damit die menschenfreundlichen Ziele des Mysterien-Zentrums korrumpierbar würden.

Die Zielsetzung der Einrichtung ist Initiation, Heilung von seelischer und psychosomatischer Krankheit und religiöse Entwicklung, die aber, wie beschrieben, nicht dogmatisch eng vorgegeben werden kann, da sonst die Gefahr heraufbeschworen würde, daß eine Sekte sich entwickelte. Eine solche Einrichtung darf auch nicht mit einem Forschungszentrum verwechselt werden, wie es Pahnke vorschwebte, der – wie viele andere Drogenforscher ohne Selbsterfahrung – versuchte, den Mystizismus von außen zu erfassen und zu objektivieren. Da mir diese Haltung dem Gegenstand des Interesses nicht viel besser gerecht zu werden erscheint als Forschungen über LD-50 bei Ratten, über pharmakodynamische Veränderungen durch Anhängen von Methylgruppen, physiologische oder neurochemische ›Objektivierung‹ von Bewußtseinsvorgängen, Hervorrufen von ›experimentellen Psychosen durch psychotomimetische Substanzen‹ und taxonomische Haarspalterei, beschleicht mich ein leises Gruseln, wenn Pahnke von ›einer möglichen sozialen Applikation in einem religiösen Kontext‹ schreibt. »Ein Vorschlag wäre die Einrichtung eines Forschungszentrums, in dem sorgfältig konstruierte Drogenexperimente durch einen ausgebildeten Forschungsstab durchgeführt werden könnten, der aus Psychiatern, klinischen Psychologen und Theologen bestünde. Im Idealfall würden die Versuchspersonen mindesens eine Woche lang an dem Zentrum bleiben, um eine gründliche Auswahl, Vorbereitung und Beobachtung ihrer Reaktionen sowohl während als auch nach den Drogenexperimenten zu ermöglichen.« Gegen eine Zusammenarbeit von Ärzten, Psychotherapeuten, Theologen und Religionswissenschaftlern, Künstlern und anderen gereiften Menschen von Rang ist nichts einzuwenden, doch stelle ich mir die interdisziplinäre Zusammenarbeit weniger als Beobachtung und Verwertung vor, sondern als initiatische und heilerische Begleitung.

Unerläßlich wären für die Vorbereitungszeit wie für die Zeremonien selbst bestimmte rituelle Vorschriften und Tabus. »Die heiligen Pflanzen, Gottheiten in sich, wirken aufgrund ihrer mystischen Eigenschaften, d. h. es sind nicht die Pflanzen allein, die heilen, sondern die Gottheit, Teil der Gottheit oder der magischen Kraft, von der die Pflanze durchdrungen ist. Damit diese Kraft in den Pflanzen erhalten bleibt, ist das ganze komplizierte Ritual nicht zu vermeiden, sowohl im Augenblick der Ernte, als auch bei der Vorbereitung und beim Gebrauch der Pflanze. Wenn das Ritual nicht respektiert wird, verliert die Pflanze ihre Heilkraft, denn es sind nicht die pharmakologischen Eigenschaften, die heilen, sondern die mystischen.« <Beltran>

»Adverse effects are viewed by the Mixe as ›punishment‹ inflicted by the sacred plants. The reasons given for such occurences are numerous, but most involve infractions of the rules prescribed for using the sacred plants. For example, the user may not have been cleaned ceremoniously; had previously eaten eggs or fowl meat; or had taken the sacred plants during a bad time period or calendar day. If the sacred plants are not taken with a ›clean heart‹, or if they are taken with bad intent (such as asking to acquire skill in sorcery), they will produce visions of attacking snakes and tigers. Although the spirits of the plant will reveal a modicum of sorcery techniques, they do not approve of their use. If the user lacks confidence, is fearful of the sacred plants or is very aggressive, they will frighten him or her with visions. Or, since only one class of mushrooms should, by tradition, be used at a time, complications are alleged to result when mixed species are ingested.« <Lipp>

Rituelle Vorschriften, z. B. ernsthafte Opfergaben, Teilnahme an vorbereitenden Treffen ohne Pilzeinnahme und Einhalten von Enthaltsamkeitsgeboten, etwa Verzicht auf andere Rausch- und Genußmittel in der Vorbereitungsperiode, würden nicht nur Schutz vor unfreundlichen Wirkungen der Pilze bieten; sie gewährleisten auch weitgehend, daß leichtsinnige und rücksichtslose Personen ausgeschlossen würden, die sich nur ausagieren wollen oder ein High als Ersatzbefriedigung suchen, ohne sich für eine seelische Integration und positive soziale Auswirkung der Erfahrung zu interessieren.

Welche Schwierigkeiten die Vorgabe eines geeigneten Settings bereiten kann, verdeutlicht ein Beitrag von Leuner: »In einer Periode von einigen Tagen bis zu vier

Wochen werden neben Aufnahme der Vorgeschichte regelmäßig Einzelgespräche mit dem Therapeuten und späteren ›Begleiter‹ durchgeführt. Der Betreffende wird dabei unter optimistischen Aspekten auf die ›einmalige, überwältigende Erfahrung‹ hingewiesen. Weitere Präparationen erfolgen durch besonders geeignete Schriften, wie etwa die Lektüre des tibetanischen Totenbuches oder von Wiedergaben aus mystischen Erfahrungen von Zen-Buddhisten und begeisterten Anhängern der psychedelischen Therapie, etwa das Buch von Bishop ›The discovery of love‹, in dessen Anhang der Autor seine eigene psychedelische Erfahrung beschreibt. Hoffer und Osmond heben hervor, daß ›Optimismus‹ die wichtigste Haltung des Therapeuten bzw. des Begleiters sein muß und daß dem Betreffenden vorher gesagt werde, er würde seine Einstellungen zum Leben und seine Verhaltensweisen zu ändern vermögen. Dabei legt man gesteigerten Wert auf die Entwicklung einer besonders engen personalen Beziehung zum jeweiligen Begleiter bzw. Therapeuten, etwa im Sinne einer ›Brüderlichkeit‹, d. h. eines warmen menschlichen Verständnisses. Entsprechend muß auch der Begleiter bzw. Therapeut ausgewählt sein nach der Fähigkeit, Wärme auszustrahlen und eine enge mitmenschliche Beziehung aufzubauen, ohne dabei sein eigenes Ich zu gefährden oder unglaubhaft zu wirken. Psychologisch ist man also bemüht, das Milieu einer positiven Übertragung besonderer Stärke, verbunden mit einem hohen Grad von Zuversicht, herzustellen (...) Es soll ein ruhig gelegener, am besten gegen Schall abgesicherter Raum sein, in dem die Drapierung der Wände, die Teppiche auf dem Boden und das Mobiliar geschmackvoll miteinander kombiniert sind. Blumenarrangements sind aufgestellt, Bilder, die eine harmonische und beruhigende Atmosphäre ausstrahlen, und unter Umständen empfehlen sich auch gute Wiedergaben kunsthistorischer Darstellungen christlicher oder außerchristlicher Kunst. Darüber hinaus sollen dominante Momente der Dekoration symbolische Betrachtungsmöglichkeiten bieten wie Früchte, Blumen, eine einzelne Rose, eine Bibel oder religiöse Darstellungen, etwa Maria mit dem Kind, Heilige usf. Eine Kerze kann während der Sitzung brennen. Darüber hinaus werden während der Sitzung verschiedene Stimulantien benutzt, vor allem Musik aus einer Stereoanlage, am besten durch einen Stereokopfhörer vermittelt, klassische Musik (etwa Bach), halbklassische oder andere Komponisten. Anfangs empfiehlt sich besonders entspannende Musik, während später die Musik zum ekstatischen Höhepunkt hinführt, etwa im Requiem von Mozart und von Verdi.« Obwohl das alles sicher sehr gut gemeint ist, scheint hier durch gesteigertes, bürgerlich einengendes Sicherheitsbedürfnis das Setting gewissermaßen überstilisiert und überkontrolliert. Trotzdem würde ich im Zweifelsfall dem Leunerschen Ambiente den Vorzug geben vor dem Rahmen, in welchem an der Freiburger Universitätsklinik in letzter Zeit von Hermle et al. Meskalin-Experimente in den nuklearmedizinischen Keller-Gelassen einer Universitätsklinik durchgeführt wurden und – wen wundert es –, bei einigen Versuchspersonen psychotische Erlebnisse induziert wurden, als man sie in die Röhre des Computertomographen schob.

Ähnliche Probleme reflektiert Josuttis im Zusammenhang mit der gesellschaftlichen Institutionalisierung des ›positiven‹ Drogengebrauches:

»Die Aufgabe läßt sich so formulieren: wie ist ein Drogen-Konsum in der Gesellschaft zu organisieren, der zur Ich-Findung führt, ohne daß ein Ich-Verlust folgt?

Offensichtlich genügen dazu die bisherigen Formen des offiziell legalisierten Umganges mit der Droge nicht mehr: Die Warnung vor ihr, die Heilung mit ihr, die Rettung aus ihr. Ich deute ein paar Einfälle an, ohne zu verschweigen, daß sie mich selber nicht restlos befriedigen. (...) Es müßten die Freiräume bereitgestellt werden (auch von der Kirche?), in denen man unter Anleitung und Kontrolle das Abenteuer der Droge beginnen kann. Es müßten Kriterien entwickelt werden, welche psychische und physische Konstitution vorhanden sein muß, um mit hoher Wahrscheinlichkeit einen gefahrlosen Gebrauch der Droge zu garantieren. Es müßten Gutachter bestellt werden, um anhand dieser Kriterien über die Zulassung zum Drogenkonsum zu entscheiden. Es müßten Erziehungs- und Beratungsstellen errichtet werden, die es ja teilweise schon gibt, um auch die nicht-offiziellen Kanäle mit Information zu versorgen und auf dem Weg über die opinion-leaders der subkulturellen Gruppen möglichst viel faktische Konsumenten zu beeinflussen. Diese Ideen mögen utopisch und apokalyptisch erscheinen. Wird hier nicht der Umgang mit der Droge, für viele die Chance zur letzten Freiheitserfahrung, durch Zulassungsbedingungen, Testverfahren und Gutachterstellen in den bürokratischen Apparat überführt?«
Sicher würde es sehr schwierig, die richtige Balance zwischen übermäßig strukturierter Vorgabe und Laissez-faire-Hedonismus zu finden, zumal sich ja die Form der Zeremonie wegen des Fehlens einer lebendigen Tradition erst im Laufe des Betriebs eines solchen Zentrums entwickeln könnte. Rituelle Formen müßten sich herauskristallisieren, die rituellen Inhalte können nicht a priori erfunden, sondern nur aus dem Erleben abgeleitet werden, d. h. sie entspringen der erweiterten Anschauung der Wirklichkeit. Sie wären imprägniert von den Gottes- bzw. Dämonenbildern, die die verschiedenen religiösen Traditionen entwickelt haben und die heute weltweit bekannt geworden sind. Im Idealfall wird hinter den 100 Namen das eine göttliche Antlitz durchleuchten.

Leitung: Die Frage der Leitung und Begleitung der Zusammenkünfte ist nicht unproblematisch: Die Risiken der therapeutischen Anwendung sind ernstzunehmen und groß genug, um gründliche Erfahrung und seriöse Ausbildung der ›Begleiter‹ zu verlangen. Diese müßten zwar Krisen bewältigen können, dürften andererseits in ihren Erwartungen nicht übermäßig darauf fixiert sein. Viele westliche Forscher haben ihre eigenen psychedelischen Erfahrungen als Krankheiten aufgefaßt und damit sicher verzerrt wahrgenommen. So definierte man Begriffe wie ›experimentelle Psychose‹, oder ›psychotomimetische Substanz‹, die auf die Dauer nicht haltbar erscheinen, wohl aber sich selbst erfüllende Prophezeiungen induzieren können. Zu wünschen wären als ›Begleiter‹ spirituell gereifte, integre Frauen und Männer, Persönlichkeiten, die möglichst im sozialen Leben integriert sind, einen Alltagsberuf ausüben und sich nicht von den Pilzen allein ernähren müssen. Den Kommunen der Subkultur fehlt oft die nötige Stabilität und emotionale Reife. Spirituell entwickelte Persönlichkeiten finden sich heute noch am ehesten in den asketischen Religionen des Ostens. Die Heiterkeit des Weisen aus dem Himalaya weist eine ganz andere Färbung auf als die des Schamanen aus Südamerika.

Substanzwahl:

Nur ungenügend Aufmerksamkeit wurde bisher dem Umstand geschenkt, daß nur die lebendige Pflanze, nie aber die synthetische Substanz das Feld der archetypischen Zusammenhänge, der Signaturen, der Personifizierungen der *Elementales*, d. h. der Pflanzengeister, aktivieren kann.
Ich will nicht ausführen, welche Assoziationen der industrielle Fertigungsprozeß etwa in einem Labor der Sandoz und die Verteilung auf den Wegen des pharmazeutischen Handels evozieren kann; dem Leser wird einleuchten, daß sie sich von den oben beschriebenen, an die sinnliche Erfahrung des Pilzes und seiner Suche in der Natur anknüpfenden, wesentlich unterscheiden. A. Hofmann irrte, als er Maria Sabinas Aussage, die verabfolgte Psilocybin-Pille unterscheide sich in der Wirkung nicht von den Pilzen, dahingehend verallgemeinerte, daß ab sofort das Pilzmysterium jederzeit verfügbar sein würde; der Verlust der Kraft, den die Pilze bei den Mazateken nachfolgend erlitten, mag auch von diesem Mißverständnis herrühren. Hofmann übersieht, daß bei Maria Sabina jahrzehntelanger Umgang mit lebendigen Pilzen ihr einen Erfahrungsschatz zur Verfügung stellt, der sicher einzelne Male auch durch die künstliche Substanz aktiviert, aber nie aus ihr entwickelt werden kann.
Umgekehrt wird auch die einmalige Einnahme der Pilze nicht notwendig ihren archetypischen Kontext erschließen, vor allem bei unzureichender Dosierung bleibt der Bepilzte in der kulturellen Trance seiner Herkunftszivilisation oder seinen persönlichen Abwehr-Zwängen gefangen. Selbst eine traditionelle mexikanische Pilzzeremonie kann sich nicht immer gegen andere kulturelle Prägungen durchsetzen. So berichtete der tapfere Apotheker G. Dörner aus Mexiko Visionen von kleinkarierten Krawattenmustern und Planskizzen französischer Parkanlagen, von imaginären Reisen auf der Rolltreppe und Abtötung der Urogenitalregion. Letzteres veranlaßte ihn, wohl irrtümlich, zu der Hypothese, daß die aztekischen Freudenmädchen während ihres ›beruflichen Einsatzes‹ bepilzt waren, um sich ›innerlich völlig von dem jeweiligen Vorgang absentieren zu können‹.
Die Dosierung sollte bei der ersten Erfahrung hoch genug sein, um die Ich-Abwehr der ›Persona‹, das heißt der Fassade der Persönlichkeit zu überwinden und ein volles Erlebnis zu bewirken, andererseits nur so hoch, daß zumindest wesentliche Teile der Erfahrung in der Erinnerung dem wachbewußten Ich zugänglich bleiben und so bearbeitet und integriert werden können. Nach der sakralen Zentral-Erfahrung des Mysteriums mit höherer Dosis könnten einige niedrigdosierte Nach-Sitzungen in größeren Abständen diese Assimilation unterstützen.

Gesetzgebung:

Nur eine teilweise Aufhebung der gesetzlichen Verbote, die in den letzten Jahrzehnten die Welt überzogen haben, wäre in der Lage, den angstfreien Hintergrund für eine positive, sozial und psychisch integrierbare Erfahrung des Pilz-Mysteriums bereitzustellen. Die augenblickliche gesetzliche Behandlung geistbewegender Substanzen, die undifferenzierte Gleichstellung von so unterschiedlichen Wirkstoffen wie Halluzinogenen, Narkotika, Analgetika, Cannabis, Heroin und Kokain hat zu einer gewissen Ratlosigkeit geführt und erscheint obsolet und dringend revisionsbedürftig. Absurd und wirklichkeitsfremd ist es, wildwachsende Pflanzen oder Pilze für illegal zu erklären und zu bekämpfen. Nicht einmal bei tödlich giftigen Pflanzen ist dies versucht worden, geschweige denn gelungen, im Gegenteil, tödlich giftige Pflanzen bevölkern in unserer kinderlieben und botanisch ungebildeten Gesellschaft Vorgärten und Anlagen, mit dem Erfolg, daß bald pauschal alles, was wild wächst, für gefährlich gehalten wird.

Die größere Mißbrauchsgefahr sehe ich bei synthetisch hergestellten Substanzen, die ubiquitär und jederzeit verfügbar, vor allem aber auch aus ihrem archetypischen Bedeutungszusammenhang herausgelöst und dadurch viel anfälliger für Mißbrauch und etwaige kriminelle Handelspraktiken sind.

Josuttis äußert sich liberal: »Der Drogenkonsum, der dem Menschen bestimmte Selbst-Erfahrungen und Transzendenzerlebnisse zugänglich macht, ist zunächst nicht nur theologisch, sondern auch ethisch als neutral zu bewerten. Warum soll es dem Menschen grundsätzlich verwehrt sein, diese Dimension seines Bewußtseins und damit ein Stück seines Selbst zu entdecken?«

»Sicher ist aber eines: die gegenwärtige Verwendung der magischen Drogen als sogenannte ›Psychotomimetika‹ (d. h. eine Psychose nachahmende Stoffe) in der Psychiatrie und Tiefenpsychologie stellt eine bloße Verlegenheitslösung dar«, schrieb Gelpke, noch bevor die Gesetzgebung auch die medizinisch-therapeutische Verwendung von Halluzinogenen unterdrückte. Um die Gefahr des Mißbrauchs einzuschränken, bliebe jede Form von Handel mit den Pilzen illegal, ebenso ihr kommerzieller Anbau. Das Risiko der Verwechslung mit anderen giftigen Arten bei mangelhaften Pilzkenntnissen würde wie auch das örtlich und jahreszeitlich beschränkte Vorkommen eine weitere natürliche Barriere gegen illegitimen Umgang mit den Pilzen bieten. Der Genuß sollte möglichst auf den sakralen bzw. therapeutischen Rahmen beschränkt bleiben. Die Bezeichnung ›sakraler Rahmen‹ impliziert übrigens nicht notwendig einen pathetisch-steifen Umgang, sondern nur einen verbindlichen sozialen und rituellen Kontext.

Dieser Idealvorstellung wurde zwar bei den Mysterien im alten Griechenland unter Androhung der Todesstrafe weitgehend genügt, wenngleich dennoch Verstöße bekannt wurden. Aber heute, im aufgeklärten Informations-Zeitalter, käme eine derartig drakonische Bestrafung keinesfalls mehr in Frage. Rekreationalem Mißbrauch als Genuß- oder Betäubungsmittel (etwa durch gleichzeitigen Genuß der Pilze mit narkotisch wirksamen Substanzen: Alkohol und synthetische Drogen) könnte man wirksamer begegnen als durch juristisches Verbot und polizeiliche Verfolgung, die ja das Verbotene für Menschen mit einer bestimmten Struktur erst interessant macht: durch eine Art gesellschaftlicher Ächtung, Geringschätzung und Spott. Hauptziel der zeremoniellen Institution bliebe aber immer die Förderung positiven ›Drogengebrauches‹ und nicht die Bekämpfung negativen ›Drogenmißbrauches‹.

Die Ansicht, das Drogenproblem allein durch letztere Halbstrategie lösen zu können, stellt ein unaufgeklärtes Mißverständnis unserer Zivilisation dar: »Der

Sachverhalt klingt und ist paradox: weil die Gesellschaft die Droge mit ihrer Gefahr identifiziert, liefert sie den einzelnen ohnmächtig an die Gefahr der Droge aus.«

Zusammenfassung:

Ausgehend von ethno-mykologischen, volkskundlichen und zeitgenössisch populären Quellen wurde untersucht, ob der Pilz die Kriterien, die Jung für seinen Begriff ›Archetypus‹ vorschreibt, erfüllt: Nach dem Ergebnis der vorliegenden, methodisch diskursiv vorgehenden, auf strenge Beweisführung absichtsvoll verzichtenden Ideensammlung kann die Frage vorläufig bejaht werden, da sich in unterschiedlichen Kulturen verwandte Pilz-Rituale, Mythen, Tabus und heftige emotionale Ambivalenzen finden, welche rational nicht erklärbar sind. Die gefundenen archetypischen Bedeutungen und Beziehungszusammenhänge mit anderen Archetypen werden verglichen und amplifizierend mit eigenen Assoziationen angereichert. Es zeigt sich dabei, daß für die Beantwortung der aufgeworfenen Frage zwei Faktoren differenziert werden müssen: Der Pilz als allgemeine Wuchsform des Pflanzenreiches vermag nicht allein den Ursprung einer so breitgefächerten und vielfältigen Assoziationslandschaft und Tabuisierung zu erklären. Erst die besondere bewußtseinsverändernde Wirkung mancher Pilzarten erklärt bestimmte Verbindungen, z. B. die mit Sprache und Heilung. Der ›sprechende Pilz‹ dient auch als ein allgemeiner Schlüssel zur ganzen Vielfalt der Archetypen, zum kollektiven Unbewußten. Hierauf beruhen seine Möglichkeiten, in heilerischen und religiösen Settings als Katalysator zu dienen. Zum Schluß wird die Frage diskutiert, ob der Pilz tatsächlich eine religionsschaffende (›entheogene‹) Wirkung aufweist und wie diese in einem legalen, sakralen Kontext wieder erschlossen und zur Geltung gebracht werden könnte. Als Modelle werden antike Mysterienkulte, traditionelle Pilz-Heilungsrituale und psychotherapeutische Settings herangezogen. Es wird gezeigt, warum nur der lebende Pilz, nicht aber der synthetische Ersatzstoff einen archetypischen Bedeutungsraum zu schaffen vermag. Ziel des Artikels ist, den Leser mit der archetypischen Bedeutung des Pilzes einführend bekannt zu machen und zu eigenen Assoziationen anzuregen.

KLEINES GUTE-NACHT-GEBET

»Con oraciones nos libraremos de todo. Con las oraciones de los antiguos. Nos limpiaremos, nos purificaremos con agua clara, lavaremos los lugares infectados con nuestros intestinos. Que nos libremos de los achaques del cuerpo. La enfermedad de la atmósfera. Mal aire. Que nos libremos de ellos, que desaparezcan. Que se los llieve el viento. Pues éste es el médico. Pues ésta es la planta. Pues. Éste es el brujo de la luz del día. Pues éste es el remedio. Pues ésta es la curandera que resuelve todo tipo de problemas con el fin de librarnos de ellos mediante sus oraciones. Con bienestar, sin dificuldad, vamos a implorar, a pedir, a suplicar. El bienestar para todos los recién nacidos y las criaturas. Pediremos, imploraremos por ellos, rogaremos por

su bienestar y por sus estudios, que vivan, que crezcan, que broten. Que venga la frescura, la ternura los retoños, la alegría. Que nos bendigan a todos.«*
(»Mit Gebeten befreien wir uns von Allem. Mit den Gebeten der Alten. Wir werden uns reinigen, wir werden uns läutern mit klarem Wasser. Wir werden die befallenen Gebiete mit unseren Eingeweiden waschen. Auf daß wir uns befreien von den Gebresten des Leibes. Die Krankheit der Atmosphäre. Übel-Luft. Machen wir uns frei davon! Sie verdufte! Möge sie der Wind wegtragen. Denn dies ist der Heiler. Dies ist die Pflanze. Wohlan! Denn dies ist der Zauberer des Tageslichts. Denn dies ist das Heilmittel. Denn dies ist die Heilerin, die jede Art von Problemen löst, um uns davon zu befreien, mit ihren Gebeten. Mit Wohlbefinden, ganz ohne Schwierigkeit, werden wir flehen, bitten, inbrünstig seufzen. Wohlsein für alle Neugeborenen und KinderWir werden beten, wir werden flehen für sie, wir werden bitten um ihr Wohlsein und für ihre Entwicklung, daß sie leben, daß sie wachsen, daß sie gedeihen mögen. Es komme die frische, die Zartheit, die Sprößlinge, die Freude. Segnet uns alle!«)
»Sei gesegnet! Ich werde dich jetzt schlucken, auf daß Du mich von der Krankheit heilst, die ich habe. Bitte gib mir das Wissen, das ich nötig habe, Du, der alles weiß, was ich brauche und was ich habe, meine ganze Sorge. Ich bitte Dich um die Gnade, daß du mir nur sagst und weissagst, was ich wissen muß, aber mir nichts Böses tust. Ich will kein schlechtes Herz und keine Gemeinheit. Ich will nur über meine Probleme wissen, meine Krankheit und anderes, das Du für mich tun kannst. Aber ich bitte Dich, erschreck mich nicht, zeig mir keine schlechten Sachen, sondern sag nur alles. Dies ist für ein reines Herz. Du kannst vieles bewirken und ich bitte Dich, wirke für mich. Jetzt bitte ich Dich um Verzeihung, heute nacht in meinem Bauch zu sein.«

* H. Munn, The Mushroms of Language, a.a.O., S. 99f. – Vergleiche hierzu ein ›Schwammgebet‹ aus einer der entwickeltsten Hochkulturen: »Haliga Sankt Veit! / Gib uns Schwamm auf freier Weit: / Kloane Schwamm, große Schwamm, / Oll' in meim Binkerl zusamm.« – Handwörterbuch des Deutschen Aberglaubens, Hrsg.: El Hoffmann,Krayer & H. Bächtold-Stäubli. Berlin & Leipzig 1935/36, Bd. VII, Sp. 30.

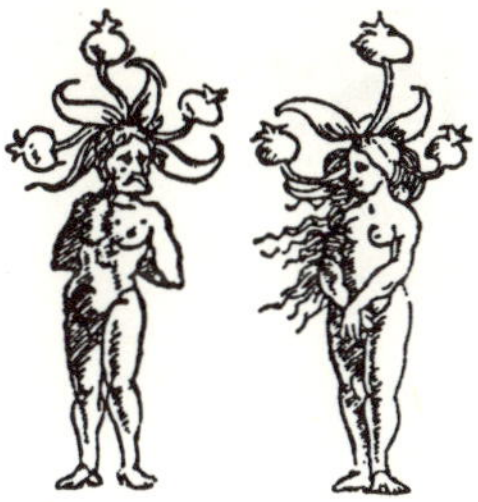

integration
zeitschrift für geistbewegende pflanzen und kultur
bilwis-verlag
d-8729 knetzgau, eschenau nr. 29

- die einzige europäische zeitschrift, die sich positiv und verantwortungsbewußt mit geistbewegenden pflanzen befaßt.
- eine fachzeitschrift, die auch für laien lesbar ist und faszinierende einblicke bietet.
- herausgeber: wolfgang bauer, martin hanslmeier, luis eduardo luna, herman de vries.
- beiträge in englisch oder deutsch mit jeweils einer zusammenfassung in der anderen sprache.
- umfang rund 80 seiten. reich bebildert, herausragende typografische gestaltung, format 22 x 29,7 cm.
- erscheinungsweise ± 2 mal pro jahr
- preis pro heft dm 39,80
- abonnement pro 3 hefte dm 110,00, ausland dm 122,00, incl. versand
- issn 0939-4958

in den ursprünglichen herkunftsländern gab es vor den verbindungen zur westlichen welt mit "drogen" meistens keine probleme. sie waren kulturell und rituell eingebettet in das soziale und religiöse leben der völker, ihr gebrauch voller bedeutung und von zentraler wichtigkeit in ihren religionen und kulturen. für uns ergibt sich daraus, dass wir mit ethnologen von anderen völkern lernen müssen.

special
mushroom issue

diese zeitschrift will einen positiven beitrag liefern. sie wird materialien dokumentieren, die in diesem zusammenhang von bedeutung sind - und das über die ganze breite des meist interdisziplinären feldes. von ethnologen, von künstlern, botanikern und pharmakologen, die auch die positiven werte erforschen, die diese substanzen uns zu bieten haben. von volkskundigen und märchenforschern, die verschüttetes aus unserer eigenen vergangenheit ausgraben. wir hoffen so eine in europa bestehende lücke in der fachliteratur zu schliessen. es wird eine zeitschrift auf wissenschaftlichem niveau sein, aber nicht nur eine wissenschaftliche zeitschrift.

WHAT IS MAPS?

The Multidisciplinary Association for Psychedelic Studies (MAPS) is a nonprofit organization devoted to assisting researchers design, fund and conduct psychedelic drug research. It is the belief of MAPS that psychedelic research will provide great insights into the brain's basic physiological mechanisms and help psychiatrists to better understand the workings of the human psyche. Founded in 1986, the organization's several hundred members have raised over $300,000 in an effort to gain governmental approval for scientists to conduct psychedelic studies on human subjects.

Through its newsletter, MAPS also serves as a worldwide psychedelic information center reporting on the scientific risks and benefits of research involving such hallucinogens as MDMA (Ecstasy), LSD, 2-CB and Ibogaine. The newsletter is an attempt to facilitate discussion and contribute to the world's understanding of the nature and value of psychedelic experiences. With the continued contributions of its members MAPS hopes that psychedelic drugs might be successfully integrated into our culture and regulated by our laws.

MAPS has focused primarily on MDMA and has achieved its largest success by playing an essential role in the Food and Drug Administration's July 1992 decision to approve its use. Based on the research protocol of Dr. Charles Grof, which MAPS helped to develop, the FDA and the National Institute on Drug Abuse reached a consensus that the significant scientific benefits to be gained by administering MDMA outweighed the estimated risks. Now for the first time since MDMA was classified as a controlled substance in 1985, it is possible for psychiatrists working with MAPS to administer it to research subjects.

To join MAPS and receive their newsletter, send $30 (tax-deductible) to:

MAPS
1801 Tippah Avenue
Charlotte, NC 28205
Phone (704) 358-9830
FAX (704) 358-1650
Rick Doblin,
MAPS President

REEDUCATION

Diese Edition des GRÜNEN ZWEIGES ist eine Reaktion auf den Mauerfall 1989. Es ist uns klar, daß wir mit unserem Programm, unserem Aussehen und unserer täglichen Praxis für NeuBundesrepublikaner kaum begreifbar sind. Großgeworden nach dem Krieg, umerzogen durch amerikanische Re-Education, die sich durch Rockmusik und Psychedelik verselbständigt hat, erschienen wir, anarchistische Hippies mit spiritueller Selbstverantwortung, schon in der alten BRD wie Mutanten. So haben wir uns entschlossen, eine kleine, feine Edition grundlegender Texte unserer Kultur, mit besonderem Gewicht auf bewußtseinserweiternde Methoden, herauszugeben.

VON UND FÜR MUNTERE MUTANTEN UND KREATIVE CHAOTEN.
Die Edition RE/EDUCATION erscheint als SubSerie des GRÜNEN ZWEIGES.

DER GRÜNE ZWEIG

39 *Timothy Leary:* **Neurologic***
80 *Tim Leary (Hrsg.):* **Höhere Intelligenz & Kreativität**
125 *Tony Bührer:* **Haschisch Studie**
135 *Terence McKenna:* **Plan – Pflanze – Planet**
138 *Tim Leary:* **Zur Kriminalisierung des Natürlichen**
150 *Albert Hofmann:* **Naturwissenschaft und myst. Welterfahrung**
158 *Ralph Metzner:* **Sucht und Transzendenz**
160 *Alexander Shulgin:* **Drogen/Politik**
161 *Bill Levy:* **Politische Pornos**
163 *McKenna/Pieper:* **Die süßeste Sucht, Zucker als Killerdroge***
167 *Tim Leary:* **Das GeneRationenSpiel****
168 *Paul Williams:* **Über Philip K. Dick**
170 *Mark Twain:* **Die schreckliche deutsche Sprache**
171 *Helen Keller:* **Optimismus**
178 *Michael Ventura:* **Der normale Wahn-Sinn**
180 *Madame X:* **Der blanke Horror**
181 *Felicitas Goodman:* **TranceRituale für Jugendliche**

In der neuen Reihe EDITION RAUSCHKUNDE:

RAUSCHKUNDE

Pieper/Davis: **Die psychedelischen Beatles**
Ministerium für Gemeinwohl: **Die niederländische Drogenpolitik**
Bundesgesundheitsministerium: **Das neue Betäubungsmittelgesetz**
F. v. Bibra: **Haschisch Anno 1855**
Nina Graboi: **Mit einem Fuß in der Zukunft**
Mezz Mezzrow: **Die Tüte und die Tröte**

Alle Hefte jeweils 28–36 Seiten, je 5 DM (außer * 64 Seiten, 10 DM, ** 44 Seiten, 7 DM) plus 2 DM Porto pro Bestellung. Unseren prallen Gesamtkatalog mit vielen Büchern, Cassetten, Stempeln, Videos etc. gibt's gegen 2 DM in Briefmarken bei:

WERNER PIEPER'S MEDIENXPERIMENTE • D-69488 LÖHRBACH

Hier eine Auswahl weiterer Grüner Zweige aus der Edition RauschKunde – im selben Verlag erschienen:

Dr. Christian Rätsch

HANF ALS HEILMITTEL

Der Grüne Zweig 154

Aus dem Vorwort von William Emboden: "Wenn Sie die Geschichte schätzen, sich für die Kulturen der Welt interessieren, von Magie und ihren Analogien in der Medizin fasziniert sind oder als Wissenschaftler nach einem Kontext suchen, durch den all Ihr Wissen um die Chemie und Pharmakologie verständlich wird, dann gibt es nichts Besseres für Sie zu tun, als sich dieses außerordentliche Werk eingehend zu Gemüte zu führen. Selten gelingt es einem Autor, verschiedene Fachgebiete so liebevoll mit Begeisterung und Fachautorität zu verschmelzen ... Mehr als nur ein Schamane und sicherlich ein Prophet – Christian Rätsch hat uns einen wertvollen Dienst erwiesen..."
Auch unsere germanisch-keltischen Ahnen haben den Hanf medizinisch genutzt, Hildegard von Bingen gebrauchte ihn genauso wie Samuel Hahnemann, der Begründer der Homöopathie. In der modernen medizinischen und pharmakologischen Forschung werden nun seine früheren Anwendungen getestet und größtenteils bestätigt.

192 Seiten,
natürlich auf Hanfpapier
ISBN 3-925817-54-9
25 DM/27 SFr/230 ÖS

Richi Moscher

TOO MUCH

Erste Hilfe bei Drogenvergiftungen

DER GRÜNE ZWEIG 172

"Eine sehr nützliche Schrift." – *Dr. Albert Hofmann*

Was ist ein Drogenkollaps? Was kann man selber erkennen und tun, eventuell bis der Arzt eintrifft? Was kann bzw. sollte man dem Arzt sagen? Welche Drogen haben welchen Gefährlichkeitsgrad? Welche Drogenmischungen sind häufig von Übel? Welche Gegenmittel und Soforthilfen gibt es bei lebensgefährlichen Überdosen? Der Leser soll in die Lage versetzt werden, im Notfall so schnell und einfach wie möglich den vermutlichen Gefährlichkeitsgrad einer Vergiftung abschätzen zu können; ob der Betroffene nur 'tierisch breit' ist oder in Lebensgefahr schwebt. Wichtige Hilfen für alle die, aktiv oder passiv, mit gefährlichen Drogen zu tun haben. Wir arbeiten an einem umfangreichen Buch zum Thema.

2. korrigierte u. ergänzte Auflage
64 Seiten im Postkartenformat
ISBN 3-925817-72-7
5 DM/7 SFr/45 ÖS

Christian Rätsch

50 JAHRE LSD-ERFAHRUNG

Eine Jubiläumsschrift

DER GRÜNE ZWEIG 159

"LSD erzeugt psychotisches Verhalten in denen, die es nie genommen haben!" – *Terence McKenna, Autor, Visionär, Ethnobotaniker*

"Wenn man lernen würde, die Fähigkeit von LSD, unter geeigneten Bedingungen visionäre Erlebnisse hervorzurufen, in der medizinischen Praxis und in Verbindung mit Meditation besser zu nutzen, dann könnte es, glaube ich, von einem Sorgenkind zum Wunderkind werden." – *Dr. Dr. hc mult. Albert Hofmann, Chemiker, Naturphilosoph, LSD-Entdecker*

"Essentiell für die LSD-Kultur waren und sind: Sexuelle Befreiung & politische Revolution & kulturelles Rebellentum & mystisches Bestreben & ökologisches Bewußtsein. Die moderne LSD-Kultur verfügt über ein reiches symbolisches Zeichensystem, um im Sinne eines dezentralisierten anarchischen Stammes weltweit, interethnisch und translinguistisch miteinander zu kommunizieren. Von der Warte der beobachtenden Teilnahme und kulturellen Reproduktion ist diese kulturanthropologische Betrachtung geschrieben." – *Dr. Christian Rätsch, Kulturanthropologe*

128 Seiten,
natürlich auf Hanfpapier
ISBN 3-925817-59-X
20 DM/22 SFr/180 ÖS

Albert Hofmann

NATURWISSENSCHAFT & MYSTISCHE WELTERFAHRUNG

Eine Volkspredigt

DER GRÜNE ZWEIG 150

Herausragend unter Albert Hofmanns vielen Entdeckungen war die Substanz LSD.

In Form einer Volkspredigt schildert der heute über 80jährige in diesem Heft seinen philosophischen Hintergrund. Ergänzung, nicht Ausschluß heißt die Devise: "Was ist wahr, das Bild der Wirklichkeit, das uns die Naturwissenschaften erschließen, oder jenes, das der Mystiker in seiner Schau erlebt? So kann man nur fragen, wenn man meint – und das ist wohl die allgemein vorherrschende Meinung – Naturwissenschaft und mystische Welterfahrung würden sich erkenntnismäßig ausschließen. Das ist aber nicht der Fall. Im Gegenteil, Naturwissenschaft und mystische Welterfahrung ergänzen sich. Das aufzuzeigen, ist der Sinn meiner Ausführungen."

28 Seiten, ISBN 3-925817-50-6,
5 DM/7 SFr/45 ÖS

Ronald Rippchen & die AG Hanf

DIE HANF-KÜCHE

EDITION RAUSCHKUNDE

Kiffer kiffen, d. h. rauchen ihren Stoff. Rauchen ist nie gesund. Aber schon seit langer Zeit wird Hanf auch gegessen. Hanföl und Hanfsamen, beide nicht psychoaktiv, gehören zu den gehaltvollsten Lebensmitteln, die der Mensch zu sich nehmen kann. Neueste Forschung hat zudem erwiesen, daß die psychoaktive Hanfküche für schwer Erkrankte, z. B. bei Krebs und AIDS, lebensverlängernd appetitanregend wirken kann.

Aus dem Inhalt: Hanf als Grundnahrungsmittel, Jack Herer + Zum Nährwert von Hanföl und Samen, eine wissenschaftliche Abhandlung von Don Wirtshafter + Die psychoaktive Gesundheits-Hanfküche + Warnung vor der Dosierung + Traditionelle Hanfküche in Indien, Arabien und Kambodscha + Genuß zwischen Glück und Verhängnis, Charles Baudelaire + Marijuana Küchlein, Rezept von Oma Nina u.v.a.m

128 Seiten, auf Hanfpapier,
ISBN 3-930442-12-4
15 DM/16 SFr/135 ÖS

Bert Marco Schuldes

PSYCHOAKTIVE PFLANZEN

DER GRÜNE ZWEIG 164

Überall auf der Erde wachsen Pflanzen, die, geraucht oder gegessen oder sonstwie verabreicht, erstaunliche Wirkungen auf das menschliche Nervensystem haben. Ein Großteil dieser Pflanzen wird seit altersher von den Menschen, bei denen sie wachsen, zu medizinischen oder schamanistischen Zwecken genutzt und entsprechend verehrt. Manche Pflanzen aus "Gottes Apotheke" sind bei uns illegalisiert; einige werden dadurch für bestimmte Szenen erst reizvoll.

Dazu der Autor:

"Untergrund-Tips sind gefährlich, teils sogar lebensgefährlich. Dem will ich fundierte Informationen gegenüberstellen, die nicht nur die von manchen erwünschten Wirkungen, sondern auch Nebenwirkungen und Risiken deutlich macht. Wer meint, durch die Unterdrückung von Informationen, oder gar durch dümmliche Slogans ('Keine Macht den Drogen' – und das in dem Land, das mit die meisten Psychopharmaka erzeugt) mit Drogenproblemen fertig werden zu können, dem fehlt es an Realismus und Kenntnissen der Zusammenhänge. Ich will niemanden zum Drogengenuß verleiten; aber wenn ich nur die negativen Wirkungen aufzählen würde, dann glauben mir die, die ich durch Information vor Schaden bewahren will, nicht mehr."

In diesem Büchlein sind Informationen zu mehr als 66 Pflanzen mit anregender, beruhigender, euphorisierender, sexuell erregender oder halluzinogener Wirkung aufgeführt. Dazu ihre Verwendung, ihre wirksamen Inhaltsstoffe, die Wirkung und Nebenwirkungen, legale Bezugsquellen und Tips für weiterführende Informationsquellen. Zusätzlich Erfahrungsberichte und die jeweilige Rechtslage.

6. völlig neu überarbeitete und erweiterte Auflage, natürlich auf Hanfpapier gedruckt.
128 Seiten, ISBN 3-925817-64-6
15 DM/17 SFr /130 ÖS

Jim DeKorne

PSYCHEDELISCHER NEO-SCHAMANISMUS

Die Zucht, Zubereitung und der schamanistische Gebrauch psychoaktiver Pflanzen

EDITION RAUSCHKUNDE

Zum erstenmal verbindet ein erfahrener Autor Theorie und Praxis der Erforschung psychedelischer Pflanzen in einem geradezu bewußtseinserweiterndem Buch. Psychonaut DeKorne, auch Herausgeber des Fachmagazins *Entheogene*, erforscht das psychoaktive Pflanzenreich zum einen durch persönliche Experimente, zum anderen mit Hilfe wissenschaftlicher Arbeit. Er führt den Leser durch die Geschichte und das überlieferte Wissen über psychotrope Pflanzen. Der Gärtnermeister DeKorne erklärt, bis hin in liebevolle Details, die Kultivierung vieler dieser Pflanzen und wie man die machtvollen psychoaktiven Alkaloide aus ihnen extrahieren kann. Er versorgt den Leser mit Dosierungsempfehlungen, Erklärung der typischen Reaktionen, der durchschnittlichen Zeitdauer und Intensität des Experiments, warnt vor gefährlichen Substanz-Kombinationen und klärt über den traditionellen und rituellen Gebrauch auf.

Kein Fachbuch des klassischen traditionellen Schamanismus, der allemal nur from-face-to-face praktiziert wurde. Eher ein Kursbuch für urbane Forschungsreisende in die inneren Räume.

Übersetzt von Bert Marco Schuldes.
240 Seiten, ISBN 3-930442-16-7
30 DM/31 SFr/250 ÖS

Das kostenlose Gesamtverzeichnis gibt es (gegen 2 DM Rückporto) bei:

Werner Pieper's

MEDIEN XPERIMENTE

Alte Schmiede
D-69488 LÖHRBACH
Telefon 06201/65791
Fax 06201/22585